翻译专业必读书系

OUTLINES OF CHINESE CULTURE

中国文化概要

（第二版）

陶嘉炜　编著

图书在版编目(CIP)数据

中国文化概要/陶嘉炜编著. —2版. —北京：北京大学出版社，2015.7
（翻译专业必读书系）
ISBN 978-7-301-22614-8

Ⅰ.①中… Ⅱ.①陶… Ⅲ.①中华文化-高等学校-教材 Ⅳ.①G12

中国版本图书馆 CIP 数据核字（2013）第 120281 号

书　　名	中国文化概要（第二版）
著作责任者	陶嘉炜　编著
责 任 编 辑	郝妮娜　凌玉建
标 准 书 号	ISBN 978-7-301-22614-8
出 版 发 行	北京大学出版社
地　　址	北京市海淀区成府路 205 号　100871
网　　址	http://www.pup.cn　　新浪微博：@北京大学出版社
编辑部邮箱	pupwaiwen@pup.cn
总编室邮箱	zpup@pup.cn
电　　话	邮购部 010-62752015　发行部 010-62750672　编辑部 010-62759634
印 刷 者	北京溢漾印刷有限公司
经 销 者	新华书店
	730 毫米×980 毫米　16 开本　14.75 印张　280 千字
	2009 年 4 月第 1 版　2015 年 7 月第 2 版
	2023 年 12 月第 7 次印刷
定　　价	52.00 元

未经许可，不得以任何方式复制或抄袭本书之部分或全部内容。
版权所有，侵权必究
举报电话：010-62752024　电子邮箱：fd@pup.cn
图书如有印装质量问题，请与出版部联系，电话：010-62756370

《翻译专业必读书系》
编委会

主编：谢天振　柴明颎

编委：（以汉语拼音为序）

程朝翔　何其莘　黄友义　蒋洪新
金　莉　李绍山　廖七一　刘和平
穆　雷　许　钧　仲伟合

总　序

谢天振　柴明颎

翻译和翻译研究在我国应该说有相当悠久的历史了，有人根据《册府元龟》里的一则记载，推测中国的翻译活动距今已经有4300年左右的历史。[①] 还有人把三国时期支谦写的"法句经序"推作中国翻译研究第一篇，据此声称中国见诸文字的翻译研究至今已有超过1700年的历史了。[②] 这些事实，自然让我们感到自豪。然而与此同时我们也必须面对一个事实，那就是翻译学的学科建设在我们国家的发展一直比较缓慢。其中原因，我们以为恐怕与长期以来我们对翻译学作为一个独立学科的性质认识不足有关。尽管从20世纪50年代起，在越来越多的发达国家，甚至在一些第三世界国家的高等院校里，翻译和翻译研究已经发展成为一门学科（an academic discipline）、一门"毫无争议的独立学科"，然而在我们中国内地的高等院校里，翻译更多地是作为外语教学或学习的手段，所以它的位置也就更多地放在相应的外语学科之下。而翻译研究往往只是作为某一外语学科下面的一个"方向"，譬如在英语语言文学学科下有一个"翻译方向"，这个"方向"的硕士生和博士生可以研究翻译，撰写关于翻译的学位论文，但他们得到的学位仍然是英语语言文学专业的学位。20世纪90年代初，曾有过短暂的一两年时间，在我国国家教委（现教育部）颁布的学科目录（见诸少数几所高校的研究生招生目录）中出现过"翻译理论与实践"的硕士学位点，但后来很快就消失了。再后来，翻译就作为应用语言学下面的三级学科了。这种变化的背后从一个方面反映出了当时我国学界对翻译学学科性质的认识和对它的定位。

值得庆幸的是，党的改革开放政策给我国的翻译研究和翻译学的学科建设注入了前所未有的活力。自20世纪80年代以来，我国翻译界的理论意识空前高涨，学科意识也日益觉醒，于80年代后期译学界已经明确提出了"建立翻译

[①] 《册府元龟》里的《外臣部朝贡》有一条记载："夏后即位七年，于夷来宾。少康即位三年，方夷来宾。"参见马祖毅：《中国翻译简史——五四以前部分》，中国对外翻译出版公司，1984年，第1页。

[②] 参见罗新璋：《我国自成体系的翻译理论》，载《翻译论集》，商务印书馆，1984年，第14页。

学"的口号,至 90 年代译学界的有识之士都已认识到,"翻译学之在国际上成为一门独立'学科'(discipline)已是不争的事实",我们现在应该做的,就是要"加强与国际译坛的对话,借鉴引进国外最新的翻译理论,结合中国翻译的历史与现状,加强翻译学科的理论建设和学科建设,迎头赶上世界潮流,为国际翻译学科的发展做出我们的贡献"。终于,在进入新世纪以后,上海外国语大学和广东外语外贸大学相继建立了独立的翻译学硕、博士学位点。此事不仅是从学科体制上对翻译学学科地位的确认,它更为我国内地高校的外语院系提供了一个新的学科和学术生长点。紧接着,国务院学位委员会于 2007 年 1 月正式通过设立翻译专业硕士学位(Master of Translation and Interpreting,简称 MTI),同年包括北大、上外、广外在内的 15 所院校获准开始招收 MTI 硕士生,从此拉开了我国翻译专业教学的帷幕。

  翻译学硕、博士点和 MTI 学位点的建立,对翻译学学科理论的研究、对翻译专业教学的理念探讨,以及对翻译专业教材的编写等,却是一个巨大的挑战。长期以来,我们一直把翻译和翻译研究视作外语教学和研究的一个附庸,如今我们要把它作为一门独立的学科来建设,来发展,就必须从理论上深入阐释它与传统外语学科中的翻译教学与研究的实质性的区别。20 世纪 80 年代以来,随着外语学科的大发展,各个语种、各个层次的翻译教材层出不穷,成百上千,那么我们今天编写的翻译教材又该怎样体现翻译学的学科特性呢?为此,我们邀集了国内翻译学领域内的著名专家学者组成一个编委班子,策划推出一套"翻译专业必读书系",以期对国内刚刚起步的翻译学学科理论建设和教学教材建设尽我们的绵薄之力。

  本"书系"由两个开放的系列组成。第一个系列是与 MTI 课程设置相配套,可作为 MTI 教学选用的教材系列。这套系列同时也能作为广大报考翻译专业(方向)研究生学位考生的考研参考书,或作为进入正式 MTI 教学训练学习的教学用书。目前正在编写的有:MTI 专业笔译教材(一套四册),MTI 专业口译教材(一套四册),《简明中国翻译思想史》《简明西方翻译思想史》《中国文化概要》和《西方文化概要》。第二个系列是与翻译学学科理论建设相关的译学理论专著,拟成熟一本推出一本。

  无论是 MTI 的教材编写,还是翻译学作为独立学科的理论探讨,都是充满挑战的全新事业。我们深知自己才疏学浅,本"书系"肯定存在不少不足之处,我们殷切期望国内外专家学者以及广大师生读者不吝指正。

第二版说明

应本教材使用院校反馈的要求,宜充实课本内容。鉴于原书侧重思想文化而非民俗文化,加之教学对象又是翻译专业的研究生,所以在绪论后增补《语言篇》作为全书第一大部分,原有的三篇排序依次向后顺延。对于汉语的认识目前学术界尚存不少争论,行文中相关观点既有倾向性又保持客观性,字里行间可以读出一家之说的意思;以期学生从中对汉语特色方面的问题有所启发和思考,点燃研究的兴趣。

本次修订还另附"名词解释"于正文之后,以便把握一些主要概念。"名词解释"并非是正文句子的照搬。由于正文从节省笔墨、避免重复来考虑,个别名词,如对"老庄哲学"的阐说,除了在"道家的重要观点"小标题下理应有其内容(这也是名词条目所注页码的依据),此外还散见于"儒道互补"的章节,以及关涉玄学的文字之中;现趁名词解释之际,组织在一则条目之下,可以跟正文的表述互参。这里所谓的"名词",包括历史事件的名称(可作"专用名"解),如史称的"王安石变法""郑成功收复台湾"等;不能把所解释的"名词"狭义地理解为语法范畴内跟动词、形容词相并列的一种词性。

本书曾蒙谢天振教授帮助拟定框架,其中思想、文学两部分由何寅教授予以审读。从初版到修订的过程中,始终得到出版社张冰、凌玉建、郝妮娜三位编辑同志的指点,在此一并致以由衷的感谢!

继续盼望师生们在使用中依然不吝指出不足之处,或进一步提出宝贵意见。

陶嘉炜
2015 年 6 月

目 录

绪论 ··· 1
  第一节　文化概说 ··· 1
    一、文化的含义 ··· 1
    二、文化的结构层面 ··· 1
    三、文化的内蕴因素 ··· 2
  第二节　中国文化概观 ··· 3
    一、中国人的思维方式 ······································· 3
    二、中国人的价值观念 ······································· 5
    三、中国古代的四大发明 ····································· 7
    四、中国人的处世 ··· 10

语　言　篇

第一讲　汉语和汉文化 ··· 13
  第一节　语言和文化 ··· 13
    一、语言和文化的关系 ······································· 13
    二、语言影响思维方式 ······································· 15
  第二节　汉式语言思维 ··· 17
    一、汉式语言思维举隅 ······································· 17
    二、汉式语言思维的特色 ····································· 20

第二讲　重文字而轻口语 ································ 24
第一节　汉语的书写符号——汉字 ························ 24
一、表音节的汉字 ···································· 24
二、汉字的表意性 ···································· 26
第二节　中国特有文字学 ······························ 28
一、古代不知语法学 ·································· 28
二、文字学异军突起 ·································· 29
三、重文字而轻口语的哲学根基 ························ 32

第三讲　汉语的文化特色（上） ···························· 34
第一节　积字成词 ·································· 34
一、古汉语单字词为主 ································ 34
二、现代汉语词的双音化 ······························ 35
三、字本位汉语观 ···································· 37
四、字母词的争议 ···································· 38
第二节　词组结构 ·································· 40
一、古今词组之异同 ·································· 40
二、汉语盛行关联词组 ································ 42

第四讲　汉语的文化特色（下） ···························· 44
第一节　意合句法 ·································· 44
一、话题型句法 ······································ 44
二、词义指向的意合 ·································· 47
三、形省意更合 ······································ 49
第二节　平衡、后倾、铺排 ···························· 50
一、在对称中求平衡 ·································· 50
二、句尾重心的规则 ·································· 52
三、汉语特有流水句 ·································· 54

第五讲　诗歌语言的困惑 ································ 56
第一节　古体诗的诗句 ································ 56
一、古诗音乐性揭秘 ·································· 56
二、非形式化的基础诗律 ······························ 58
第二节　新诗格律危机 ································ 59
一、新诗形式的探讨 ·································· 59
二、新诗坛"无政府状态" ······························ 61

思 想 篇

第一讲 阴阳五行 ... 67
第一节 《周易》简介 ... 67
一、"易"的含义 ... 67
二、"周"的含义 ... 68
三、八卦与重卦 ... 68
四、卦辞与爻辞 ... 69
五、《周易》的经和传 ... 70
六、写作的时代 ... 70
七、古代中国的世界图示 ... 71

第二节 五行学说 ... 73
一、五行说的起源 ... 73
二、五行之间的关系 ... 74
三、五行的推广 ... 75
四、一种关于普遍联系的学说 ... 75

第二讲 先秦诸子 ... 77
第一节 儒家,道家,法家 ... 77
一、儒家 ... 77
二、道家 ... 78
三、法家 ... 81

第二节 墨家,名家 ... 83
一、墨家 ... 83
二、名家 ... 85

第三讲 儒家经学 ... 87
第一节 两汉经学的缘起 ... 87
一、儒家经书 ... 87
二、今文经学与古文经学的由来 ... 88
三、今文经学与古文经学的区别 ... 88
四、今文经学与古文经学的兴衰 ... 89

第二节 唐代义疏之学 ... 91
一、魏晋南北朝经学概溯 ... 91
二、唐代义疏之学 ... 92

三、义疏之学的后续 …………………………………………………… 93
　第三节　清代经学一波三折 …………………………………………… 93
　　一、清初顾炎武"经世致用" ………………………………………… 93
　　二、乾嘉考据学 ………………………………………………………… 94
　　三、今文经学的复兴 …………………………………………………… 95
　　四、经学治学方法对后世的影响 …………………………………… 96
第四讲　佛学 ………………………………………………………………… 97
　第一节　佛教在中国的概况 …………………………………………… 97
　　一、两汉之际传入中国 ………………………………………………… 97
　　二、中国接受佛教思想的原因 ……………………………………… 98
　　三、大乘八宗 …………………………………………………………… 98
　第二节　中国佛学的发展 ……………………………………………… 100
　　一、佛学思辨的理论扩张 …………………………………………… 100
　　二、禅宗一派一枝独秀 ……………………………………………… 102
　　三、中国佛学与中国传统思维 ……………………………………… 103
第五讲　宋明理学 ………………………………………………………… 106
　第一节　程朱理学 ……………………………………………………… 106
　　一、"道学宗主"周敦颐 ……………………………………………… 106
　　二、"河南二程"：程颢、程颐 ……………………………………… 107
　　三、理学之集大成者朱熹 …………………………………………… 108
　第二节　陆王心学 ……………………………………………………… 111
　　一、心学奠基人陆九渊 ……………………………………………… 111
　　二、心学集大成者王守仁 …………………………………………… 112
　第三节　理学与心学的异同 …………………………………………… 114
　　一、理学与心学的不同点 …………………………………………… 114
　　二、理学与心学的相同点 …………………………………………… 115

历　史　篇

第一讲　国家的形成 …………………………………………………… 119
　第一节　传说中的远古 ………………………………………………… 119
　　一、氏族公有制社会解体 …………………………………………… 119
　　二、三皇五帝 …………………………………………………………… 121
　第二节　夏商周"三代" ………………………………………………… 124

一、"三代"及其意义 ··· 124
　　二、考古学文化与"三代" ··· 125
第二讲　大一统帝国的确立：秦汉 ·· 129
　第一节　秦王朝 ··· 129
　　一、秦始皇统一中国 ·· 129
　　二、建立中央集权制 ·· 130
　　三、焚书坑儒 ··· 132
　　四、胡亥即位 ··· 133
　　五、秦朝灭亡 ··· 133
　第二节　西汉和东汉 ·· 134
　　一、西汉：专制主义中央集权制的发展 ·· 134
　　二、东汉：豪族集团的黑暗政治 ··· 137
第三讲　中古盛世：唐宋 ··· 139
　第一节　古代辉煌的顶峰：唐朝 ··· 139
　　一、贞观之治 ··· 139
　　二、武则天称帝 ·· 140
　　三、安史之乱 ··· 142
　　四、唐朝后期，国势转衰 ·· 143
　第二节　内忧外患的两宋 ·· 145
　　一、北宋 ··· 145
　　二、南宋 ··· 147
第四讲　北京旧梦：元明清 ·· 150
　第一节　蒙古族的大一统王朝：元朝 ··· 150
　　一、民族大融合 ·· 150
　　二、大都的建设与繁荣 ·· 151
　　三、元末红巾军起义 ··· 152
　第二节　兴盛一时的大明王朝 ·· 153
　　一、迁都北京 ··· 153
　　二、郑和下西洋 ·· 153
　　三、抗击倭寇和收复台湾 ·· 154
　　四、朝廷政治争斗 ··· 155
　　五、明末农民起义 ··· 156
　第三节　最后一个王朝——清朝 ··· 156
　　一、清朝的建立 ·· 156

二、康熙和乾隆 ………………………………………… 159

三、清朝的衰落 ………………………………………… 160

文 学 篇

第一讲 诗、词 …………………………………………… 163

第一节 《诗经》和楚辞 ………………………………… 163

一、中国最早的诗歌总集《诗经》 …………………… 163

二、中国最早的文人诗作——楚辞 …………………… 166

第二节 唐以前的乐府及五言诗 ………………………… 167

一、"乐府"的种种含义 ……………………………… 167

二、汉乐府的文学成就 ………………………………… 168

三、文人五言诗 ………………………………………… 169

第三节 唐诗和宋词 ……………………………………… 170

一、中国诗歌的辉煌：唐诗 …………………………… 170

二、格律化长短句的盛况：宋词 ……………………… 172

第二讲 散文 ……………………………………………… 175

第一节 周秦汉散文 ……………………………………… 175

一、散文的含义 ………………………………………… 175

二、历史散文 …………………………………………… 175

三、诸子散文 …………………………………………… 177

四、政论散文 …………………………………………… 179

第二节 唐宋古文运动 …………………………………… 179

一、古文运动的文学背景 ……………………………… 179

二、韩愈、柳宗元的文学主张 ………………………… 180

三、古文运动的宋代后继 ……………………………… 180

四、八大散文家 ………………………………………… 181

第三节 明清散文 ………………………………………… 181

一、明朝前后七子 ……………………………………… 181

二、唐宋派 ……………………………………………… 182

三、李贽的论著 ………………………………………… 182

四、清朝桐城派 ………………………………………… 183

第三讲 小说 ……………………………………………… 184

第一节 短篇小说 ………………………………………… 184

一、中国小说的雏形 ·· 184
　　二、汉魏六朝的小说 ·· 185
　　三、唐传奇小说 ·· 186
　　四、明清短篇小说 ·· 189
　第二节　长篇小说 ·· 191
　　一、章回小说的产生与发展 ····································· 191
　　二、古代长篇小说的高峰——《红楼梦》 ······················ 191
　　三、讽刺小说《儒林外史》 ····································· 192
　　四、明清其他长篇小说 ·· 193
　　五、中国长篇小说的特点 ·· 193
第四讲　戏曲文学 ·· 196
　第一节　戏曲的形成 ·· 196
　　一、戏曲艺术的孕育 ··· 196
　　二、元代戏剧的体制 ··· 197
　　三、明代传奇的体制 ··· 197
　第二节　戏曲文学作家作品 ·· 198
　　一、关汉卿的杂剧 ·· 198
　　二、王实甫与杂剧《西厢记》 ·································· 199
　　三、高明与南戏《琵琶记》 ····································· 200
　　四、汤显祖与传奇《牡丹亭》 ·································· 200
　　五、李玉与传奇《清忠谱》 ····································· 201
　　六、洪昇与传奇《长生殿》 ····································· 202
　　七、孔尚任与传奇《桃花扇》 ·································· 202
第五讲　现代文学 ·· 204
　第一节　中国现代文学概说 ······································· 204
　　一、现代文学和白话文运动 ····································· 204
　　二、现代各时期的文学 ·· 204
　第二节　各时期涌现的作家及其作品 ···························· 205
　　一、五四时期涌现的作家及其作品 ···························· 205
　　二、二三十年代涌现的作家及其作品 ························· 207
　　三、40年代涌现的作家及其作品 ······························· 211
附录　名词解释 ·· 214

绪　　论

第一节　文化概说

一、文化的含义

大文化的概念不同于具体的文化，诸如文化教育、文化娱乐、文化知识、文化事业等。大文化即广义的文化，指人类在社会实践的过程中创造的物质财富和精神财富的总和。比如：考古文化、文化遗址、史前文化等概念，即使当时还没有文字，谈不上审美娱乐，更不可能有什么文化事业，但人类的行为方式及其结果，即使以非语言文字的物质形态存在，也无疑凝聚了当时先民们生活的信息，当然应该视为文化，不过这些属于大文化。跟大文化对应的是狭义的文化，指的是在历史上一定的物质资料生产方式的基础上产生和发展的社会精神生活形式的总和，也就是"文化"的通常内涵。

二、文化的结构层面

一般认为，文化可分为四个结构层面。

一是物态文化层，这是最浅表的文化。不同时代、不同民族的物质文化形态稍加比较就能感觉其中的差异。比如建筑文化，欧洲的哥特式、中国的四合院、阿拉伯世界的清真寺，三者风格明显不同；再如服饰文化，一百年前的长衫马褂瓜皮帽,跟今天的男装也明显不同,各民族的传统服装也各不相同。物质文化的时代性和民族性凭直观就能辨别出来。

二是制度文化层,包括政治、经济、教育、社会保障等各种制度。虽然制度文化不像物质文化那样一看便知,但制度的强制性让人一旦进入其间生活就很容易感受到。比如现行中国的教育制度跟一百年前的私塾教育完全不同,跟现今欧美实行的学分制也有所不同。

三是行为文化层,指人们在长期的社会交往中约定俗成的风俗和习惯。它们不像制度那样带有强制性,却是社会集体的行为方式。比如传统节日遵行的风俗,元宵节吃汤圆,端午节吃粽子,中秋节吃月饼,等等;再比如婚丧喜事的礼节,西方人白色用于婚事,象征爱情的纯洁,而按中国传统是红色用于婚事,表示大喜大吉,白色是用于丧事的,但西方人丧事用黑色。

四是心态文化层,包括人们的思维方式、价值观念、审美情趣以及由此而产生的文、史、哲等意识形态。比如群体主义的价值观,历史上表现为家族主义,现今表现为集体主义,中国人的名字是姓在先,名在后,意即所属的家族群体放在前面,个人自我在其后。西方人与此不同,个人的名字领先,所属家族的姓在其后,这是个人主义价值观在姓名排序上的解码。再比如审美情趣,中国古典文学作品中大量"伤春悲秋"的情绪跟古希腊悲剧的那种拗不过命运的壮烈亦迥然不同。

三、文化的内蕴因素

心态文化是文化的核心部分,它决定着其他三个文化层面。那么民族的心态究竟又由什么因素促成的呢?

是符号。人与动物不同,人有符号,而语言是最重要最普遍使用的符号。思维和语言好比一枚硬币的两个面:思维为里,语言为表,二者在人类发展史上同时合成,是人脑进化到一定程度的结果。因此是思维产生语言还是语言产生思维的问题恰如先有鸡还是先有蛋的问题一样无法选择,也无须选择。所以,汉民族的思维方式就可以从汉语的特点上观察出来。

但是归根结蒂,民族的心态特点还是来源于他们主要从事的物质生活资料的生产及其生产方式。中国传统文化是典型的农耕文化,或者叫农业文明,特别表现在哲学上,是我们的祖先在农业生产活动中经验和感悟的结晶。

在原始时代,先民主要从事何种生产活动是不容选择的,它取决于所处的地理环境。中华大地上,黄河、长江两条大河横贯东西,流域广大至数百万平方公里。这块土地的大部分纬度处于温带,四季分明。肥沃的土壤和适宜的气候,十分有利于作物的栽培,在这样的环境中劳作、生存、繁衍的民族创造并发展了大陆型的农业文明。

第二节 中国文化概观

一、中国人的思维方式

1. 奉行辩证逻辑

已故英国著名学者李约瑟博士在他的巨著《中国科学技术史》中说道："当希腊人和印度人很早就仔细地考虑到形式逻辑的时候,中国人则一直倾向于发展辩证逻辑。"

形式逻辑将思维对象乃至思维本身独立出来成为可供观测的对象。它划定明确的范畴,准确界定事物的实体及性质,并使之形式化和数量化。古希腊亚里士多德的《工具论》,特别是其中的《范畴篇》就是对形式逻辑思维方式的论述。亚氏建立的形式逻辑体系源于对希腊语语言形式的思考。语言与思维的表里关系使得形式逻辑在操形式语言的民族里发展发达起来是理所当然的。形式逻辑主要用演绎的推理方法,亦即"大前提—小前提—结论"的三段推理,在数学上,欧几里得几何就是运用此类思维的典范。

辩证逻辑不要求将思维对象乃至思维本身独立出来成为可供观测的对象,它注重人的主体能动性,始终让人参与其中,在正反两个方面,或者若干不同的类别中间进行反复比较、鉴别、综合,从而得出结论。辩证逻辑主要用归纳的推理方法,从许多个别事物中发现一般性的原理。在西方,辩证逻辑争得它应有的地位晚至17世纪英国哲学家弗兰西斯·培根的《新工具论》,但并不等于此前的西方人不用辩证逻辑思考问题,只是没有在理论上揭示出来而已。辩证逻辑的另一特点是重视经验的价值,但中国传统文化有将经验神秘化的倾向。西方自古就有"知识都能用语言表达"的信条,但中国上古思想界普遍有"书不尽言,言不尽意""道可道,非常道"之类的说法。

2. 注重观象取类

《易传》有言:"引而伸之,触类而长之,天下之能事毕矣。"认为认识外界事物的方法只需靠引申、归类或类比。难怪《易传》把许多今天看来不相干的东西归为一类,比如"乾为天,为圜,为君,为父,为玉,为金,为寒,为冰,为大赤,为良马,为老马,为瘠马,为驳马,为木果",诸如此类。汉字六书中的"形声"一法是这种思维方式在语言文字上的集中表现:"声符"往往用隐喻的方法指称某一事物,"形符"表示该事物所属的类别。如"巅",人们把山的最高处隐喻为人的头顶,即"颠";因为此"颠"不是人体的一部分,而是山体的一部分,所以加一"山"字以示区别。传统文字学所用的"声训"以同音字或近音字来解释字义,可看作是形声法原理的反向运作,诸如"巅,颠也""颠,天也",等等。

中国古代的科技以天文、物候、医学为成就最高,在这些领域内,观象取类大有用武之地,而且非常有效。通过长期观察,中国上古就画出了太阳周年视运动的轨道(黄道),并把黄道分成24等分确定节气。《大戴礼记·夏小正》对一年十二个月的物候、气象和天象做了观察描写,并分列了各个月的农事活动。在中医学方面,经络不是靠解剖可发现的,也是对行气镇痛观象取类的结果。民间通常认为赤豆、红枣能补血,因为红的食物跟血归为一类。

3. 善于整体思维

整体思维的对立面是分析思维。亚里士多德《工具论·范畴篇》分析出思维规律的十大范畴,其中,第一范畴实体是主词,其余九大范畴属述词;跟思维对应的语言,也就是句子,可分析为主语和述语两部分。在语音方面,西方拼音文字把音素从完整的音节中分析出来,字母基本上是音素的记录。在绘画上,西洋画讲究人体各部分的比例,而中国画讲究形似和神似的统一,神似胜于形似。前者为分析认识,后者为整体把握。中国传统哲学认为人类是天地交合的产物,人和自然合为一体,所谓"天人合一";用现在的话说,就是人类是地球上生物发展进化到相当的程度所产生的物种。人体的摄入与排出参与了自然界的大循环,所以中医研究人的生理病理总是联系季节、气候、环境等整体因素。就个体的人本身而言,中医不把脏器作结构或成分的分析,而是注重系统。望、问、闻、切,得到的是人体的总体信息,治疗也从总体入手,而不是头痛医头,脚痛医脚。就像农作物的丰欠要看天气和地力一样,整体思维对于生命科学还是有点儿道理的。

4. 推人及物,推己及人

中国传统思维于演绎推理有所短缺,而跟归纳推理起互补作用的还有类比推理,其中突出表现为推人及物,推己及人。《易传》把天地看成是具有性别的活体,就是"近取诸身",用人自身的标准隐喻出来的结果。正如《礼记·中庸》说破的:"君子之道,造端乎夫妇,及其至也,察乎天地。"原来他们是用夫妇之道那一套去认识自然界的! 其实,西方人的祖先也有过类似天真烂漫的想法,遗留在一些语言的名词有阴阳性上,如德、法、俄等语言。不过,西方的哲学,特别是认识论,没有朝神话的方向发展,而是建立了形式思维体系。西方人把人化自然的神话思维方式称为前逻辑思维,是史前存在过的,一去不复返的思维化石,不像中国的《周易》那样主宰中国思想数千年,而且至今还是中医学的基础理论之一。

儒家的整套推理都建立在推己及人,推人及物上:"老吾老以及人之老,幼吾幼以及人之幼";君王有怜悯之心,推广到子民身上,就能施行王道之治;号称

"新儒家"的陆王心学宣称求诸内心就可认知外物。

二、中国人的价值观念

1. 血缘关系至上

血缘关系是自然的社会关系,父母兄弟姊妹,无可选择。原始社会的氏族制就是在血缘社会关系的基础上建立的。西方建立奴隶制国家后,就制订出超越家族制的国家法律,如古希腊的奴隶主民主制,古罗马法律对家父权力的限制。但是中国自夏商周起直至清代,"国"一直是"家"的扩大翻版。

原因之一,自然的血缘关系这么牢固地占据社会关系的首位,是跟一家一户自给自足的自然经济(小农经济)相适应的。

原因之二,传统观念中生命的泛化引出生殖的泛化,天地生万物,老子的道据称是"先天地生",宇宙间生生不已。这样,生命的给予者就拥有天生的受尊重权,"孝"的概念由此而生。在家国同构的古代,忠是孝的引申。生命的给予者甚至拥有生命的剥夺权,"君要臣死,臣不得不死;父要子亡,子不得不亡"。

原因之三,中国传统文化中缺少规则意识,这与所操语言的非形态化互为表里。规则是人制定的,是人的需要的对象化,又反过来约束人的行为。中国人往往用主体参与的柔性的经验代替刚性的规则,具有社会契约性质的法律不易产生,柔性的血缘感情、情感化的忠,成为社会关系的主要准则。

在父权社会里,父系亲属高于母系亲属,因此二者有着不同的称呼以示区别。汉语亲属称呼的繁多为西方语言所无法比拟。

2. 经验崇拜

经验崇拜是跟生命崇拜、年龄崇拜一致的。考古发现,新石器时代的龙山文化已经有占卜的习俗流行了,到了商朝,王室基本上每日必占。占卜是向龟询问未来的吉凶,而周人兴起的筮占用的工具由龟改为蓍草。刘向说:"龟千岁而灵,蓍百年而一本生百茎。"《太平御览》卷九九七引《洪范五行传》说:"蓍百年一本,生百茎,同本以老,此草木之寿知吉凶者也,圣人以问鬼神焉。"龟和蓍草都有长寿的特点,所以知道的事多;同时二者多子多孙,引得古人的敬重。近代的严复概括说:"中国夸多识而西人尊新知。"倚老卖老在日常生活中屡见不鲜。

由此又发展为崇古。儒家推尧舜为圣人,据说他们身处夏代以前,老子主张回到结绳记事的时代去,法家虽然有向前看的气魄,但还是把自己的主张依托在黄老身上。出于崇古的心理,历史上不断有人伪造古代的文章。《尚书》里的"虞书""夏书",以及"商书"的一部分经发现是后人的伪作。

3. "顺应自然"的生存原则

以农为本的生产方式在人们头脑里形成顺应自然的思想观念。农耕一定要按照农时来做,所谓"人误地一时,地误人一年"。如果不误农时,老天和大地就会给人以丰硕的回报。在中国传统眼光里,自然是善的,可以靠天吃饭。这一点不同于上古的西亚、埃及、希腊等地中海沿岸的民族。像西方文明起源地的希腊,多是山地,雅典的粮食依靠进口。海上贸易要冒极大的风浪危险,自然界的风云说变就变,诡谲莫测,因此在西方传统眼光里,自然是恶的,是人要努力征服的对象。犹太民族的《圣经》在"创世记"中叙述上帝造天,造地,造海,造日月,造人,体现一种"创造"的认识哲学,跟中国传统"生"的认识哲学不同;前者注重人为,后者注重自然。"造"的哲学跟当时他们的生产活动——造船不无关系。

于是,中国人把顺应自然又发展为效法自然。上古的衣着效法天玄地黄,来个衣玄裳黄;盖房子效法天圆地方,来个顶圆基方;认为跟自然界协调同步有利于生长繁衍,吉祥如意。

4. 实用理性,实践理性

西方在上古就确立了以求知为最终目的的认识价值观,"哲学"一词在西方是"爱""智慧"的复合。古希腊的自然哲学家们纷纷讨论世界的"本原"(一译"始基"),中国只有道家的老庄对此类问题略有关心,其余各家各派的注意力都集中在治天下、救乱世的实际问题上。对宇宙,对语言,对逻辑,对宗教,即使有所触及,也未能成为一时的中心话题,未能做充分的展开。孔子对语言的态度是"辞达而已矣",没有人想到要对语言的结构进行研究;孔子对鬼神的态度是"未能事人,焉能事鬼?""未知生,焉知死?"中国的原始宗教未能发展出一个成熟的彼岸世界来。

中国没有体系神话,也没有人为宗教;实际上,体系神话是人类早期对世界同一性的一种隐喻式思考,而人为宗教是本体论解释的对象化,借神的名义用外力提供一个精神寄托,并规范信徒。宗教神话在创设时是不含功利性的,中国人倾向于考虑日用伦常。我们的宗教情绪倾注在血缘方面:我们不祭祀某个至上神,而祭祀家族的祖先;我们不为自身赎罪而修行,但为子孙后代的幸福奉献自己的一切。

关于实践理性,中国历史上的思想家提出一些概念,如"仁""义""虚""静",目的一般不仅仅停留在解释上,而是要付诸实践的。宗教方面的情况也同样如此,道教和中国佛教对世界对人生的解释比较简单,把关心的重点落到崇拜的礼仪或伦理的约束等可实践的问题上。

5. 主观参验的内省修养

"人"的宇宙主体地位,在上古,中国比西方确立早。《易传》提出天、地、人"三才"的观点,对于人类可能自觉地顺应自然抱乐观态度。相比之下,西方人更多地感受到外在势力对人的制约以及命运的不可抗拒,对自然抱有一种敌对的有待征服的态度。人和物相对立的泛化,最终变成人的自身修养也得依赖外在的规则。"法律所未加禁止的事都能做",西方人奉行的这个信条甚至抹杀了自我修养的必要。儒家推崇的远古首领尧与舜是如何成为圣人的?按孟子的说法,圣人的相貌跟常人相比并没有特殊之处,只是他们保存并发扬了人与生俱来的"善心"而已。所以人皆可以为尧舜,其途径应如孔门弟子所说的"吾日三省吾身"。后来中国化的佛教宣扬不必参经拜佛,"一切众生,皆有佛性""放下屠刀,立地成佛"。出于同样的道理,道教原先认丹砂(硫化汞)为神奇之物,因为经烧炼可把汞分离出来,变成黑色,再使汞和硫磺化合升华为红色的硫化汞结晶,所谓的炼金丹就是上述化学反应过程;道教认为服用后会产生返老还童的奇迹。结果不少人服后汞中毒而死。道教又运用"人人皆有佛性"的原理,说金丹也不必外求,人身上就有"丹田",变炼外丹为炼内丹,气功因此而发明。

中国文化强调人的主观能动作用,在语言文字上就有体现:解读非形式化的语言需要接受者做一定的"意合",句子主语位置上的名词在动词不变的情况下可能是动作的施事者,也可能是动作的受事者,相信听者或读者能发挥主观能动性加以正确辨别。中文书写时词与词之间没有空格,也相信读者能自觉解读,古文甚至连标点也没有,"句读"成为阅读的一项基本功。

三、中国古代的四大发明

中国人的智慧创造了无数独具特色的文明成果,其中四大发明极大地推动了整个世界的文明进程,是中国曾经对世界做出的伟大贡献。

1. 指南针

早在战国时,名叫"司南"的指南工具已被普遍使用。人们把天然磁铁打造为长柄勺,起指针的作用。把勺放在底盘的中心,底盘边沿360度分为24等分,相当于现代指南针的刻度盘。勺底底突是长柄勺的支点,勺子可以以此为圆心进行转动。转停时长柄所指的方向为南。相传为战国时王诩在他写的《鬼谷子》中记载道:"郑人之取玉也,载司南之车,为其不惑也。"大约西汉时,人们在战车上设立一个木人,其下安装着磁石,使得木人的手臂始终指向南方,称为指南车,据说黄帝在战蚩尤时就用它指方向了。唐代为了测风水的需要,司南加工完善为罗盘,11世纪末用于船只航行。大约在12世纪末到13世纪初,指南针由海路传入阿拉伯,然后由阿拉伯传入欧洲。

2. 造纸术

在纸发明之前,各古老民族就地取材使用各种书写材料:古埃及人把字写在当地生长的一种草上,我们管它叫"纸草";西亚两河流域把字写在湿的河泥块上,泥干后文字就凝固了,人们按这种字的形状称之为"楔形文字",这种文辞就成为"泥板文书"。此法传入埃及、希腊,写有希腊语线形文字的泥板文书在克里特岛的克诺索斯、伯罗奔尼撒半岛的迈锡尼、派罗斯,中部希腊的忒拜等地的王宫遗址中都有发现。在中国,迄今为止最早的文字甲骨文是刻在龟甲或兽骨上的,此后有文字刻在石上和铸在铜器上的做法,但毕竟不属日常书写行为。春秋战国时普遍用竹木当纸,竹为"简"(或称"策"),木为"牍"。另外,丝织品的帛也可作书写用,不过价格昂贵,较少使用。

西汉人在剥茧制丝绵时受到启发,把锤打湿蚕茧后留在席箔上的丝絮晒干揭下,上面可以写字。东汉宦官蔡伦在总结前人制纸经验的基础上,对造纸原料做了重大改进,用树皮、麻头、破布、渔网等捣烂做纸浆,由于改用植物纤维,成本大大降低,纸就不再是奢侈品,为它从宫廷走向民间铺平了道路。当时人们称那种新型的纸为"蔡伦纸"。东汉末年的左伯,字子邑,他又进一步改进了工艺技术,造出的纸富有光泽,人称"左伯纸""子邑纸"。

公元4世纪,造纸术传入中国的近邻朝鲜、日本,8世纪传入阿拉伯,后来传入欧洲,欧洲人方才不再在兽皮上写字了。纸的发明开创了知识积累和传播的新纪元,加速了世界文明的进程。

3. 火药

发明火药的功劳应该算在道教的头上。道教兴起于东汉末年,当时连年天灾,瘟疫流行,道教声称能画符念咒替人治病祛灾,从而收罗信徒。道士在纸上写一种似字非字的东西,叫做符箓;把画有符箓的纸烧了以后留下的灰烬冲水喝下,辅之以道士在旁念诵咒语,据说能驱赶病魔。为了真能奏效,道教徒对中草药有特别的关注和研究。中药材除了植物外,还包括动物、矿物等,特别是炼丹术的研究,大大促进了中国古代化学实验的发展。道教信仰的核心是神仙思想,认为肉体可以不死,所以他们重视医学,而医学和化学的密切关系是为人所共知的事;火药,就是道教烧炼长生不老之丹时偶尔发现的副产品。

隋唐时的道士孙思邈是一位医药学家,他也是第一位记载火药制造法的人。他的"丹经内伏硫磺法"用硝、硫磺和木炭相混合而成。唐中期的道教炼丹书《真元妙道要略》记载,把硫磺、雄黄、硝石,拌蜜,点燃,其火焰会烧灼人的手、脸,会将屋舍化为灰烬。

火药发明出来后,首先用于军事,给予武器以革命性的升级。火药武器成倍扩大了杀伤的距离和力度。宋代,火箭、火球、火蒺藜、火炮、霹雳炮、火枪等武器被一一制造出来。宋元之际造出的火药箭,利用尾部燃烧喷射气体产生的反作用力做推进动能,跟现代火箭的发射原理差不多;说火箭是由中国发明的并不为过。元代开始制造铜质或铁质的筒形火炮,当时取名"火铳",因威力巨大,又称为"铜将军"。

大约在公元13世纪左右,火药传入阿拉伯地区。然后欧洲人学会了火药和火器的制作方法。中世纪骑士的装备:长矛、剑,盔甲、盾牌,在火器面前灰飞烟灭,封建的精神风度为之动摇,为资本主义的登台轰响了开山炮。

4. 印刷术

印刷的技术经历了雕版印刷和活字印刷两个阶段。

雕版印刷受先秦时就有的印玺的启发而来。在竹木简牍的时代,印章盖在封口处的泥层上,留下凹凸印记,作为封存行为人的证据并防止他人私拆。东汉纸张发明后,印章才沾上颜色盖用。受此启发,如要复制较多的文字,也可刻写大"印章"。东晋道教学者葛洪在他的著作《抱朴子》里记载当时有道教徒把120个符号的符咒刻在一枚印章上。此外,石碑拓印的做法也开创了雕版印刷的先河。拓,这里念 tà,通"搨","捶打"的意思,把纸铺平在石碑上轻轻捶打,就能把碑面上的墨汁印到纸上。

维摩经变相图(五代,敦煌98窟东壁)

在石碑上刻字要把字的笔画刻掉,因此字呈凹的状态,称为"阴文",字为正常的正写,拓印出来的碑文黑底白字;刻印章则把不是字的地方去掉,因此字呈凸的状态,称为"阳文",而且字为反写,盖在纸上的样子是白底黑字。雕版印刷的刻字法取后者,印的时候把纸铺上,用干净的刷子刷一遍,涂在凸字上的墨就会均匀地印到白纸上。敦煌莫高窟发现的雕版印刷的《金刚经》,卷尾注有"咸通九年"的字样,属晚唐时期,时为公元868年。

北宋一名平头百姓毕昇发明了活字印刷:用胶泥刻字,一字一模,排列在涂有松脂、蜡和纸灰之类的铁板上,用铁质方框围起来制版,稍稍烤得涂物熔化后,再用一块平板把排好的字模正面按平,凝固后就能又快又好又多地印书了。毕昇的创造约在11世纪中叶,直至电脑排版开始使用之前,活字印刷沿用了将近千年之久。

雕版印刷术问世不久,就随着中日、中朝文化的交流传入中国的这两个近邻,后又传到越南、菲律宾、泰国等东南亚地区,13世纪末经由土耳其、伊朗传到埃及和欧洲。活字印刷术也是先被朝鲜和日本所学得,大约在15世纪传到欧洲。纸张和印刷给知识添上翅膀,促进全球文化的交流,使人类的文明得以飞跃发展。

四、中国人的处世

1. 尊老爱幼

儒家倡导的孝,就含有对长辈的顺从和尊敬,尽管这种尊老是有层次的。中国人亲近血缘人群,所以习惯上用亲属称谓来称呼别人,以表示友好,诸如叔叔、阿姨、兄、妹等等。在非正式场合直呼姓名被认为不够礼貌,把亲属称谓用在社交称谓中被普遍接受,并认为是礼貌的。

尊老爱幼是中华民族的传统美德,在近现代形成行为规范,从家庭扩大到社区、工作单位以至整个社会。

2. 情面观点

中国传统的人际关系参照亲属关系处理,而不是参照法律意义的契约关系。亲属间有先天血缘的关系,感情占重要地位;把它推广到朋友、同事等其他方面,待人处世同样不会靠相互承诺的约束,而是靠各人内心的把握。内心的尺度构成"情面"。如果得到熟人的帮助或收受礼物,就欠了别人的情,俗称"人情债",就应该"投桃报李",给予回报。所以社会上存在林林总总人情织成的关系网,往往对制度内的明文规定起负面的抵冲作用。

3. 自尊与自谦

中国人的自尊心不仅表现为个人的尊严,更多的还在于对自己的家族、家乡,甚至所处的单位,有着天然的自豪感。人们在交谈时往往恭维对方,正是懂得对方的自尊心理,友好地给对方以精神上的满足。自谦也是为了相对地抬高对方以示尊重。

谦虚是中华民族的传统美德之一,"满招损,谦受益"被奉为千年不移的古训,因此,谦虚的谈吐就成为一个人有修养的标志。所以,自谦不等于自卑,而是既尊重他人,又尊重自己的一种行为规范。

4. 含蓄的表情达意

中国人早就注重语言解码者主体的能动作用,懂得语言的含义永远大于它的字面意,因此说话时不必直露地把意思说破,可以让听者自己去揣摩、理解;尤其遇到某些关涉面子的场合,比如表达不满、批评、想借钱、不愿出借等意思时,双方拐点儿弯抹点儿角,可避免正面发生冲突,提供大家都体面下台的机会。

感情的传达也是这样。例如,对成年的子女,父母没有亲吻拥抱的习惯,也不直接表达"爱你"之类的话,但中国人对子女的关爱是世上少有的。他们把爱点点滴滴化在日常的照顾上了。

语 言 篇

- 第一讲 汉语和汉文化
- 第二讲 重文字而轻口语
- 第三讲 汉语的文化特色(上)
- 第四讲 汉语的文化特色(下)
- 第五讲 诗歌语言的困惑

第一讲 汉语和汉文化

第一节 语言和文化

一、语言和文化的关系

1. 语言和文化

带着文化意识来观察语言现象,此一新视角的开辟,得归功于历史上的人类学家。西方最初的人类学,研究的是各人种的生理体质;到19世纪70年代,两部人类学名著的先后问世,开辟了人类学的社会性领域。一部是英国学者爱德华·伯内特·泰勒爵士于1871年出版的《原始文化》,另一部是美国学者路易斯·亨利·摩尔根于1877年出版的《古代社会》。前者被誉为文化学的开山之作,后者开民族学之先河;二者的共同之处是摆脱传统人类学的人体构造和生物遗传的课题而研究人类的行为。人类的有所思,有所言,有所为,统统被列入值得研究的对象,这给了一些语言学家极大的启发。20世纪初,人类语言学正式祭起了大纛。

泰勒爵士

著名语言学家罗常培先生于1950年出版的《语言与文化》,是我国从文化角度研究语言的最早的专著。改革开放以来,随着中外文化交流的扩大和深入,在语言学界出现了一个文化语言学派;单就冠之以"文化语言学"书名的著作和教材,就有十来种。语言是一种文化现象,已经成了人们的共识。国内某语言院校为了彰显文化学习对于语言学习的重要性,曾将校名加上"文化"二字,后又考虑到语言属于文化本是题中应有之义,无需特意突出,并遵照专用名词简明的经济原则,又将"文化"二字删去了;这一增一删的过程不是简单的恢复原样,而是经历了对语言和文化密切关系理解的两级飞跃。

2. 语言和思维关系的诸种观点

文化的核心是心态文化层,而思维方式在其中占有重要的分量。在明确了语言和思维相互依存之后,需进一步讨论的是,二者之间哪个占主导地位?亦即,是语言决定思维,还是思维决定语言?这是个尚存争议的问题。

历来各派学者持有不同的、甚至相反的观点。颇具震撼力的"沃尔夫—萨丕尔假说"认为语言决定思维,而瑞士心理学家皮亚杰以其发生认识论为依据,通过对儿童思维和语言能力的习得,认为思维源于自身的动作,而语言能力得之于社会学习。当思维需要进行或表达时,才会求助于语言,因此从本质上说,是思维决定语言。另外的观点还有:语言思维无关论,语言思维一物论,等等。无关论认为思维发生在语言产生之前,而一物论比较接近我们赞同的表里论,认为语言是有声的思维,思维是无声的语言。中国也自古有"言为心声"一语;"心之官则思",心的官能就是思维;从上面两句话构成的关系链自然得出"言即思"的等式。

3. 思维一般用语言作其符号

随着计算机的发明和广泛使用,人们对大脑"黑箱"内的思维活动比以往有了进一步的了解。中国人把计算机叫作电脑,就是说它有帮助人脑进行工作的工具作用。似乎中国古人有先见之明,早就想象到计算和一般思维有共通之处,所以把"考虑"叫作"盘算","谋划"叫作"谋算","谋划失败"叫"失算","勾心斗角"叫"算计","预料到"可以说成"算到";而所思所言的结果叫"数","做数不做数"意为"是不是最后结果",又可说"算数不算数"。同一道题的计算结果自有其规定性,所以"数"又被赋予"规定性"的含义,如"定数""天数""劫数",等等。

当然,电脑不会,也没有必要让它自己主动思考,它只是一种帮助人脑思维的辅助工具。它需要一套符号来接受使用者的指令,即计算机基础语言,包括符号及逻辑法则(相当于语法)。人类由其个体所在生活的那个社会环境赋予其母语,而计算机是使用的人把设计好的符号系统给它灌输进去的。思维必需以符号作代码,乃是不争的事实。人类用作思维的符号代码主要是语言。语言自身的体制对思维起着一定的规范和制约的作用。

在西方,德国语言学家威廉·洪堡特于19世纪上半叶以哲学的深度开拓语言的研究。哲学所要解决的两大问题是世界观(亦即本体论)和方法论,洪堡特认为"每一语言里都包含一种独特的世界观";"人从自身中造出语言,而通过同一种行为他也把自己束缚在语言之中;每一种语言都在他所隶属的民族周围设下一个圈子"。

20世纪初,美国人类语言学家爱德华·萨丕尔和他的学生本杰明·沃尔夫主张的语言决定思维的观点,就是从洪堡特的语言世界观论继承和发展而来的。"沃尔夫—萨丕尔假说"指出,"一个人的思想形式,是受他所意识不到的语言形式的那些不可抗拒的规律支配的"。

人们所认识的世界,其实是一个符号的世界;任何人无法只通过身体感官的直觉来把握外部世界。牙牙学语的孩子问身边的大人某个新鲜事物是什么东西时,他得到的回答是语言所表达的概念。诸如"天上白天有太阳,晚上有月亮","天",不管汉语叫"天",英语叫 sky,日语叫"空",总得有一个本民族约定俗成的词来表示这个确定的概念。概念是思维的基本元素,动物只有感觉而缺少概念,所以猴子不明白水桶里的水和河里的水是同一种物质。不用语言,连进行思维所需的最基本的概念也无法确定下来,所以,动物的智力水平仅处于物我不分,万物合一的混沌状态。

二、语言影响思维方式

1. 不同语言的思维元素不尽相同

语言是思想的直接现实。思维的结果无疑靠语言来表述,语言还参与思维的全过程。

不同语言的思维元素不尽相同。比如用作指示的词,汉语和英语,以至世界上绝大多数语言只有近指和远指之分,即以说话人为参照,根据距离远近划为"这"和"那"的二分法;然而在日语和朝鲜语里,却表现为近指、中指、远指的三分法。自然界没有现成地给人类划好这些区域;二分法也好,三分法也罢,都是操那种语言的民族的人为划分;于是使用特定语言的人们在无意识中接受了对世界的这种二分方式或者三分方式;没接触过日语或朝鲜语的人或许连做梦也不会想到除了"这""那"以外还会有一个与它们并列的概念,当然同时有一个相应表达的词或词素,他们以为"这"和"那"的二分法是理所当然的。由此可以理解洪堡特的论断:"人只有同时跨进另一种语言的圈子,才能有可能从原先的圈子里走出来。所以,学会一种外语或许意味着在迄今为止的世界观领域里赢得一个新的出发点。"

再比如,颜色是一种客观存在。语词给各种颜色命名,其实质是给各种颜色加以区别和划分。如果某个民族遗漏了对某个颜色的命名,那么对那种民族语言来说,会造成该种颜色的集体色盲。反之,某种语言对某个颜色有特别的分类,或者对某个颜色词赋予一些附加义,那么远方的民族也难以准确解码,造成文化障碍。

汉字文化圈内的几个民族都知道"青"色,如日本有青山商事株式会社,韩国有青瓦台总统府;汉文化将五色对应五行,青对应木,应该指树木的青葱、青翠。青菜、青豆、青草,颜色都和绿相近,"青山"也应该属于这类颜色。然而日本青山西服品牌商标上写的英文却是 BLUE HILLS。如果中国人只看到英文,不知道汉字原文的话,浮现在眼前的一定是像蓝墨水画的山一样,发生严重的色差!几部汉语词典和字典都较含糊地解释为绿和蓝。其实,"青"色里带有生命活力的附加义,绿色植物显露出蓬勃生机,所以人的年龄也有"青年",用以跟"老年"相对立。由于中国文化尊天为至上神,青天不老,由此又偏向于蓝色了。* 历史上中华民国的第一面国旗五色旗,其中的青色呈蓝色;反清烈士陆皓东设计,后用作国民党标志的"青天白日"图案,也呈蓝色,以至于现在台湾岛内持国民党立场的几个组织统称"蓝营"。之所以不叫"青营",是因为对立派的标记为绿色;模棱两可的"青"挤在两者之间很可能把水搅浑。

青出于蓝而胜于蓝。蓝草汁可作染料,颜色呈深蓝,又称为"靛"。靛虽带半边"青"字,但跟绿色已相去甚远了。"青靛"的颜色稍微调和偏绿。西方人思维若涉及蓝色绿色的时候,绝不会遇到第三者"青"的纠葛;因为在他们的语言里没有"青"这个词,相应地,思维时不会有这个词所指的概念。然而反过来,汉语表达含有"青"字的语意,西方语言便无法转达它的神韵。比如:

    青的香蕉涩嘴巴,等熟透了再吃,又糯又甜。

如果字字直译,西洋语言只能以"绿"代"青",漏掉了与"成熟"对立的附加义,容易使人误会似乎"绿香蕉"是一类香蕉品种,自始至终为绿色;所以总觉得没全逮着汉语的原意。

2. 语言思维和非语言思维

尽管我们承认语言对思维产生重大影响,思维所用的主要符号是语言,但是也应该承认确实有不全用语言来进行思维的情况存在。"沃尔夫—萨丕尔假说"之所以反对者甚众,是因为沃尔夫把萨丕尔语言决定思维的理论引向极端。皮亚杰的反驳也是错误的,他把儿童本能的动作也看作"思维",人们不禁要问:猫捉老鼠时,猫追鼠逃,它们都在进行"思维"吗?仅由小脑调控,不经大脑运作的

---

* 青天向晚转黑,故有时亦指黑色。"铁青"之说即此而来。

肢体举动,难以定位在思维的规格上。

不全用语言的思维大致包括以下两种情形:

其一,据法国人类学家列维—布留尔《原始思维》一书中的研究,原始人的思维是靠"存在物与客体之间的神秘的互渗"来彼此关联的,那种"集体表象"成为他们"原逻辑的"基础思维。德国哲学家恩斯特·卡西尔发现西方人"原逻辑的",或者说"前逻辑的"思维为"神话思维"。他指出:"神话和语言在思维由瞬间经验向持久概念,由感觉表象向系统表述演变的过程中起着相似的作用,它们各自的功能是互为条件的。"因此,历史上的"前逻辑思维"又称为"神话—语言思维"。希腊人最早一批抽象概念的确立不应归功于柏拉图的对话,而要追溯到"荷马史诗"里对于神话故事的叙述和理解:诸如奥瑞斯提斯报父仇,弑生母的行为究竟算"复仇"呢,还是"慈悲"?原始的希腊人用神话进行思考而寻找答案。中国原始社会的初民们用卦象推衍世间万物,也属一种"原逻辑的"思维,是用卦象作符号的思维。

其二,部分艺术思维,一般称为"形象思维",不全由语言担当。比如音乐创作,地方特色的旋律也是一种符号,也是一种文化;但它们是音符,而非语言。另外,具有民族特色的绘画,其符号为线条和色彩,画家创作时在用语言符号的同时,还用到形象符号。

在逻辑思维领域,像双方隔着棋盘对弈时,谋划布局,攻守应对所用的思维符号,除了语言之外,还有各棋子儿的角色功能、行走规则、路径选择等非语言因素的参与。

音乐家笔下浓郁乡土味的曲子,其成功不能归结于思维受了什么语言特色的影响。然而,跟音乐、舞蹈、绘画、雕塑、建筑、礼仪、服饰诸语汇相比,语言毕竟更直接、更明确地将主观认知力和客观对象物连接起来,形成"能指"和"所指"的反映关系。可以说,音乐、绘画、舞蹈等直觉艺术和弈棋运动不以获得认知结论为目的,也不是日常生活所必需的思维,它们在整个人类思维活动中的比重微乎其微。皮亚杰也不得不承认,思维越缜密越需要语言的帮助;也就是说,缜密的思维非要语言的参与不可。

第二节 汉式语言思维

一、汉式语言思维举隅

1. 词语和概念的层面

汉语词汇里像"青"这种表达特殊概念的例子,在中医典籍里比比皆是,异质于西方文化的独特性更为典型。中医术语将脏器功能称为阳,将津、血等体液称为阴。将外感称为实,将内损称为虚或亏。用气、血、风、湿等解释生理病理。药食同源,都有热、温、寒、凉四性。"怕上火,就喝王老吉"的广告语家喻户晓,这个"火"字,在西方语言里实在找不出对应的词。有人翻译成英语,叫 inner heat;却很容易跟西方概念的体能热量卡路里之类的东西相混淆。inner heat 比直译 fire 高明多了,但还是让外国人一头雾水。在中医看来,上火表现为面红目赤、咽肿声嘶、口腔糜烂、牙疼龈胀、皮肤疖疹、烦躁失眠、鼻衄出血、舌红苔黄、尿少便秘,等等,但西医认为上述症状分属口腔、皮肤、神经、泌尿、消化等不同的生理系统,用一个"上火"概而括之,令他们难以理解。身体之火从何而来?中医认为,外感燥热,内服过多的姜蒜、龙眼、荔枝等热性食物,导致寒热失衡。原因又跟食物"四性"相关,这又与西方的食物营养知识不相兼容。喝王老吉不上火,因为其中有菊花、金银花等清热的成分。用"没有共同语言"来描述中医和西医两套迥然不同的理论,并不为过。

孔子的"仁",老子的"道",都遇到类似的不可译性。

2. 语句和逻辑的层面

词,还只是语言的基本材料;选词造句,就把要用到的相同与不同词性的词按一定的语法规则排列起来,表达一个相对完整的意思,或陈述,或说明,或议论。古希腊的亚里士多德通过分析自己的母语,在《工具论·范畴篇》中总结出思维领域的"十大范畴";它们是:1. 实体,2. 数量,3. 性质,4. 关系,5. 地点,6. 时间,7. 状况,8. 占有,9. 动作,10. 被动。他撰写《工具论》的目的在于从理论上构建形式逻辑体系。但那些"范畴"只反映用希腊语思维时的触角所到达的地方。德国哲学家茅特纳有句名言:"如果亚里士多德说的是汉语或达可塔语,他的逻辑和范畴就会是另一个样子。"

亚氏的"动作"和"被动",实际上对应了语言里的主动句和被动句两种句式。然而在汉语里,有一个普遍使用,但又有别于众语种的相当特殊的语法范畴——"把"字句表示的基本意:处置。所谓"处置",指施事者对受事对象所处空间的移动,或者对受事对象性质、隐现、存亡等做出处理结果。"把"字句的信息重心不仅仅在动词上,而聚焦于受事对象的被处置结果。比如:

你快来把饭吃了。

比较:

你快来吃饭。

"把"字句关注解决"饭"的尽和留,后一句关注"来吃"(饭)这个动作。

在别的语言里,只有一种"准'把'字句",像英语的"*take/regard sb./sth. as sb./sth.*"(把某人/某事当作某人/某事),别的语言,如日语,也有表示同样意思的词语框式结构。其他用"把"表示的意思就缺乏相应的表达法了。比如下面的话:

  下班回家,我先把车开进自家的车库,然后去花园里除草。

  在一切没有"把"字句的语言里,会说成"我先开车进自家的车库"。意思有点儿奇怪:上下班路远,所以得开车往返;已经在家门口了,要去车库步行即可,何必开车?因此其他语言必须再补一句"停入车库"之类的话,语意始足。

  汉语"把"字句用的频率极高,而初、中级水平的学汉语的外国人,往往不会用。可以断定,操汉语者的思维方式中存在着一种"处置意识",不经意地活跃在汉语思维过程中而全然不自知。西方人没有把各种"处置"行为集合为一个思维范畴,所以学汉语时,哪里应该用"把",哪里不应该用,成了一件让他们头疼的事。

3. 语篇和逻辑链的层面

  长期以来,语言学以句子为最大的研究单位。20世纪以来,人们逐渐发现,许多语言现象不能仅仅从句子里得到令人满意的解释。于是,开辟了语言研究的更广阔的领域,出现了打破句子为最大单位的语言研究方向。"篇章语言学"的学科名称出自前西德罗曼语言学者H.瓦恩利希的笔下。但篇章语言学(又称话语语言学)的实际研究早于这一术语的出现。其理论基础在20世纪初就奠定下来了。

  研究者们发现,英语民族的思维过程沿着事物的发生顺序和逻辑顺序递进,因此,作文表述呈直线型;汉语民族习惯于环型思维,先总览全貌,得出一个结论,然后再反复论证之,因此,给西方人以螺旋型表述的印象。据说,西亚和北非的闪含语族诸语言的文章段落往往是平行发展的,而西班牙语和其他的几种拉丁语以及俄语,段落之中常常夹带一些离题的枝节。语言风格问题的实质还是思维方式的问题。

  英语句子习惯于把重要信息放在前面:It's+*adj*+to/that 一类句型中,主语 It 只摆个形式,它的实际作用是要把担负重要信息的那个形容词移到前面来说。地点单位、时间单位从小到大的先后顺序,姓名的先名后姓顺序,都体现着重心在前的原则。再看篇章,新闻类中的"消息",为"倒金字塔"结构,是操英语的人设计创造的。据说美国南北战争期间,战地记者利用发明不久的电报,抢发战况新闻;常常因发报机故障或被临时军事征用而使电文半路中断。当时的记者不得已就把战况结果写在文章的最前面,行文按重要到次要编排。以后就形成该种文体的写作规则,写在头里的本文最重要最有价值内容的句子或段落就叫"导语"。这只是"倒金字塔"结构形成的外因,内因是英语民族本身的思维模式使然。消息的结构可看作英语 It's+adj+to/that 句型的扩大的翻版。"倒金字塔"源于英语记者的笔下绝非偶然。

  汉语作文的基本架构是"起承转合"四部分。这种认识最初形成于诗歌体裁的写作。元代诗人范梈《诗法》云:"作诗有四法:起要平直,承要从容,转要变化,合要渊永。"后延伸至议论文章。定型于明代的科举考试所用的八股文,其主干包括"起股""中股""后股""束股"等四段对偶排比的文字。近现代的学者认为"起承转合"同样适合记叙文:起,即事件的开端;承,即事件的发展;转,即事件转化的关键、高潮;合,即事件的结局。完整地叙述一个事件的始末,一般要经过上面四个步骤。

  四,是个东西方都较为敏感的数字。古希腊的恩培多克勒融合各家学说,提出世界本原有四种元素,中文译为"四根说"或"四元说";亚里士多德接过"四根说",又提出质料因、形式因、动力因、目的因的"四因说",以及冷、热、干、湿"四性说"。然而,一向崇奉"天人合一"的中国人,自然的节律牢牢而深深地扎入心灵的深处:天有四季,地有四方;最早的诗集《诗经》中的作品,多为四言,且四个诗句为一"章"(相当于一个诗节)。就看开卷第一篇的《关雎》:

    关关雎鸠,在河之洲。窈窕淑女,君子好逑。
    参差荇菜,左右流之。窈窕淑女,寤寐求之。
    ……

  上举前两章为例,全篇如此这般共有五章。

  西方也有每节四行的诗歌,但欧洲最有名的诗体是十四行的商籁体。而在中国,传统诗体的代表是全篇四句的绝句体和由首联、颔联、颈联、尾联共四联构成的律诗。

  汉字被规范成"方块字",给人们字形有四条边的心理印象。"'四'情结"在汉语思维里根深蒂固,以致多数成语都呈四字。四,构成一个回合,在汉语言与思维之间互相照应。

二、汉式语言思维的特色

1. 能动的艺术的语言思维

  形式语言基于这样一个观念:说话者与听话者分属主动和被动,编码和解码的两极地位,正如亚里士多德列举的"'施手术','进行针灸'是主动范畴;'接受手术','接受针灸'是被动范畴"的分野一样。现代信息论的基本公式也是"信源→信道→受信者",就言谈活动来说,就成为"说话者→传送媒介→听话者"。产生信息论学科的物质基础是电讯机械技术,受信者与信源都被当作机器看待,不去考虑受动一方如果换成是人的时候,还具备主观能动性。行为主义信奉的"刺激→反应"原理,与其说将人当动物看待,毋宁说将生命体机械化了。机械解码语句不会顾及上下文具体语境,只会根据人们为它预先设定的格式和程序,一一对应地加以处理。西方早在发明人机对话之前就用类似"信息处理"的观念看待语言接受方。书面语言的各种标点符号、分段、句首字母大写、词与词之间留出字母空隙,等等的非文字性符号,无非为了语言接受方只需用最低限度的辨义能动力,就能获得含义确切的信息。中国语文跟西方不同,文面长期以来没有标点符号,不分段落,全篇连写。"句读"这一关放心地交由读者自己去过,不像西方语文将句子中各成分各就各位后"喂"给对方。

"黄帝四面",原是神话传说奇人黄帝长着四张脸。到了孔子口中,解释说黄帝派他的四个亲信去四方掌管政务,充当他的耳目。"面"既可作名词又可作动词,但由于缺少形式变化区分二者,造成同一句话有完全不同的意思。

《韩非子》和《吕氏春秋》都有孔子解码"夔一足"的记载。民间传说的神话里,夔是一条龙,和蛇一样,它的脚仅一条尾巴而已,因此它只有一只脚。而孔子不信鬼神,解释为夔精通音乐,尧任命他当主管音乐的官,这样的人才,有一位就足够了。

"足"作"脚"解,句子结构为名词谓语句。

"足"作"足够"解,三个字却构成假设条件复句:如果只有一位,那么也就够了。

像复句省略关联词的情况,文言里有,现代汉语口语里也比比皆是。譬如:

不到黄河心不死。

可理解为充分条件关系复句:"只要不到黄河,心就不死。"也可理解为假设关系:"如果不到黄河,心就不死。"

又如俗话说的:

一日夫妻百日恩。

可理解为单句:"一日夫妻"作话题,"恩"用作动词,作"恩爱"讲。又可看作省略了"虽然……但是……"的转折复句,如果理解为省略了"即使……也……"的让步假设条件复句,也说得通。

汉语的这种句中可以省略虚词的做法,又不存在冠词之类高使用率而低信息量的词性,所以十分擅长作诗抒情。

由于中国的古典诗词把虚词减少到最低程度,整篇作品密密麻麻地布满名词、形容词、动词等实词描绘出来的具体形象,因此深得20世纪初英美"意象派"诗人们的青睐。1915年,意象派的领袖人物埃兹拉·庞德收入15首李白和王维短诗的小册子《汉诗译卷》(Cathay)出版,在英美两地掀起了一阵翻译中国诗,学习中国诗,评价中国诗,仿作中国诗的热潮。此后五六年间,芝加哥《诗刊》杂志发表的中国诗的评论和仿作,占所有外来诗歌之首;美国各刊物上有关外国诗的评论和介绍文章中,在12个主要国家和地区之间居第二位。中国古诗的英译本至少不下十种。文学史家惊叹,那些年月,中国诗简直"淹没了英美诗坛"。

林庚先生指出:"诗歌是语言艺术的一种,而且是最典型的一种,因为它既不重在故事情节,除了通过语言就再没有别的表现形式了。""这就是诗歌的本质。愈是直接凭借于语言形象的诗歌,也就是最典型的诗歌。"西方批评家也承认,"抒情诗不是模仿的产物""抒情诗是真正的诗"。([法国]巴德)

诗歌是人类最早创造的文学体裁。世上绝大多数民族最早的诗歌都是叙事诗,中国却独树一帜,《诗经》恰恰是抒情诗,"真正的诗"! 古希腊荷马和赫西俄德的长诗都由复杂的人物关系与故事情节构成。亚里士多德的《诗学》论述的对象绝大部分指史诗和悲剧,论述人物的性格和形象,故事的结构和布局等。亚氏也看出其中的错位,他直言不讳,关于荷马和赫西俄德等人,"与其说诗的创作者是'韵文'的创作者,毋宁说是情节的创作者"。当时的希腊还没有"抒情诗"这个名称,《诗学》称"另一种艺术,只用语言来模仿,用不入乐的散文或不入乐的韵文,这种艺术至今没有名称"。而中国则高举"诗言志"("志"即"情",情志)的大旗,早期汉诗在世界上特立独行,不能不归因于作为诗歌质料的汉语言,以及汉语专长的艺术思维。

2. 李约瑟难题

汉语在艺术思维、具象思维方面有所长,在科学思维、抽象思维方面有所短。

正如当代学者甘阳所说,"中国传统文化恰恰正是把所谓'先于逻辑'那一面淋漓酣畅地发挥了出来,从而形成了一种极为深厚的人文文化系统。有趣的是,近百年来我们一直是把中国传统文化无逻辑、无语法这些基本特点当作我们的最大弱点和不足而力图加以克服的";"文言之改造为白话,主要即是加强了汉语的逻辑功能"。汉语造句允许把表示逻辑关系的关联词省略,一方面固然表明相信受信方理解的能动力,另一方面也表明对逻辑关系抱无所谓的态度。

既然汉语传统不讲究逻辑性,中国人又奉行整体思维而没有分析的习惯,那么中国怎么会曾经有辉煌的古代科学技术,甚至在相当漫长的一段历史中,遥遥领先于西方世界?

剑桥的已故著名学者李约瑟博士潜心研究中国古代科技成就,他留下的权威性巨著《中国科学技术史》,内容涉及四大发明以及天文、气象、水利、建筑、数学、冶炼、陶瓷、农业、医学、纺织、机械等广阔的领域。随之而来的问题是:现代科学和工业革命为什么没发生在中国?这个大问号世称"李约瑟难题"。

如果从语言和思维上着眼延伸李约瑟难题,必将进一步提问:倘若中国的国门一直没被西方人打开,国人与西学全然隔绝,按照古代中国自己的科技发展路子,也能走到核能、数码、信息化的时代吗?

李约瑟博士

再拿中西医举例子,同样面对感冒,二者见解不一。西医说感冒分细菌性感冒与病毒性感冒两种,前者给抗生素药,后者目前只能休息,多喝水;中医说感冒分风寒感冒与风热感冒两种,前者给发汗解表药,后者给清热解毒药。实践是检验真理的唯一标准,中西医用的词汇、行的思路虽然迥异,但都能奏效。治病是如此,解决其他科学技术问题,也能殊途而同归吗?

另一件惊人的成就是古代的天文历法。我们的祖先通过太阳视运动的观察、记录、统计,画出以地球为参照物的太阳在天球上运行的黄道轨迹,从而把握了太阳回归年,并准确制定二十四个节气;以此为标准设置闰月,来协调跟十二个朔望月的时间差。今称中国旧历叫"夏历",顾名思义,产生于至少公元前16世纪的夏朝,但现在还缺少证据。商代甲骨卜辞通行干支纪日,是否还用干支纪年呢?是否真的像史书记载的那样夏商历法一脉相承,只是选哪个月份为一年开始的"正月"不同而已?可惜未见这方面的文物资料。但无论如何,这部农历是世上沿用至今的最悠久的历法,是中华农耕文化的象征。

"惊蛰""小满",有的节气名称透露出物候信息,指导田间劳作。

物候、天象、穴位、经络,都可以通过观察、比较、分类、统计等积累经验的办法,加上丰富的想象力,来获得所需的知识。至于用汉语文化传统的阴阳五行刚柔虚实之类的概念去思维,结果也到达大工业的境界,有人说可能,有人说不可能,莫衷一是。历史无法逆转和复验,这就是李约瑟难题的难处之所在。

第二讲　重文字而轻口语

第一节　汉语的书写符号——汉字

一、表音节的汉字

1. 汉字密合的读音

根据古人类学的研究,大约距今 4 万年前的旧石器时代晚期,人类开始发出音节分明的言语;至少在 1 万年前,人类的语言已经发展到类似我们今天的精妙的语言系统了。而文字跟口头语言相比,其历史要年轻上万年之多。现今所知的最古老的文字——上古两河流域的苏美尔文字,也只属于公元前 4 千年后期的产物。迄今发现的最早的汉字要数公元前 14 世纪的商代甲骨文。近年陆续出土了多处年代更早的刻有疑似文字的器物,由于那些刻画的意思还有待破解,只有代表了语言中的词,并可造句,方能把性质断定为文字。所以,尽管学者们根据甲骨文笔画的熟练程度推测汉字产生得更早,但尚缺乏实证。

索绪尔断言:"语言和文字是两种不同的符号系统,后者唯一存在的理由在于表现前者。"这只适用于拼音文字,汉字除了记录语音之外,另有表意功能。在历史上,汉字还立下功劳:使汉语的音节整体化,不至于深入到音素层面看待汉语的发音。

《诗经》的作者已经掌握了汉语音节一般由声、韵两部分合成的基本原理,但仅限于经验而已,没有赋予这两部分以概念名称。先看韵:如《关雎》第一章

"鸠""洲""述",三字为同一个韵;(押韵)另外,"窈窕"是两个同韵音节组成的联绵词,叫叠韵。再看声:联绵词"参差"由两个同声母音节组成,称为双声。后在外来梵文的启发下,三国魏经学家孙炎著《尔雅音义》首次采用反切法,用两个熟字给一个生字注音。前一熟字取其声,后一熟字取其韵及声调;注曰:"熟字1、熟字2,切"或"熟字1,熟字2,反"。比如,《说文解字》徐铉(宋人)注"帝"字:"都计切。"意即,"帝"的读音可由"都"的 d 和"计"的 i 拼合而知。直到隋唐,声、韵两部分才获得明确的概念。隋代《切韵》一书,把万余汉字分归193韵;晚唐所谓的"三十六字母",指36个声母的代表字。除极个别的例子外,可以说:无韵不成字,用汉字注出韵部还能勉强凑合;要求用汉字注出声部,就勉为其难了。汉字字音的声部永远跟韵部密合在一起,难拆难分。直到近现代先后制定出"注音符号"和汉语拼音,才使提取声部成为可能。汉字的读音反作用于汉语音节,使之密不可分。

2. 读音密合今胜昔

人类历史上早期的几种文字都源于图画。中外大量的岩画研究表明,先民绘画的动机出于记事实用的需要,而并非为了艺术审美。记事图画是图画文字的前身。前者还停留在图画阶段,后者才进化为文字,不过,每个图形整体表达一句话,因此称为"句意字"或"综合文字"。(记事图画每一幅记一件事,表意单位大于句,故不能算作文字。)只有到了能分别地辨识图画文字所指的单一事物的程度,即把句意"图"分解为表示单独概念的词,并将其作为一个个事物的符号存入人们头脑中;以后一次次地制作另外的句意时,这些符号可以重新组织,随意驱遣,在新的情境下表达新的复杂的信息;加之跟语音相对应,句意字就逐渐发展为表词字。汉字,以及所有古老的自源文字体系,包括苏美尔早期线形文字、古埃及的圣书体文字,都在不同程度上保留着图画的性质或痕迹,均属象形文字。那么为什么苏美尔和古埃及的象形文字在发展过程中终于演化为表音文字,唯独汉字的形体构造至今尚与甲骨文时代一脉相承呢?

古埃及文字早就出现了专门用以区别辅音的符号,苏美尔文字用增添不同音节符号的办法区别主干音节相同的派生词。地中海沿岸各民族通过隔海异地交往,容易辨别语音中的细微差异,并对音素很敏感;于是,在地理位置上处于埃及与两河流域之间的叙利亚、巴勒斯坦一带的闪族人逐渐创造了楔形文字的字母、线形文字的字母等,后在腓尼基人手中发展成22个辅音字母,成为西方、中东和南亚拼音文字的共同源头。

汉语的音节,或者说,汉字的读音,走过一条跟地中海周边古老民族相反的发展道路。音韵学界多数学者认为,东周以前的语音中存在大量的复辅音。由于汉字没有专门用以区别辅音的符号,到西周末期,原始语音中的复辅音便逐渐脱落。再看古代"四声"的"入声"。入声音节的末尾带着个[p]、[t]或[k]三种塞音的辅音,使音节短而急促,听起来有一种急促闭塞的顿挫感;但塞音只处于成阻阶段,并不完全发声。入声的那些辅音韵尾大致在元代开始渐渐脱落,今只不同程度地存在于某些方言之中,在普通话里找不出例子了。现代汉语韵尾辅音只有拼音字母写做"n"和"ng"的鼻音可以充当,因为它们和前面的元音相密合。汉字的结构部件全然不存在标音素的功能,则更加强化了汉语音节的清纯,发音时没有复辅音或韵尾辅音来拖泥带水。汉语音节的装饰物要数四声声调,而不像其他语言那样是音节前后的辅音。

二、汉字的表意性

1. "六书"——汉字的构形

学界一般取东汉·许慎《说文解字》的说法,认为汉字的形体构造,可归为六种,传统称"六书"。它们是:象形、指事、会意、形声、转注、假借。

许慎

象形。用简练的笔法模仿客观物的外观样子。比如:"☉"(日)、"⛰"(山)、"🧍"(人)、"☁"(云)等独体字。

指事。在象形或象征的基础上,用"、"或"一"指示所要表达的意义。比如:"本"字,在象形符号"木"字上指示它的下部,表示"树根"的意思。"刃"字,在象形的"刀"字上指示它的锋利处,表示"刀口"的意思。"上""下"二字分别原作"⊥"和"⊤",是在"一"符号的上或下指示方向,"一"象征基准线。

会意。由两个或两个以上的独体字构成一个新字,新字的意义可以根据各部件原独体字之间的关系得到解释。比如:"从"字,由两个"人"字组成,表示后一个人跟着前一个人,意思是"跟从"。"休"字,由"人"字和"木"字组成,表示一个人倚树休息。"東"字,"日"字嵌在"木"字中,表示林间太阳升起,那是东方。"聖"字,由"耳""口"和"王"三部分组成,表示王者侧耳倾听别人口中的意见,兼听则明,"圣明"的意思。

形声。这是汉字最能产的结构法,由形符和声符两部分构成;形符表示事物或行为的类别,声符表示字的发音。比如:"請"字,左形右声。形符"言"表示该行为跟言谈有关系,声符"青"表示字的发音跟"青"差不多,意思是请求。应该指出,所谓声符,不一定是整个字的读音,大多只是韵母相同而已;比如"尚"字头的字含 ang 韵:常、嘗、當、黨、赏、裳、堂、棠、掌等。由于古今读音有所变异,或者方言的原因,有的字音似乎跟其声符出入颇大;如"江"字,普通话读音跟"工"不相干,但广东话"江"确实发"工"音。也有的声符表示两个发音,如"乃"作声符时,有一批字发 nai 音:奶、艿;有一批字发 reng 音:仍、扔。更有声符表示两个以上发音的,如"舌"作声符:"话""刮"发 ua 音,"括""活"发 uo 音,另有"恬"发 ian 音。所以,声符不完全决定字的发音,只给出了可能的读音范围。

转注。同一部首的一对意义同而形体不同的字,许慎举"老、考"一例。在古代,"考"的字义就是"老"。

假借。有的抽象词无法用象形,指事或会意的办法造字,就借一个同音的现成字来充当。有趣的是,有的字被别的词借去不还了,它的本义只得添加形符来表示。比如"北"字,原字为两个人背靠背席地而坐的会意,本义是"背"。后来被"北方"的意思借去,以至于失去了"背"的字义,只得添加"肉"字底,表示属肉身类。今沿用的"败北"一词,"北"字用其本义:失败,背朝敌人逃跑。又如"莫"字,本字为太阳落在草丛间的会意,本意是"黄昏"。后来被无主代词"没有人"借去而不还,其本义只得再添加一个"日",变成含两个"日"的"暮"了。象形的"云"字被借作"说"义,只得加"雨"字头,另造形声字指代"天上雲",直到 1956 年"汉字简化方案"发布,才归还原义。

其实,转注和假借不涉及字的构形,只关系某些字的整体解释。真正能说明汉字造字法或汉字构造的,仅"六书"的前四项。

2. 汉字的文化信息

拼音文字单纯限于语音的记录,而汉字不仅记录下汉语的音节,还展现它们的构造,能反映古代社会的器物、制度、观念等文化信息,可看作一种活化石。比如"杯"字,古作"桮",说明用木头做成,其异体字"盃"说明杯子归器皿一类;"碗"字异体字"椀",让今人知道古代碗有石制和木制之别。

又如"好"字,为一女怀抱幼子之会意,体现了古人对于"美好"的价值观。而许多贬义词为"女"字旁,则反映了传统文化男尊女卑的一面。

拼音文字以有限的字母组合成各样的音节,用不同的音节及不同数量的音节记下词的读音。发音在先的音素字母写在前,后发音的字母写在后,字母按照时间的线性顺序排列。汉字呈现在读者面前的是一块块的二维平面。如果把前者比作电器的线路图,那么后者就像集成块:汉字笔画或部件之间的关系跟音素无关,却密集蕴含着丰富的文化信息。国内学者精辟地指出:拼音文字用于耳治,而汉字用于目治。特别是对于形象性强的信息来说,读者看到拼音词,得联系该词的有声发音,再由词的发音联系到所指的概念;也就是说,阅读视觉要到语词听觉那儿绕道一番,才将大脑中的相应概念提取出来;而汉字可不必绕道听觉,直接由字入心,察形见义。"青"这个汉字,尽管中、日、韩发音各不相同,但见了这个字,一片青色就浮现眼前了。

汉字对汉语音节的密合立下历史功劳,它的另一功劳是维护了汉民族的统一。西方人觉得中国有一道十分有趣的独特风景线:操不同方言的中国人可能相互听不懂对方的话,但他们却都能读懂同一份文告!外人感到神奇,甚至不可思议;国人则深切感受到汉字的民族凝聚力。

五四期间,爱国知识分子把中国近代的落后归咎于汉字,认为汉字难认,难读,难写;一句话:难学。另外,拼音字母只有几十个,便于机械化书写,一台打字机只需几十个按键;哪里像汉字打字机,字模多达一两千,碰到生僻字还得临时刻制。因此在速度上明显输给西方人,学和用都处于低效率的泥潭,所以毛泽东曾设想:汉字必须改革,要走世界文字共同的拼音方向。随着计算机技术的发明和普及,汉字数码输入问题的解决,已经甩掉了汉字低速度、低效率的帽子。中国人终于实现了几代人的梦想,可以像西方人那样在三四十个按键上敲出一篇篇自己母语的文章。先贤们对汉字优缺点的误解,实在是历史局限性所致。

第二节 中国特有文字学

一、古代不知语法学

语言比文字早产生几万年,文字使语言传之异地,留之异时,语言的听说可习得,而文字的读写则靠学习;无论从何角度看,语言是第一性的,文字是第二性的。按常规讲,人们应该先有语言的研究,然后才有文字的研究。

中国学术史的情况恰恰相反。孙中山先生注意到,中国向无文法之学,自《马氏文通》出后,中国学者乃始知有是学[①]。《马氏文通》系近代人马建忠写于1898年的汉语语法专著,在此之前,中国人对自己所用语言的法则不曾研究过。

没人研究语法不等于汉语无语法。比如古汉语的"之",作第三人称代词时,单复数、男女性、人与物皆通用,但必须用作宾语,绝不可作施事者。

窈窕淑女,寤寐求之。

---

① 见《建国方略》。文法,今改称语法。日语译 grammar 为文法,日语里"句"叫作"文",如"肯定文""疑问文"等,文法相当于句法。但句法不是语法的全部,且汉语照搬"文法"之称易误会成"文章作法"。

"之"复指淑女——她,作"求"的宾语。

如要表达:窈窕淑女,她求君子;不能说成"窈窕淑女,之求君子"。

可以说,古时汉语没有成文法,但有靠经验把握的"习惯法"。

反观西方,研究语言的学问一向为其传统文化所注重。古希腊最早的课程合称"三艺",它们是语法学、修辞学、雄辩术(又称辩证法,后改为逻辑学)。欧洲中世纪的学院开设的课目,全盘继承这三门有关语言的学科,另添天文、几何、数学、音乐四门,扩为"七艺"。

造成中国古代社会语法盲点的主要原因不外有二:一是不重视有声语言,认为语意内容绝对重要,语言形式不屑一顾。孔子以为"辞达而已矣";托名孔子的《易传》有"修辞立其诚"一语,可不是现代意义的"修辞",其中动词"修"和"立"为互文,"修辞"等于说"立言";关心的东西是语言内容的"诚",不利于形式外壳从互为一体的内容间析出。老子更有"信言不美,美言不信"之说。也由于不重视口语,中国历史上著名的演说辞没有单独成篇流传下来,像盘庚迁都前的动员,陈胜起义时的号召,都不见单篇全文。而古希腊《伯罗奔尼撒战争史》里载有伯利克里在阵亡将士国葬礼上的演讲全文。上古的雅典还创办过演讲学校,古罗马出现过《演讲学原理》一类专门著作。固然,西汉刘向在他的《说苑·善说》里也总结过"谈说之术"二十八则,但历史影响甚微。

原因之二是传统的整体思维模式使人忽视对语音内部、句子内部做结构分析。音节内部不能细分到音素,同样的,句子内部不能细分到词语所充当的成分。

二、文字学异军突起

1. 汉字形体演变

因为汉字历史悠久,特别在秦始皇"书同文"之前,相隔几百年,字的形体变化颇大。后人解读前人写的字发生困难,于是文字学就应运而生。

汉字形体的演变经过以下几个阶段:

1) 甲骨文。迄今为止所发现的最早的汉字。用刀刻在龟甲或牛的肩胛骨上,笔画中直线、方笔较多,大部分是模仿着物的形体或抓主要特征构字,字的大小不一。

2) 金文。此处"金"的意思是金属铜,金文是商周青铜器上的文字。初期沿用甲骨锲文刻在器物上,故又叫"彝铭"(彝为祭器);后改进为把文字浇铸在钟、鼎等青铜礼乐器上,所以又称为"钟鼎文"。金文从甲骨文已有的基础上发展而来,由于材质的关系,金文笔道粗肥雄浑,常有直线变异为团块的字例,弯折的笔

	鱼	鸟	羊
甲骨文			
金文			
小篆			
隶书			
楷书			
草书			

汉字的演变过程图

画呈圆曲状,给人以古朴健壮的印象。

3)籀文、石鼓文。

相传西周宣王的太史籀编写过一本儿童识字课本,被称为《史籀篇》;收入的汉字在金文基础上又有改进,称为"籀文"。虽然原书已佚,但许慎保存了220多个籀文在《说文解字》中。春秋战国时期的"六国古文"同处于籀文阶段,其真迹见于唐初出土的十个秦地鼓形石墩,其上刻写着歌颂秦献公田猎的诗句,这就是石鼓文。跟金文相比,石鼓文线条较均匀,笔画较工整,结构较平衡;不过字的偏旁稍有重叠繁复,不便书写。

金文、籀文、石鼓文,都属于大篆体。

4)小篆。

秦始皇统一文字时,命李斯等官员在大篆基础上改造而成的字体。小篆将大篆写实的曲线改为圆润的线条,笔画减少,字形简化,偏旁写法固定。真迹残存至今有山东境内"泰山石刻"与"琅琊台石刻",相传出于李斯手笔。

5)隶书。

由战国时期发轫,于秦代定型的字体,相传是秦时一个狱吏加以整理规范的,由此得名隶书(隶是吏役,小文员)。隶书在小篆的基础上进一步加以简改,变曲线为直笔,变圆转为方折,变连笔为断笔,彻底地脱离了原始的象形特征,以书写取代摹划,以规范的笔画取代象形性线条,符号化大大增强。这一汉字发展史上的革命性变化称为"隶变",隶书以前的汉字归为古体字,隶书及以后形成的楷书、草书、行书、宋体、仿宋体等,被归为今体字。

泰山刻石

古今汉字形体的不同,再加上各地方言,古今读音都个个不同,给汉字研究提供了丰富的宝藏。

2. 文字学传统

秦汉间,一部解释汉字古词义的《尔雅》问世,为训诂学的开山之作,也是字典之祖。

西汉时期,地处陕西的周原、丰镐一带就有周人的文物出土,实成书于春秋战国之交的《史籀篇》大篆及秦始皇命李斯等人编写的几本小篆识字书尚未全部失传,不同时代不同写法的汉字引起当时文人的研究兴趣。司马相如作《凡将篇》,史游作《急就篇》,李长作《元尚篇》,特别是杨雄作《训纂》和《方言》,从历时性和共时性的地域变异来研究字词。

自刘歆创倡古文经学以后,文字学就与儒家经学捆绑在一起;解研古文字不纯粹是为了语言目的,而主要是为了准确还原经书文句的本来含义,捍卫孔门的真实主旨。古文经学在训诂学领域的辉煌成果是东汉许慎的《说文解字》。汉魏时孙炎的《尔雅音义》和李登的《声类》,标志着音韵学科的开拓。至此,中国文字学内三大分支学科门类臻于齐全,它们是:文字形态学(包括字源学)、训诂学、音韵学。一般把文字形态学称为狭义的"文字学"。

北宋始形成了一门叫金石学的学科,专攻考古及金文石刻的考证和著录,以求证经学和史学中的问题。

三、重文字而轻口语的哲学根基

《说文解字·序》开篇就说：

> 叙曰，古者庖牺氏之王天下也，仰则观象于天，俯则观法于地，视鸟兽之文，与地之宜，近取诸身，远取诸物，于是始作《易》八卦，以垂宪象。及神农氏结绳为治，而统其事，庶业其繁，饰伪萌生。黄帝之史仓颉，见鸟兽蹄远之迹，知分理之可相别异也，初造书契，百工以乂，万品以察。

许慎一方面固然在回顾文字的起源，认为前文字时期先有八卦垂象，后有结绳记事；同时另一方面，他在强调符号反映真实世界的重要性，认为八卦能正确象征万物，而简单的结绳难以统括众多行业，以致真假混杂，"饰伪萌生"。黄帝的史官仓颉受鸟兽足迹的启发，觉得用点划可以辨别同异，于是首创文字，文武百官用文字作为管理下属的工具，一切事物之理，藉文字表达而得以明察。

值得注意的是，关于庖牺始作八卦的那前七个语句，直接引自托名孔子所写的哲学著作《易传·系辞》。许氏清醒地意识到自己是站在哲学的高度，认识客观世界，认识人间善恶的高度来整理文字，解说文字的。他又说：

> 《书》曰："予欲观古人之象。"言必遵修旧文而不穿凿。孔子曰"吾犹及史之阙文，今亡矣夫。"盖非其不知而不问，人用己私，是非无正，巧说邪辞，使天下学者疑。
>
> 盖文字者，经艺之本，王政之始。前人所以垂后，后人所以识古。故曰：本立而道生，知天下之至啧而不可乱也。

许慎告诉《说文》的读者，古人的训导用象形性的文字记录在文章中，历经上百个世代以后，有的文字磨损阙如，字的形体也变化很大，以致后人无法准确认出其象形物来，或者按一己之私利随意补缺求解，于是穿凿附会之说——萌生。作为书面语言基本单位的字（古代即词）本身就凝聚着对世界的认识成果，有察万物，辨是非，别异同的功用，且是"前人所以垂后，后人所以识古"的交际工具。现在人们不能把今体文字正确还原成起始的所像物，难免会曲解古人文章的内容，进而歪曲对世界本来面貌的认识。在这里，对于字的正确解释，与古希腊对于概念的正确定义，似有同等重要的意义了。释字的走样无异于概念的被偷换，无怪乎许慎要来一番正本清源，以消除天下学者之疑。

在语言文字观相异趣的西方，上古就拈出"逻各斯"一物。作为一个哲学范畴，它既指事物的本质和规律，又指人们用以认识事物的理性，包括语言、定义、公式,等等。语言,特别是西方的形式语言,其语法结构如同公式一般,具有逻辑力量,能够由感性经验推导出形而上的抽象的真理。古希腊哲学家认为真的知识均可由语言表达,语言可以用无形的声音表达无形的逻各斯。

对于观象取类的中国传统认识方式来说,通往形而上的思维道路离不开视觉形象。由前文字的卦象到汉字的象形,一路走来一脉相承;中国的象和西方的逻各斯具有同等的重要性。"天象""脉象",至今还遗存在学科术语中。

《说文解字·序》列举秦统一中国前有"言语异声,文字异形"等六异,据传秦以当时的秦地(今陕西)方言为官话,但彪炳史册的要数"书同文";至于曾否用行政手段推广过官话,统一语音的成就究竟如何,则不甚了了。可知,古时历代所重视的,一向是文字甚于语音。

第三讲　汉语的文化特色(上)

第一节　积字成词

一、古汉语单字词为主

由于汉字一字一音节,因此单字词也叫单音节词,也就是说:字即词。之所以说古代汉语的词汇中单字词占主流,不仅是因为它们在数量上占多数,还因为除双声叠韵联绵词之外,双字词起源于两个单字词的修辞用法,起先有人偶尔为之,若引得众人仿效,二字频频连用以致终于常态化而脱胎演变为词。可以拿现代汉语来加以比较,现代汉语的词汇双音节词占主流,书面语若要带点儿古风,常常取单音节而代之,比如"如果"简为"如","但是"简为"但","虽然"简为"虽",等等。古代跟现代的遣词思路正好相反,有时想办法如何将两个单字词合用而更富表现力。

上古双字词除双声叠韵词之外,还有以下的结构类型:

1. 重叠。如:彬彬(《论语》)、漫漫(《楚辞》)。
2. 加词缀。如:喟然(《论语》)、欣然(《庄子》);有夏(《尚书》)、维新(《诗经》)。
3. 联合合成。
1) 同义合成。如:道路(《孟子》)、战慄(《战国策》)。
2) 相关义合成。如:社稷(《礼记》)、尊贵(《战国策》)。

3) 相反义合成。如：是非(《礼记》)、左右(《易经》)。
4) 偏正合成。如：远方(《论语》)、诸侯(《易经》)。
5) 述补合成。如：翦灭(《左传》)、射杀(《史记》)。
6) 动宾合成。如：执政(《左传》)、执事(《左传》)。
7) 主谓合成。如：夏至(《逸周书》)、民怨(《尚书》)。

这里，各种结构只举两例，但各类双字词数量远远大于那么几个；可以说，在古书里唾手可得：

君子、小人、夫人、夫子、寡人、天下、天子、小子、海内、国家、四海、百姓、万岁，……

然而话又说回来，在实际造句时，双字词的使用毕竟属少数。试取《四书》各书首句做样本：

大学之道，在明明德。(《大学》)
天命之谓性，率性之谓道，修道之谓教。(《中庸》)
子曰：学而时习之，不亦说乎？(《论语》)
孟子见梁惠王。王曰："叟不远千里而来，亦将有以利吾国乎？"(《孟子》)

以上四句中，专用名词孟子、梁惠王应除外，剩下的非单字"词"似乎只有"大学"和"天命"了。"大学"是作者拈出的专名，首次创建应看作修饰语"大"加名词"学(问)"的偏正词组，后人才当作一个双字词使用，研习大道理的经学叫"大学"，考据历史、地理、文字等细微项目的经学就叫"小学"。以上四句共53个词，够得上双字词的仅"天命"一个！

古汉语单字词为主已成定论。

二、现代汉语词的双音化

随着时代的推进，新事物、新概念渐渐增多，单字的两两排列组合能使新词呈几何级数增长，是解决词汇量扩容的聪明办法。正好像原先两位数的巴士路线号码不够用了，就升格为三位数的道理一样。往往在接触外来文化之际，中国本土没有的新事物需要造出新词去指称，同时，域外的语言会对汉语产生启发而涌现多音节词。

中国历史上大规模吸收外来文化的事件共有两次，一次是两汉开始佛教文化的传入，另一次就是近代西方文化的渗透。

翻译佛经的过程中或音译或意译造就了一批双字词。比如：菩萨、菩提、浮屠、罗汉、金刚、作孽、因缘、红尘、世界、功德、无量，等等，一下子壮大了双字词的队伍。佛教文化的另一大功劳是催生出汉语的古白话,长篇章回小说原是说故事人的底本。试摘录《水浒传》开卷的几句,品味一下古白话的风韵:

> 当有殿头官喝道:"有事出班早奏,无事卷帘退朝。"只见班部丛中,宰相赵哲、参政文彦博出班奏曰:"今日京师瘟疫盛行,伤损军民甚多。伏望陛下释罪宽恩,省刑薄税,祈禳天灾,救济万民。"

值得注意的是,动词的双音化倾向,使得句子跟上古古文不同,语流节奏有了极大的改变。

近代的一次,随着西学东渐,西方文化中的事物和概念铺天盖地般涌入。中国人发现,日本已经用汉字把西洋语言的词翻译过来了,于是抱着拿来主义的态度,照搬到汉语里来,其中大多是双音节词,像"项目""政策""出版""保险""裁判""哲学""手续""取缔""直接""间接""主观""客观""事态""国际""干部""干事""反省""代表""电话""电池""活动""国立""市立""私立""留学""策动""号外""美术""体育""展览""文化""让渡""主题""集团""个人""义务",等等。估计现代汉语有半数双音节词来自日本。

非形式语言的汉语,其构词法、词组构造法、句法,都遵循着同样的原则,可以说,汉语的语法是意义语法,不同于西方语言的形式语法。例如"下雨"属动宾词组①,宾词"雨",是动词"下"的受事。只需加个助词"了":

> 下雨了。

就成为句子了。因此,可以用词组的组合意义是否成立的眼光去审察两字的组词成立与否。

所以,汉语在吸收日语汉字词的时候,以理据作标准有选择地引进。那些缺乏理据支撑的日语双字词,如"切手"(邮票)、"开催"(举办)、"放题"(一次付款可无限量消费)、"手纸"(书信)、"会社"(公司)、"泽山"(许多)、"津波"(海啸)、"怪我"(受伤)、"刺身"(生鱼片),等等,两字间的意思解释不通,自然不予接纳。

不过,早期拿来的个别日制词,虽找不出理据,但在汉语方面亦无良策制作新词,只能用了再说,约定俗成。比如"社会"这个词,"社"在中国是土地庙,日本神道教则建神社祭万物神,"会"可作团体解。会团由人组成,怎能由场所或建筑的"社"来"会"呢?又如,"经济"一词用"经世济民"之典,词义与economy(① 管控财物、资源的社会事务或家庭事务 ② 节俭)相距甚远。

---

① 《现代汉语词典》无"下雨"词条,所以作词组看待。

这里说的汉语词汇双音化并不等于排斥更多音节的词,只是想指出双音节词是现代汉语的主流倾向。例如以下一些日语三字词也被汉语双字化了:

日语	汉语
飞行机	飞机
小学校	小学
新入生	新生
妇人科	妇科
看护士(看护妇)	护士
诞生日	生日
专门家	专家
日本语	日语
外国语	外语
地下铁	地铁

少数如日语的二字词"建物"汉语须说三音节的"建筑物",但还是有双音节的"建筑"简言之。比如"古典建筑""高层建筑",等等。

总之,倘若没有那两次外来文化影响下的词汇双音化运动,就没有今天模样的汉语。

三、字本位汉语观

造句的基本单位是词。如果想说个句子:

下午他去学校。

那么,"下午""他""去""学校"这些词一一从大脑词汇库里提取出来,不会提取"下"再提取"午",来合成"下午"。所以"下午""学校"尽管含两个字,但都是造句的最小单位。字本位不意味着否认词是语言里最小的,可自由运用的单位的属性。

然而,西方语言多音节词内的音节之间大多没有意义上的联系,与此相反,汉语多音节(音节即字)词内的音节之间大多存在意义上的联系(即理据),并且这种联系大致跟句子结构遵循着同样的原则。比如"学校""学习""学期""学年""学分""学科""学费""学报""学风""学籍""学问""学历""学时""学制""学院""学位""学业""学生""小学""中学""大学""开学""上学""放学""留学""辍学""休学""好学""厌学",等等,都跟"学"的语义有关。掌握了组词原则并学过相当数量的汉字后能大大提高记词的效率。

鲁迅先生曾告诫作家不要生造词语,也只有汉语每个字都是音义统一体才有词语被生造的可能。

旧时学童读书就是从认字开始的,小学语文教学曾试行过"集中识字法"。字本位的观点最早由汉语作为第二语言教学的中外教研者们提出来的,他们对于汉语汉字的特性予以充分的重视,不是没有道理。

台海两岸隔绝期间,台湾地区出现了一批新词,如"互动""架构""愿景"(民生)乐利",等等,凡懂汉语的人望文就能知义。同样,网络新词"给力"因其传神的意蕴而热门一时。汉字为汉语创造了强大的词语生产力。

"～化"(如"现代化""老龄化"),"～力"(如"凝聚力""创造力"),"～性"(如"坚定性""盲目性"),"～主义"(如"字本位主义""独身主义"),"～型"(如"创新型""颗粒型"),"～式"(如"一站式""便携式"),"可～"(如"可持续""可转换");这些词语被收入《现代汉语词典》的,已经承认成词了;没被收入的,只能被看作词组。上述类似前后缀的组词办法,其产能不可估量!原因在于音义俱备的汉字具有超强的组合能力和自由度。

字本位,意味着汉语对"最小的,可自由运用的语言单位"的词的理解,应深入它内部的词素——字。像"见面"一类由动宾词素组成的动词,两字之间可合可离:

  见过面 / 见一面 / 见他的面

语法学界称之为"离合词"。

若停留在词的层面,"见面"和"看见"两个都是双音节动词,而"看见"就为什么不能像"见面"一样说成:"看过见 / 看一见 / 看他的见"呢?

另一方面,"看见"属述补型离合词,两字之间也可合可离:

  看得见 / 看不见

同样,"见面"为什么不能像"看见"那样说成:"见得面 / 见不面"呢?

忽视字义就不能解释动词中离合词与非离合词的区别及其构成原理和或离或合的运用方法。

四、字母词的争议

1. 外来词意译为上的时代

自从佛教文化输入第一批外来词以来,汉语词汇库就不断地在增加来自异域的新成员。基本方法不外乎音译和意译两种,两种方法可相互交叉,如"啤酒""卡车",注明外语音节所表示的物品,"酒吧"则注明外语音节所表示的性质。最佳的翻译要数音意合璧,如"浪漫""幽默""休克""基因"。在中国大陆,曾经初为音译的新词,后被改为意译,如"盘尼西林"改为"青霉素","荷尔蒙"改为"激素"。"维他命"其实是音意合璧的成功译法,不知为什么要改成"维生素",而 V_A,V_B……则用"甲""乙""丙""丁"序号取代字母,尽量做到中国化。汉字词的理据原则似乎可以万能地将世间事物用纯汉字指称。不过,有一批像"沙发""咖啡""雷达"这样的词则始终定格于音译。

新发现的化学元素可以用新造汉字的办法来解决,如"镭""铀""钚"等。还可借用旧字赋予新义。如"菸",上古指一种臭草,近代借来指称烟草。这样,"菸"或"烟草"(tabacco)、"吸烟"(smoke)、"卷烟"(cigarette)、"雪茄"(cigar)都有汉字词跟西方词一一对应了。那时,谁也不曾想到汉字有不如拉丁字母方便的地方。

2. 字母词也算汉语吗

进入全球化数码科技时代以来,科技新成果层出不穷,新生代普遍接受了较高层次的教育。一些信息量大的英文缩略词,意译成汉语难免繁杂拖沓,且因其缩略也无法音译,因此,照搬字母的发音早就流行于口语,自然也就见诸报刊。

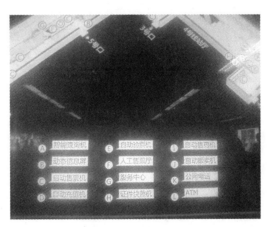

地铁站平面图指示"ATM"处

"X 光""B 超""γ 刀"(伽马刀),这些可称为"字母头的词",因为中心词素还是汉字。"B 超"历史不长,指"B 型超声波诊断仪",也没有把"B 型"改为"乙型"而叫"乙超"。汉字中心主义的国粹倾向有所宽容了。

字母词"KTV"

接下去一段时间似乎出现了纯字母词,而与汉字词并用不悖。典型的例子是"脱氧核糖核酸",字母词为"DNA",现在却多采用后者。当今称"可吸入颗粒物"多用纯字母的PM10。

纯字母词大量地流行于口头和书面,给汉字万能观颠覆性的一击。较早的有CT(计算机体层扫描)、CD(压缩碟片)、VCD(压缩视听碟片)、DVD(数码视听碟片)等等,人们习惯于用字母词,因为它们简洁易记。另外像MP3那样的新事物,它既是一种播放器,也是一种数码文件的格式;类似情况还有USB,它既是连接线,又常指这种电线特定的接口和插座。若译成汉语词,不仅字多词长,而且变成中心词素分别是"线""(插)口""插座"的三个词!

美国举办的英语考试TOFEL被汉字化为"托福",中国的汉语水平考试反而叫做HSK(虽然该缩略词取自汉语拼音的三个打头字母,并非英文);也许是面向的对象不同,前者中国人有需求,后者是提供给外国人应试的。

2012年,120位专家联名举报第6版《现代汉语词典》,称其在正文中收录"西文字母开头的词语",等于容许用英文代替汉字,构成了对汉字的最严重破坏和威胁。有专家提议不必按外来词的缩略字母逐字意译,可另造汉语词来指称那些新事物,从而取代字母词的照搬。像曾经的汉语缩略词"非典"来替代字母词SARS。已经有体育解说员把NBA译为"美国职业篮球联赛",简称"美职篮"。此法能否大规模地推广到所有的字母词,还有待社会实践的检验。

第二节 词组结构

一、古今词组之异同

1. 结构原则基本相同

汉语言文字的文化传承生命力,不仅表现在汉字流传千年而未见断层,而且还表现在构词法、词组构成法也一脉相承。前一节已述,古代的一些双字词,开始时只是两个单字词构成的词组;用得多了,最后转化为词。英语也有这种情况,像goal-keeper(守门员)、keyboard(键盘),前者介于词与词组之间,中间有连字符连接,后者已经合成一个词了;按汉语的眼光,它们属于偏正结构的组合。另外如haircut(理发)、breakfast(早餐)则属于动宾结构的组合。self-taught(自学)又可当做主谓结构的组合。英语不是每个音节都有一个相对固定的意思,所以这类复合词数量有限。汉字就有条件通过形形色色的组合把构建词组的原则覆盖绝大部分的词汇。

现代汉语继承着古汉语的词组结构方式，词与词的结构关系包括：联合、主谓、动宾、偏正、述补等。跟昔日不同的只是参与构成词组的词大量地换成了双音节而已。

正如古汉语以单字词为主，并不完全排斥双字词一样；现代汉语以双音节词为主，也不完全排斥单音节词。单、双音节词的组合，除了要符合理据之外，还要照顾到节奏的和谐。这是汉语音节密合带来的修辞要求。郭绍虞教授的专著《汉语语法修辞新探》讨论了汉语独特的词组和句子成立的条件。语言成分俱全，顺序合规，有理有据，就会因为音节节奏配合不当而无法成立。书中举例：

"备战"等于"准备打仗"，但从来不说"准备战"或"备打仗"；

"挖洞""挖（掘）地洞"，但从来不说"挖掘地"或"挖掘洞"；

"打扫街道""扫街道""扫街"，但从来不说"打扫街"或"打扫路"；

"贵宾""来宾""宾客"，但从来不说"贵宾客"或"来宾客"；

单音节词与双音节词的组合，一般应该取"单加双"的格式。"备打仗"也不行的原因在于动词"备"本来就很少单独用，即使单用带宾语，也倾向于"配备"的意思："备毛巾，备肥皂，备些常用药"还是可以说的。

在名词性词组方面，"好书""不好的书""很好的书"，但不说"不好书""很好书"。

结构助词"的"，在构建词组过程中的作用，除了表示"从属"意义外，还起着调节音节的功能。个中学问不是几条规则所能归纳的。

还有，"绸缎布匹""桌椅板凳"分别只说三件东西，反而不大听到"绸缎布""桌椅凳"。

人们还常说"书报杂志""报刊杂志"，前者指三件东西，后者只剩两件了。又回到汉语的"四字情结"。

中国文化特有天人合一的生命节律，曾给天文、农业和医学等领域以长足的进步。生命的脉搏，行走的脚步，都符合两声一组的节拍。"北大西洋公约组织"的前半不会读成"北｜大西洋"，而是"北大｜西洋"；成语"一衣带水"也不会根据语义读成"一｜衣带｜水"，而是"一衣｜带水"。汉语词汇的双音化趋向不是没有道理的。

古今词组在基本的结构原则下，由于现代的词以双音节为主，出现了上述古时不曾有过的音节搭配方面的问题。

2. 现代虚词助建词组

现代汉语构建词组可以叫虚词来帮忙，常用"和"携手并列关系，"了"用来连接先后两个动作。"的"有多种用途：

形容词加"的",可修饰名词,或充当判断词"是"的宾语,另可作名词用,例如:

  那件大的不合身了。
  吃香的,喝辣的。

"大的"指"大的衣服"。"香的"指"香的菜肴","辣的"指"辣的汤水"。

动词加"的",也变成名词性的词组了,有时指代动作的施事,有时指代动作的受事。前者如"教书的"(老师)、"当老师的"(人);后者如"吃的"(食物)、"穿的"(衣物)。

还有一些有虚词参与的词组用于比况,像"动词+也似的""～似的""～一般"。

二、汉语盛行关联词组

所谓"关联词组",指由前后两个相呼应的词组成的框式结构。它可根据意思把有关的词、词组或分句嵌入其中,构成一个复合词组或复合句。

在古汉语里,已经初现其雏形;比如《老子》的"千里之行,始于足下。"《左传》的"死于门中""死于阶下""从台上弹人"。"于……+方位词",相当于现代汉语的"在……+方位词""从……+方位词"等。苏轼《前赤壁赋》多处使用该结构:"游于赤壁之下""月出于东山之上,徘徊于斗牛之间""况吾与子渔樵于江渚之上""相与枕藉乎舟中"。"之上""之下""之间"相当于现代汉语的"的上面""的下面""的中间"。欧阳修的"醉翁之意不在酒,在乎山水之间也。"已经跟现代汉语的"在……之间"相差无几了。

《左传》《商君书》《战国策》已出现"因……而/以……"的词组。

关联词组不是汉语独有的,英语也有,只是数量不多而已,比如"both...and...""either...or...""neither...nor...""too...to...""so...that...""not only...but also..."等。

"关联词组"的提法含义宽泛,不等于连接词。从词性着眼,有以下几种搭配:

1. 介词……方位词

除了表达实在的地方之外,还可以用于抽象的议论或概括的叙述;如"在/从……方面/上""在……的+动词+下"(如"在亲朋好友的帮助下"),等等。

2. 介词……助词

"像/如……一样/一般/似的""跟/和/与/同……一样"。前面说到过跟这类结构相似的比况词组，只是没有用介词而已，单用"……一样/一般/似的"殿后，可谓"见尾不见首"。其实，"介词……方位词"的结构，用在句首也常不见前面的介词；如"在公园里"只说"公园里"。

3. 连词……连词……

"因为……所以……""不但……而且……""如果……那么……""虽然……但是……""不是……就是……"，这些关联词组前后两个都是连词。

4. 连词……副词……

以上关联词组的后面一个连词，有些可用相应的副词，语法作用也一样；比如"不但……还/也……""如果……就……""虽然……却/也……"，副词一般要紧贴在动词前面，而连词可以放在分句之首。有些则只能用副词跟前面的连词呼应，如"只要……就……""只有……才……"。

5. 副词……副词……

"一……就……""又/既……又……""一边……一边……"。

6. 其他

还有一些不能归入上述五项，而前后词类的搭配可谓五花八门。比如"到/至……(为)止"(动词……动词)，"一点儿……也不/没(有)……"(名词……双重副词……)，"非……不可"(副词……动词)，"怎么/什么/哪里/谁……(才)好"(疑问词……形容词)。

关联词组上古已有滥觞，到了现代，若跟其他语种相比，显得特别发达。原因在于非形式语言的汉语为了强化逻辑的力量，用成双作对的词语勾连句中相关成分，凸显其中的逻辑内涵，以弥补语言形式方面的不足。当然，省略一个，甚至一组全部省略的情况并不少见，尤其在口语中。这属于另外一个问题了：语言编码者和解码者双方均存有关联词组而心照不宣，言语自然会准确无误地落入预设的范式而完成交流。

第四讲　汉语的文化特色(下)

第一节　意合句法

一、话题型句法

1. 非形式语言的特性

形式语言把句子构成一个公式；先是一分为二：主语和谓语。主语为名词性的单位，谓语表达主语"做什么"或"怎么样"。在表达"做什么"时，主动句里主语充当行为的施事，被动句里主语由行为的受事充当。在表达"怎么样"时，谓语部分也得安装一个动词。形式语言的句子以动词为中心，第一层面的动词除非有若干并列，一般只有一个，而且在数、性(有的语种)、时、态等范畴上跟主语相匹配。次层面的动词一律取动词原形的变异形态。

这是西方拼音文字的语法框架，用来分析东方语言的实例，往往削足适履。

中国中小学语文课给学生做句子分析练习，那些拿来剖析的句子可称为"标本句"，或是带有人为的痕迹，或是从上百个实用句当中精心挑选的。"主语"概念出于西方语言，却未必适合东方语言。比如日语：

　　日本は山が多い。(日本山多。)

日语用助词は提示已知信息,即所谓的"主位"(theme①),用助词が提示话题焦点,即所谓的 topic。は提示的对象不一定是施事或受事,が提示的对象大多是施事也可能是受事。这套构句原则与"主语"的概念分属两个系统,找不出一个跟"主语"完全对应的东西。

现在说到的汉语词组构型中沿用"主谓结构"的提法,其实这个"主"字解释为"主语"是有待商榷的,形容词谓语的主体仍可称"主语",动词性谓语的主体改称施事更为确切。

汉语的句法全然没有提示成分的任何标记,它只靠词序和虚词(其中介词和连词并非汉语独有,特色主要在于助词)作为语法手段。比如语气助词"吗"标志一般疑问句,"呢"配合疑问词标志特殊疑问句。相对地说,助词还有显性形式。至于词序方面,由于句内各中心词(跟用于修饰的词相对)之间缺乏形态的呼应勾连,而且词序往往不限于唯一的排列,各词语之间的关系只能靠解码者根据语感经验获得理解。意合的特性就在于此。

有人把汉语比作中国的传统棋类——围棋。它不像象棋,车有车的走法,马有马的跳法,棋子各有各的行走规则,好比形式语言;围棋只有一把白子儿或黑子儿,下在棋盘的哪个格子点上都可以,然而要成为胜者却异常艰难,需要有全局的把握,牵一发而动全身。

比如问"吃了吗?"肯定回答:"吃了。"否定回答则为"没吃。"不能说"没吃了。"由此似乎可提炼出一条规律:"没"否定副词句不能加"了"。但是——

> 我好久没看电影了。

完全合格。这个"了"表示延续至今,在"好久"上才找得到理由。

2. 汉语话题句

同是话题型语句,汉语无法借鉴日语的句子成分分析法,因为汉语没有类似的提示助词。在"日本山多"这个句子中,"日本"做主位,属已知的旧信息,主谓词组"山多"做述位,提供跟主位"日本"有关的新信息。汉语从词素组词直到遣词组句基本遵循同一原则,在这儿派上用场,把句子结构解释通了。

存现句"台上坐着主席团"结构成分的争论超过了半个世纪。如果摆脱"主语句子观"的桎梏,那么,"台上"作主位,"坐着"是动词"有"或"存在"的修辞说法。"主席团"殿后,不说"主席团坐着",表明整个句子重点描述台上怎么样,而不是主席团在哪里。"墙上挂着地图""走廊里铺着地毯""车厢里挤满了乘客",

---

① 英国当代语言学家韩礼德教授把句子首端词语界定为 theme,是旧信息;其余为 rheme(述位),提供新信息。

都用各种生动的动词替代呆板的"有"或"存在"。既然上面一系列句子界定为存现句,那么所用动词的主要作用就是表达存在或出现。如果去关注那些动词的动作意思,难免会误入困惑的迷宫。因为这类句子如果动词涉及受事(可称"他动词"),那些动词可带个"有"字:"墙上挂有地图""走廊里铺有地毯"。着重点正在这个"有"字上。

汉语的"标本句型"有一款为"主语+谓语动词+宾语"。而现实中常有不止一个的名词性成分出现在句子的开头处。如:

    a. 晚饭他已经吃过了。
    b. 他晚饭已经吃过了。

上面两个句子从逻辑上讲,"他"是动词"吃"的施事,"晚饭"是动词"吃"的受事。施事和受事都被放在动词的前面,也绝不会引起逻辑混乱,不会有人读出"晚饭吃他"的意思来——正常的"意"(领悟)总能"合"出正确的解答。剩下的问题是两个句子有何区别?

两个孤立的句子若没有提供上下文语境,那么按韩礼德的理论,a 句的起头词"晚饭"是旧信息,谈话人正关心或议论晚饭的事,余下部分的述位中,"他"为话题的焦点;至于别人吃过与否需另造句子表述,本句只是说:"他"已经吃过。而 b 句的起头词"他"则是旧信息,谈话人正关心或议论"他"的事,余下部分的述位中,"晚饭"为话题的焦点;至于早饭或午饭吃过与否需另造句子表述,本句只是说:"晚饭"已吃过。

理论分析往往让位于实际运用,在上述任一特定语境中,采用 a 句式或 b 句式没那么严格和死板。汉语汉字颇具灵活性,像汉字"够"和"夠""隣"和"鄰",词"相互"和"互相""演讲"和"讲演",互逆皆可。句中各信息也如此:在一定限度内,已知信息与话题焦点各成分,听者自能意合领会。

    c. 他已经吃过晚饭了。

c 句陈述的性质大于 a 句和 b 句,a 句和 b 句带有说明的性质。c 句符合标本句型的模式。

其实,"意合"是人类共有的一种思维能力,西方语言也会来几下"意合",只是大多局限在组词层面而已。汉语学界常常拿"救火"一词说事,若紧扣字面义,变成"救助火焰",唯恐燃烧不旺;而实际词义恰恰相反:灭火。同样,英语的 fireman 是"火"和"人"的复合,到底指救火的人呢还是放火的人?通过意合,约定俗成,给予其确定的词义:救火队员。又如 haircut,正常的思维不会误解为"发"是"剪"的施事者。但在句子层面,西方语言的结构要求严格的形式化组织。

二、词义指向的意合

1. 修饰语的意合指向

继续上面的话题。并非所有的汉语句子都能做成像前 c 句"主语＋谓语动词＋宾语"那样的标本。

　　A：《子夜》和《围城》我都读过。
　　B：是啊，都是好作品。这两部小说我都喜欢。

不能说成：

　　＊A：我都读过《子夜》和《围城》。
　　＊B：是啊，都是好作品。我都喜欢这两部小说。

上面两句尽管符合"标本"的模式，却是错句。原因在于副词"都"看起来修饰动词"读""喜欢"，然而其词义却指向两部小说。"全部"义的"都"须在多个目标物已经存在的情况下，才有理由跑出来指明目标物的全选。修饰语的修饰指向跟其词义指向有所错落，是意合语法的又一表现。

常见的情况还有：
另＋动词＋受事，如

　　我们另想办法。

意为："我们想另外的办法。""另"置于动词"想"之前，似乎修饰动词无疑。但"想"的动作可以再做一次，怎么叫另做一次呢？其实，"另"的词义跨过动词指向了动词后面的宾语。"另辟蹊径""另起炉灶"的"另"都是同样的用法。

又如："没过几日""没过多久"，是"没过"吗？"过"是"过"的，只是"过了没几日""过了没多久"。否定副词"没"跨过动词指向了后边。当然也可理解为"没"否定整个的词组"过几日"和"过多久"。

再如，只见＋子句，"只"的词义指向是子句中的施事：

　　只见一屋子的人一个劲儿地唱啊跳啊，发了疯似的。

其实意思是："看见一屋子的人只在那儿一个劲儿地唱啊跳啊，发了疯似的。"

　　天冷了，你要多穿些衣服。

"穿"的动作只能多次，难以想象"多"修饰"穿"的动作还能有什么别的意思。其实，"多"名义上修饰"穿"，而其词义指向"衣服"。

　　　　　双方整整谈了半个月,才达成一致协议。

　　"整整"紧贴动词"谈"前,好像在修饰动词,其实,它的词义指向是"半个月"。当然,"谈了整整半个月"也可以说,问题是"整整谈了半个月"也被允许。"整整"之意与"半个月"的相合,不会因为位置的改变而有变化。

　2. 代词的意合指向

　　例:小芳的男友今天要第一次上门来拜见父母,她内心忐忑不安。

　　从形式上分析,前一分句中实体人物出现三个:小芳的男友、小芳的父母,"小芳"是"男友"的限制性修饰语,它既非施事,亦非受事,动词跟它不发生关系。那么后一分句的"她",照理应该代表前一分句中唯一的女性——小芳的母亲;但谁都不会这样去理解的。汉式的意合暗示着,这个"她"指小芳!

　　现代汉语的这种特点实际上是承古代汉语而来的。如《孟子·梁惠王上》曰:"河内凶,则移其民于河东,移其粟于河内;河东凶亦然。"前一"其",指代"河内";后一"其",则指代"河东"了。同一个代词,在如此近距离间的形式接应中,也具有如此大的不确定性;只能靠读者心中去"意合"领会了。此类实例在汉代以来的文章中也俯拾皆是,不胜枚举。

　　扩大至篇章而言,有的时候代词的具体指向还得靠意合。峭石《梨花满咸阳》的第二段可能算得上是个典型例子。现抄录如下:

　　　　　雪白雪白的梨花。多么纯净,又多么娇丽。它那小小的嫩黄的叶芽儿在春风里微微地婆娑着。那一簇簇一簇簇的花朵,就在这叶芽儿中间开放着。……如果一株一株地看,它就像地下冒出来的一个又一个喷泉,那花朵,就像是雪白的浪花儿;如果站在远处眺望,它就像明灿灿的珍珠缀成的项链,悬挂在这新兴的古城脖颈上。

　　本段有三个"它"字,此处暂以"它1""它2""它3"区别之,各自所代的事物不同。"它1"指代"梨花";"它那小小的嫩黄的叶芽儿",写得对不对?"叶"是属于花的,还是属于树的?从生物学上讲,"叶芽儿"只能属于树;但从审美角度上讲,"叶"完全可以是属于花的,所谓"红花虽好,还需绿叶扶持",这里是"梨花虽好,还需叶芽儿扶持"。如果以为"它1"指代"梨树",篇章就有语病了,因为"它1"的前面无论形式上还是语义上都没有出现过"树",而只出现过"雪白雪白的梨花"。"它2"是"一株一株地看""像地下冒出来的一个又一个喷泉",显然,"它2"指代单株的梨树,暗含全体梨树;正如英语里的 every 一词,以单数表示全体一样。"它3"才真正指代全体梨树:两个"如果",构成一组联合复句;既然"一株一株地看"的受事是梨树,那么"远处眺望"的受事也应当是梨树们。"树"一词没有实实在在地出现过,仅暗含在量词"株"里;"它"却分别代其单复数出现了两次。

这种现象在西方的形式语言里极为罕见,是汉语的"意合"特点跨越单句范围的表现。

三、形省意更合

形式上省略,意思却没缺损,反而联合得更紧密了。例如:

妈妈做好了饭,她叫大家来吃。

动词"吃"的受事被省略了,却十分自然。如果补上去,显得画蛇添足:

d. 妈妈做好了饭,她叫大家来吃饭。
e. 妈妈做好了饭,她叫大家来吃它。

d 句加上去的"饭"显得累赘,跟前一分句的同一个词造成无谓的重复;同时,两个分句的连贯性断裂,被拉开了距离,本来"做好了叫大家"一件事变成了"做饭"和"叫吃饭"两件事了。

e 句说得更加奇怪了。按西方语言的思路,句子成分不能缺,他们习惯于加上补足。有时口语里也会省略,但对他们来说,完整是常例,省略是特例;而对汉语句子来说,省略是常例,是让听话者从前一分句里寻找到被省略的成分,从而使前后两个分句一口气连贯起来。

老子"有之以为利,无之以为用"的思想很能理解汉语不用连接词的连接,不用代词呼应的连接;并且这样的连接比用连接词或代词更为紧密。"虚实之道"充满东方人的智慧。

他穿上外衣出去了。

英语说成:

He put on his coat and went out.

英语非得加上个 his(他的)。汉语若加上"他的",又变成画蛇添足了:

他穿上他的外衣出去了。

让人们听出"他没有错穿别人的衣服"的滑稽意思。刻板地追求完整,中国人认为误入形式主义歧途;而被形式语言当作天经地义的律条。中西方语言现象差异的背后存在着思维的差异、处事态度的差异。

第二节 平衡、后倾、铺排

一、在对称中求平衡

通常称那种中规中矩的文句"四平八稳"。西洋语言以结构成分完整,形式变化合规为"平稳";汉语则呈现另外一种风格,在有意无意间讲求对称性,那样的"平稳"已升格为"平衡"了。

对联

中国主流的建筑文化可算是重视对称的典型。北京的紫禁城位于中轴线上,东西两方的城门、牌楼,都构成对称的布局。体现在语言上,则是对偶句。对偶又称对仗,春联、楹联对称地张贴、装饰在门、柱上。

对偶句不是汉语独有的修辞手段,但拼音语言的对偶总比不上汉语汉字的对偶这么整齐悦耳。密合的无复辅音的音节,加上一字一音的汉字,给工整的对偶提供了得天独厚的条件。闻一多先生主张诗歌具备绘画美、音乐美、建筑美"三美"。除了绘画美属于诗情画意的意境范畴之外,另二美也寓于对偶句中。

对偶的前一句称"出句",后一句称"对句"。对句用相等的音节数照应出句,给听觉一种对称的平衡美,增强了音乐性;而方块汉字给一双对偶句以相等的文字长度,如方砖砌成的整齐建筑。

"天"对"地","山"对"水","花"对"草","红"对"绿",西方语言无法做到对得如此规整而响亮。从上古开始,诗文中就有意无意地运用起了对偶技巧:

昔我往矣,杨柳依依;
今我来思,雨雪霏霏。(《诗经》)

与天地兮同寿,
与日月兮齐光。(《楚辞》)

万川归之,不知何时止而不盈;
尾闾泄之,不知何时已而不虚。
春秋不变,水旱不知。(《庄子》)

先前文章内偶尔为之的对偶,发展到六朝走向极端——通篇全是对偶句,称为骈文。骈文是文章体裁的中国特产,用西洋文字绝对做不出来。

对偶不仅是修辞手法,而且还有语法作用。出句的结构由对句复制一遍,可以形成某种临时的语法关系;往往一个结构特殊的句子单独讲是讲不通的,一旦对句跟上,不通就变成通的了。试看杜甫的诗句:

香稻啄余鹦鹉粒,
碧梧栖老凤凰枝。

乍一看第一句会令人费猜,搞不清其间的语法关系;第二句跟上以后,终于弄明白这儿临时的语法配置。原来诗人要表达:"鹦鹉啄余香稻之粒,凤凰栖老碧梧之枝"!

现代汉语也有同样的情况:

＊把北京游。

不能成立。本句不存在处置意,非处置性"把"字句的动词后面应当附补语,起码要有个"了";然而对句一出:

把北京游,把亲友访,真不虚此行啊!

魔术般地让原先不通的句子起死回生了。所以,出句是该组对偶句句法的开路句、标杆句!

二、句尾重心的规则

　　正像副词修饰动词，但其词义指向却在受事名词身上，颇有点声东击西的意味；类似的情况还有，话语的信息量不在句子的主干成分身上，却落在看似附着物的修饰语身上。

　　　　愿你每天都有好心情。

"好"修饰"心情"，然而却不是可有可无的装饰。一旦拿掉：

　　　　愿你每天都有心情。

变成了一句毫无意义的话。同样，

　　　　我就喜欢秋高气爽的可人天气。

拿掉修饰语——

　　　　我就喜欢天气。

这么一来，把信息内囊全掏空了。因此，非主干成分的修饰语有时承载着句子的主要信息。

　　汉语的时间词组、地点词组都是从大说到小，也可看作从外围向中心缩小聚焦。线性排列就变成外围先说，中心后倾；中心凝聚着信息的重心。汉语句子的信息重心跟词组持同一原则，放在后面，亦即句尾。可比较一番中英文各自句子的重心所在。

　　赵元任先生举过一个例子：

　　　　There are too many people here.

这句话在汉语里的说法是：

　　　　这儿的人太多。

不说"这儿有太多的人"，因为信息重心是作修饰语的"太多"而不是中心词"人"，所以句子用"太多"煞尾。

　　类似的例子还有：

　　　　Did you have a good meal?

汉语说：

　　　　您饭吃得好吗？

不说:"您吃了一顿好饭吗?""好"是该句子的信息重心,是问话人关心的结点,不能照搬英文顺序,叫"饭"来收尾。

同样道理,汉语习惯上说"我认为你是不对的",英语则说成"我不认为你是对的";否定词的挪后,说明它是全句的信息重心之所在。

程度性修饰语可以用状语或补语两种方式处理:"很好"和"好得很","极好"和"好极了"。修饰语后置的补语是信息重心的心理期待之所在,程度语气的凸显比前置修饰的状语来的强。

"把"字句的第一个功用是表示处置意,它另外一个重要功用是提供一个格式,便于把承载信息重心的修饰语挪到句子末尾,以迎合汉民族重心后置的文化心理。

  我把北京游了个遍。

试比较:

  我游遍了北京。

显然那个"把"字句突出了"游遍"意。

当信息重心落在动词之上时,"把"字结构同样能让动词给句子压阵:

  侵略者胆敢来侵犯,就将他们坚决消灭。

试比较:

  侵略者胆敢来侵犯,就坚决消灭他们。

那个用"将"的一句,动词显得有力。

"把"字结构还有其他不在本话题之内的语法功能,此处不节外生枝。

为了给动词增加分量而置于句末的另一办法是使用"加以""予以""得以""给予""进行"一类词义虚化的动词,让需要强化的含信息动词作它们的宾语。例如:

  侵略者胆敢来侵犯,就对他们给予迎头痛击。

试比较:

  侵略者胆敢来侵犯,就迎头痛击他们。

那个用"给予"的一句,动词的力度数倍于普通句式。可见不管是修饰语还是主干成分,汉语的信息重心被挪在句子的后面。这跟英语 It's + adj + to/that 句式,乃至"倒金字塔"的文章结构,其信息的走向恰好相反。

三、汉语特有流水句

先看一段文章：

> 话说鲁智深走过数个山坡，见一座大松林，一条山路。随着那山路行去，走不得半里，抬头看时，却见一所败落寺院，被风吹得铃铎响。看那山门时，上有一面旧朱红匾额，内有四个金字，都昏了，写着"瓦罐之寺"。又行不得四五十步，过座石桥，再看时，一座古寺，已有年代。入得山门里，仔细看来，虽是大刹，好生崩损。但见：
>
> 钟楼倒塌，殿宇崩摧，山门尽长苍苔，经阁都生碧藓。释迦佛芦芽穿膝，浑如在雪岭之时；观世音荆棘缠身，却似守香山之日。……
>
> (《水浒全传》第六回)

这段文字还未引完。偌大的篇幅只容纳一个句子，第一层面唯一的施事——鲁智深，随着他一路走来，由先后一连串动作，主要是"看/见"和"行走"，串联起这么一个超长的句子；作为第二层面的子句也十分单纯，都是"看"或"见"的受事宾语。这些动词性词组之间单独可成小句，连贯则是短语，可断可连，若断若连；像一股流水，根据需要可以一直流下去，语法学家形象地把汉语这种独特的句子称为流水句。流水句不仅古白话里有，其实在文言里已早有表现，如，从《史记》的陈述句中很容易找到例子；现代汉语也不仅书面语里有，口语里更是特别多。

可以说，西洋语言句子的主干是个封闭系统，有相对固定的长度。主语对主干动词严格掌控，即使为了表达十分复杂的意思而添加许多关系子句和修饰语，但它们属于长在主干上的分枝，如要用动词，是不允许与主干动词平起并坐的。造句者的思维模式先聚焦于主干，然后丰富主干的句意而叠床架屋，构建起一个庞大的复合意思。所以西洋文章，特别在议论文里，不乏超长的句子；那种超长，不是主干的延伸，而是一座立体结构的投影线。汉语流水句的思维模式无固定的聚焦视点，造句者按施事者先后一连串的动作行为，视点一路随行，故有"散点句法"之说。主干句的长度可一路铺排下去，成为一个开放的系统。由此可见，西方式思维重理性的逻辑关系，中国式思维遵循自然时间的线性轨道而行。

下此结论若只有流水句现象作孤证则难以服人，再举一证，还是"把"字句：

> 我们把饭菜吃得一干二净。

结果补语跟程度补语不同。程度补语可以转换成状语,像"好得很"和"很好"。上面那个带结果补语的句子不能转换成:

* 我们一干二净地吃饭菜。

道理很简单,"一干二净"发生在"吃"之后而不是在此之前。汉语句子遵循词序的前后跟时序的先后同步的原则。所以"一干二净"只能作补语,不能跑到"吃"的前面去。

第五讲　诗歌语言的困惑

第一节　古体诗的诗句

一、古诗音乐性揭秘

1. 诗的音乐性在于节奏

诗歌语言不同于日常自然语言,那种特殊语言显得经过刻意的加工处理,带有人为的程式化色彩。诗歌语言的人为规则就叫"格律"。

不同的语言有不同的语音特征,因此不同的民族各有自己的一套诗歌体裁和格律规定,故而诗体、格式、入律技巧等具体的作诗法各语种有各自的个性。然而其中的节奏、诗行、韵式等基本格律要素为一切格律诗所共有,因此可从文化的角度揭示隐藏在具体诗律背后的一般性原理,进而考察这些一般性原理在汉语诗歌中的表现。

诗歌音乐性的灵魂是节奏。语音,特别是音节,占有一定的时间。普通日常语言的音节行进处于自由无序的状态,诗歌把音节组织成某种带有规律的连续重复,以造成听觉上有比例印象的美感。荷马史诗创造一种"长短短格六音步"的规则来组织诗行:

长短短|长短短|长长|长短短|长短短|长长

或者

长短短|长长|长短短|长长|长短短|长长

"长"指希腊语的长音节,"短"则指短音节,分割符号"|"表示此音步和下一音步之间的界线。希腊语语音的音节有固定的长短之别,荷马就利用长短音节进行巧妙配置,各用音步数相等的诗行写成两部史诗巨著《伊利亚特》和《奥德修纪》的章节。

英语语音音节的轻重音特色甚于它的长短音,因此英诗的音步由轻重音节配置而成。

由于汉字的关系,汉诗未注意到"音步"的存在;每个诗句由几个字组成倒十分引人注目。(古代的"诗句"相当于西洋诗的诗行。)所以直接用"言",即文字,来指称诗句类型,如四言、五言、七言,等等。

2. 古诗格律的本质

正如《诗经》已有双声叠韵词,而且习惯于押脚韵,但有关声母韵母的言论晚至隋唐才出现一样;《诗经》的主流诗句四言,是由两个"双音步"组成的认识,也晚至唐代。

留学唐朝的日本僧人空海(法号遍照金刚)著有《文镜秘府论》,书中"天卷·诗章中用声法式"记载:

> 凡上一字为一句,下二字为一句;或上二字为一句,下一字为一句。(三言)
> 上二字为一句,下三字为一句。(五言)
> 上四字为一句,下二字为一句。(六言)
> 上四字为一句,下三字为一句。(七言)

郭绍虞教授在该书新版"序言"中解释道:"这里所谓'句',即指音节停顿之处。以二言为一句者,成为二音步;以一言为一句者,成为单音步。三音步可以看作单音步与二音步的组合,四音步可以看作两个二音步的组合。这里从三言依次讲到七言,没有提到四言,就是因为四言是两个音步的组合,是显而易见的。从上面提到的各言分句,或没有提到的四言分句来看,都证明那时已发现了音步的问题。"

汉语的"音步"不同于西洋诗由长短相异或轻重相异的两三个音节配置而成,不像左右脚的行步或舞步,不是"长短短、长短短……"或"重轻、重轻……",故一般称之为"音组"。

应当注意,中国诗歌发展史的事实是:五言、七言句式的定型远远早于平仄声的运用。换言之,先已存在"二三"节奏的五言、"二二三"节奏的七言,后来才配上"平平仄仄平""仄仄平平仄仄平"之类的声调;并不是反过来,仗平仄声才配置出五言和七言来。在南朝永明声律运动以前的两汉,就出现了以乐府诗和"古诗十九首"为代表的成熟的五言古诗。因此,用西洋诗的长短音节或轻重音节来比附"平平仄仄平",把它看作"长长短短长"或"重重轻轻重",则是天大的误会!

二、非形式化的基础诗律

从本质上说,声调的平仄对于节奏只起装饰作用,并不是汉诗音组必备的构件。因此,所谓的平仄格律,只是一种附加律。西洋诗若离开长短音节或轻重音节的搭配,音步便不复存在;而汉诗离开了平仄声调的配置,音组却照样存在。如"孔雀|东南飞,五里|一徘徊。"只需依照"前二后三"的节奏吟诵,便产生五言诗的节奏感,跟平仄是否"合律"无关。

声调只是附加律,那么汉诗的基础格律又是什么呢?跟汉语长期不讲成文的语法相似,汉诗的基础格律也是一种靠经验把握的"习惯律";而且跟汉语非形式语法的意义语法也相似,汉诗奉行"意义诗律"。

考察形式诗律,这里以拜伦(Byron)的两行诗为例:

轻　　重|轻　　重|轻　　重|轻　　重|
She walks in beau- ty, like the night
轻　　重|轻　　重|轻　　重|轻　　重|
Of cloud-less climes and star-ry skies;

汉译:

她走在美的光彩中,像夜晚
皎洁无云而且繁星满天;

(查良铮)

由于形式上拿先轻后重的两个音节组成每一个音步,每一个诗行都安排四个音步,因此人工打造的痕迹十分明显,以至于音步拆散了完整的词,又把不完整的词的音节凑合在一个节奏单位里。音、意互相分流,语句全然舍弃语意的音节而服从音步。

汉诗的意义诗律,靠音节间的黏着性构成音组。汉语音节密合单纯,无复辅音,诵读时自然两两三三粘合成音组。可以做个试验:念一个11位数的电话号码,有人念作"1××|×××|××|×.×.×",有人念作"1××|××|××|××|××",也有人念作"1××|××|×××|×××"。除了第一节的"1××"代表电话公司的品牌,余后的数字间不存在任何意义联系,但人们一般不会念成中间弄一个前后不沾边的单音节,像"135|1|254|36|87"。如果允许两两三三音节的随意粘合,那就混同于散体文章自然节奏的语流了。所以,黏着性只提供了音组

内部音节结合的纽带,并未提供划分此音组与下一音组之间的界限。这个界限便由意义或语法关系来充当。如"孔雀｜东南飞,五里｜一徘徊",之所以能读成"上二下三",正因为"孔雀"与"五里","东南飞"与"一徘徊"都有它们语法上的意义。如果写成"东南飞孔雀,一徘徊五里",就逼迫人们读成"上三下二",破坏了五言诗应有的正常节奏。

然而四言的或五言、七言的诗句应有的节奏一旦依仗语意建立起来之后,也会像西洋音步那样舍弃语句的意义音节去服从音组的秩序。还是以《关雎》为例:

关关｜雎鸠,
在河｜之洲。

音组拆散了完整的词组"河之洲",那个"之洲"是两个没有意义联系的音节凑合的音组。

第二节　新诗格律危机

一、新诗形式的探讨

1. 白话文只能作"自由诗"

五四新文化运动的重要一翼是白话文运动,白话从此登上书面语的大雅之堂。白话的现代汉语便于传达社会科学和自然科学各门类的概念、范畴、逻辑推理的过程及结果,汉语获得大解放。但让人们始料不及的是,白话竟是格律诗的克星!

现代诗人要么沿用旧体格律用文言作诗填词,要么作没有格律依傍的白话诗,或者试验一些终究不能在全社会流行的白话"新格律诗"。不应该用"自由诗"作为遁词回避白话对格律的无奈。"自由"与"格律"对举,格律不存,何言"自由"? 作不出格律诗才自命为"自由诗",只能看作自嘲而已。自由诗的品种由19世纪下半叶美国诗人惠特曼的《草叶集》在诗坛上争得了地位,自由诗的创新性正是以格律诗作为背景而与之对照存在的。白话诗的格律背景一片空白。这对于有优美抒情诗的悠久历史,并产生过无数脍炙人口诗作的"诗的辉煌国度"来说,堪称一种悲哀。

四言及五言、七言的节奏是建立在单音节词的基础之上的,现代汉语以双音节词为主,并且语句里大量运用助词、介词、连词等虚词而不得轻易省略;"雨中黄叶树,灯下白头人。"这样的诗句不被新诗所容许。如何从"在用语言"中提炼节奏,创立新诗格律,成了诗人、学者们苦苦思索而长期不得解的问题。

2. 关于新诗形式的探讨

几乎在白话新诗诞生的同时,诗界就对格律的问题做出本能的反响。五四期间,刘半农倡议"重造新韵""增多诗体",并身体力行在创作实践中探索新诗的音节。他的《扬鞭集·自序》说:"至于白话诗的音节问题,乃是我自从1920年以来无日不在心头的事。虽然直到现在,我还不能在这上具体的说些什么,但譬如是一个瞎子,已在黑夜荒山中摸索多年了。"1923年,语言学家兼诗人的陆志韦在他的新诗集《渡河·序》中发表"节奏千万不可少"的主张。闻一多先生则指出:"所谓'自然音节'最多不过是散文的音节。散文的音节当然没有诗的音节那样完美。"他于1926年5月13日在北京《晨报》副刊上刊登《诗的格律》一文,认为"诗之所以能激发情感,完全在它的节奏,节奏便是格律"。他拿出自己"第一次在音节上最满意的试验"之作的《死水》。他的做法是:这首诗从第一行

　　　　这是/一沟/绝望的/死水

起,以后每一行都是用三个"二字尺"和一个"三字尺"构成的,所以每行的字数也是一样多。

作者就新诗格律请教卞之琳先生

所谓"音尺",即英文 foot 的中译,也就是后来改称的"音步",汉诗的音组。此后,一些身兼翻译家的诗人,如孙大雨、冯至、卞之琳、查良铮等译诗时努力在汉语音节的搭配上体现译诗原作原文的格律特征,并尝试移植西洋诗的步律、形式,包括用汉语创作"十四行诗"。

鲁迅认为"诗歌虽有眼看的和嘴唱的两种,也究以后一种为好;可惜中国的新诗大概是前一种。没有节调,没有韵,它唱不来;唱不来,就记不住。记不住,就不能在人们的脑子里将旧诗挤出,占了它的地位。"

20 世纪 50 年代初,林庚先生提出"九言诗的'五四体'"格律方案,据说它是在七言的"上四下三"两个半句上各放长一字,因此既保留七言诗所擅长的节奏性,又适合现代汉语的词汇双音化。何其芳在 1953 和 1954 年先后发表《关于写诗和读诗》和《关于现代格律诗》,主张新格律诗"每行的顿数一样,而且每行的收尾应该基本上是两个字的词"。所谓顿数,就指音组数,顿是音组间的长吟或停顿。

1958 年中国大陆开展大规模的采风运动,涌现大量的新民歌沿用五言、七言的传统句式,或者在五言、七言的基础上添加"衬字"而依然保持"三字尾"的节奏。何其芳、卞之琳二位在肯定民歌体的同时,也指出民歌"哼唱式调子"有局限性,应该建立更和现代口语一致的"说话式调子"格律新诗。那场席卷中国内地的新诗形式大讨论几乎吸引了当时所有著名诗人,大部分的文学评论家及一部分其他作家,还有语言学家。

"文革"之后,毛泽东致陈毅关于写诗的一封信公开发表,"形象思维"成为当时的热议;与此同时,臧克家等人还在《光明日报》上重拾新诗形式的话题。他设想,新诗"可以做到大体整齐。与七言民歌和古典诗歌相近而又有不同"。1979 年,卞之琳在第三期《文学评论》上撰文《完成与开端:纪念诗人闻一多八十生辰》。文章"谈谈闻先生由完成到未完成亦即仅仅给我们开了一个头的新格律诗创作和新诗格律探索等问题"。在那段时间里,卞先生还接受香港《开卷》杂志有关格律诗的采访,并和几位青年学者在一些刊物上就汉语语音特点谈了对新诗格律的看法。

二、新诗坛"无政府状态"

1. 诗律决定于社会公认度

早在 1956 年 11 月 24 日,朱光潜先生在《光明日报》撰文说:"从五四以来,新诗人也感觉到形式的重要。但是各自探索,言人人殊,至今我们的新诗还没有找到一些公认的合理的形式,诗坛上仍然存在着无政府的状态。"半个多世纪过去了,情况非但无任何改观,反而每况愈下。鲁迅希望新诗在人们的脑子里将旧诗挤出,占了它的地位;但现今实际情况却是新诗被其他文学品种挤出,退缩到了边缘化的地位。

单音节词基础之上的传统格律诗,特别是五言、七言,其音节精妙绝伦。它们的最后三个音节俗称"三字尾"。《文镜秘府论》特列"三言"有两种音组组合:"上一字为一句,下二字为一句;或上二字为一句,下一字为一句。"亦即"一二"式或"二一"式。顺着五七言诗句前半都是二音组的惯性,三字尾一律取"二一"式。那么五七言节奏分别为"二二一"和"二二二一",三字尾内音组与语意若有矛盾,听觉上也不甚明显。如:

　　独在|异乡|为异|客
　　每逢|佳节|倍思|亲

若前半段诗句发生把词语割裂以服从音组的情况,听觉上就敏感了,如:

　　为他|人作|嫁衣|裳

在汉语诗里,音组跟词语同步的诗句占绝对多数,不像西洋诗那样词语绝对服从音步。

现代汉语怎么办呢?"我们的"就占了三个音节,它有何种音节特点可供后续用词的音节进行复制呢?白话又有何种可能使某类音节组合悦耳到足以居于强势,允许将词语割裂而服从它呢?

诗律和语法一样,不是由某些个人可以创造的。语法上,一个句型可以造出无数的句子;诗律上,一种格律可以做出无数首诗歌。但若有人对社会约定俗成的语法句型做了某些改动,那一定得有后继者跟上,并得以流行,才能为公众所承认,否则只能被认定为病句。诗律也如此,若得不到社会的认可,格律试验则只停留在个人行为的层面。

当今汉语诗的现状是全靠内容取胜,行间的意象和思绪有跳跃性的跨度,再一个技巧就是押韵。至于建立诗行的原则只有诗人心中自己把握了,哪怕是最受欢迎的作品。比如余光中的《乡愁》:

　　小时候,
　　乡愁是一枚小小的邮票,
　　我在这头,母亲在那头。

　　长大后,
　　乡愁是一张窄窄的船票,

我在这头,新娘在那头。

后来啊,
乡愁是一方矮矮的坟墓,
我在外头,母亲在里头。

而现在,
乡愁是一湾浅浅的海峡,
我在这头,大陆在那头。

创造了比"鼎足对"多一对的四节"四足对",做足了"这头""那头"的文章,形式具有整齐美,情感动人心弦。尽管如此,《乡愁》的格式不可能,也没必要成为一种固定的格律,诗句里亦未提供可孵化的节奏原则或具有格律前途的音节安排。多数所谓的新诗,更是随心所欲地分行,个中用意令人费猜。

2. 诗的语言也包括标点

当下满目皆是行末无标点,行中冒出句逗的东西,有些甚至通篇无一标点,行间须作停顿之处则留一空格,不知应是句号还是逗号。这些都自称为诗。护卫祖国语言的纯洁性,在书面上,应该也包括标点符号。

德国19世纪著名作家台奥多尔·冯塔纳在当编辑的时候,收到一个青年寄来的几首拙劣的诗及一封附信。信中称:"我对标点是向来不在乎的,请您用时自己填吧。"冯塔纳很快写了封退稿信,对那青年回敬道:"我对诗向来是不在乎的,下次请您只寄些标点来,诗由我自己来填好了。"如若冯塔纳在世,不知对21世纪的中国诗坛又该作何感想?

从格律传统上看,西洋诗论行不论句,中国诗论句不论行;由此发展下来,才有西洋诗的"跨行",才发生诗行后面无法加标点的情况,才出现中国新诗效颦于跨行时的无标点。

在西方,诗的长短一向以行计而不以句计,比如说,《伊利亚特》共有15,693行,《奥德修纪》共有12,110行,后世的"商籁体"有14行,等等。早期的诗歌,换行处跟语句的停顿处或间歇处尚相吻合,因此,在行末均可加句号或逗号。(但因标点尚未发明而不见句逗)在16、17世纪间,西诗格律里发明了"跨行法",即语法上的句子或句间停顿不一定落在行末。当一个诗行容纳不了一个句子的长度时,句子允许被诗行截断而在下一行继续下去;反过来说,诗行的尽头不等于句子的尽头。西洋诗不惜牺牲句意的完整性来成全诗行的音乐美,于语句的不该停顿之处另起一行。前举拜伦《她走在美的光彩中》的头两行,查译基本上模仿了原作的诗行：

> 她走在美的光彩中，像夜晚
> 皎洁无云而且繁星满天。

"像夜晚皎洁无云"这个完整的短语被诗行截断在"晚"字后。按语法讲，这里根本不存在什么句逗；之所以断开，全在于满足诗行的要求。行末不加标点，源自跨行的道理。当今中国的无标点新诗，把西洋诗跨行处对标点的无奈，变成了自己刻意追求的空缺了。

针对某一首具体的新诗，谁能说出它分行的依据或理由是什么？能不能把一首10行的诗每两行合并起来排成5行？又能不能把那首10行的诗每行一拆为二而排成20行呢？如果诗文中尚保留标点的话，标点所示的语法结构及语气还至少可以权作诗行分合的参考，那么面对无标点的诗，那唯一的依傍也失却了。既然只要不拆散字词，句中处处均可以跨行，为什么非得写成像你这般分行的样子呢？

古今中外诗歌的格律形形色色，但在诸多规定中，少不了诗行的组建原则，甚至直接将诗行的长度固定下来。有了固定的诗行，才有因语句过长而不得不跨行的情形出现。新诗尚无公认的格律，皮之不存，毛将焉附？行之无定，何谈跨行？自由体诗的创始人，美国的惠特曼在他的《草叶集》中，诗的行末从来不缺标点，没有故作姿态的所谓"跨行"。

确实，西方的荷马史诗是没有标点的，中国的《诗经》也是没有标点的。因为当时标点符号根本还未发明。据有关资料，标点符号的孕育诞生经历了较长的时期。公元3世纪初，拜占庭语法学家亚历山大对句号、分号和逗号的作用有过详尽的阐述。后来要到中世纪初期，统一的固定的标点才使用于希腊文和拉丁文中。同时，欧洲在新兴的方言写作中，也使用这些标点符号。而我们今天所见到的西洋文章那几种标准化的标点符号，是直至15世纪中叶欧洲人采用印刷术后才得以定型的。标点符号的普遍使用，是写作史上的一大进步，从此，文章的组成以文字符号为主，标点符号为辅，这样，增强了句际的文义关系及句内的语法结构的明确性。如今在"新诗"身上出现了无标点的返祖现象，珍惜语言纯洁性的人士们无论如何不会欣赏弃置标点带来什么乐趣或美妙之处。

诗的语言也是语言。在新诗陷于格律难产的苦恼之际，再要在标点上折腾一番，无异于向祖国语言的缺憾之处雪上加霜！不能用做诗的语言有其特殊性作借口，使其成为随意割裂肢解祖国语言的理由。

思想篇

- 第一讲 阴阳五行
- 第二讲 先秦诸子
- 第三讲 儒家经学
- 第四讲 佛学
- 第五讲 宋明理学

第一讲　阴阳五行

第一节　《周易》简介

"易以道阴阳。"《易》是用来说阴阳道理的。

一部《周易》对中国文化的最大贡献就在于它用"阴"和"阳"两个基本概念概括出宇宙间对立统一的朴素辩证法。

一、"易"的含义

"易"字本义为蜥蜴,"变易"是它的假借义。《说文解字》以为"日月为易,象阴阳也",那是后来才有的意义,不是它的本义。

《周易》本名《易》,汉武帝独尊儒术,把孔子整理过留下的六部书奉为经书,《易》是其中之一,称作《易经》。

东汉著名经学家郑玄说:"《易》一名而引三义,易简一也,变易二也,不易三也。"

用现在的话说,所谓"变易",指宇宙人事,万事万物,无时无刻不在变化之中。宋代杨万里说:"'易'之为言变也;《易》者,圣人通变之书。"

《周易》说的"易有太极,是生两仪,两仪生四象,

"易有太极……"

四象生八卦"就是那么一个由简变繁的公式。

所谓"不易",就是不变,有两层意思:一是宇宙万物千变万化之中存在着不变的规律,古人把它叫作"常"。二是就"变化"这一事实来讲,情况是不会改变的。换言之,如果"变化"这一事实改变了,就意味着宇宙凝固了。

二、"周"的含义

"周"也有两层意思:郑玄解释说:"《易》道周普,无所不备。"意思是《周易》揭示出宇宙世界的普遍规律,覆盖面广,普适性强,相当于一部百科全书。这是其一。另外,据说《易》在"三代"各有不同的版本:夏朝的书名叫《连山》,商朝的书名叫《归藏》,周朝的书名就叫《周易》。"周"正好还有"周朝"的含义,这是其二。

三、八卦与重卦

1. 符号要素

相传伏牺作八卦。《周易·系辞下》有一段话:"古者庖牺氏之王天下也,仰则观象于天,俯则观法于地,观鸟兽之文与地之宜,近取诸身,远取诸物,于是始作八卦,以通神明之德,以类万物之情。"也就是说,组成八卦的基本符号要素"- -"和"—",可能取之于自然万物的象征形象,也有可能取之于人类自身的象征形象。从《周易》传文中大量的关于阴阳男女的议论来看,现代学者一般都倾向于"- -"和"—"是取自性的认识;"画—以像男根,分而为二以像女阴"。

2. 八卦的卦名、卦象和象征物

卦名	卦象	象征物
乾	☰	天
坤	☷	地
坎	☵	水
离	☲	火
震	☳	雷
艮	☶	山
兑	☱	泽
巽	☴	风

3. 重卦

三层基本符号要素可形成八种不同的组合,就是上面所列出的八个卦象,可称之为"八卦"。六层基本符号要素则可形成八八六十四种不同的组合,照经学的说法,它们不是简单的六层符号的搭建,而是两个八卦的重合,因此叫六十四卦为"重卦"。

看待重卦要用自下而上的眼光,以下面那个八卦为本;并把下卦叫作内卦,上卦叫作外卦。

把八卦重叠为重卦的,相传为文王所创;另有伏牺、神农、夏禹三说。

四、卦辞与爻辞

六十四卦一层叫一爻,阳爻叫作九,阴爻叫作六。由最下一爻依次向上,最下一爻叫作"初",最上一爻叫作"上"。"初"为阴爻,表达为"初六",如为阳爻则说"初九";同样,"上"为阴爻,表达为"上六",如为阳爻则说"上九"。除了头尾两爻之外,第二爻至第五爻的阴阳表达法依次为"(六/九)二""(六/九)三""(六/九)四""(六/九)五"。

六十四卦每一卦都配有一句话,就是卦辞;而其中的每一爻也都配有一句话,就是爻辞。以《周易》的第一卦"乾"为例,其卦辞是"元亨利贞"。"元者,善也。亨者,嘉之会也。利者,义之和也。贞者,事之干(幹)也。"四个字都是吉利的。

六句爻辞依次如下:

初九,潜龙勿用。

九二,见龙在田,利见大人。

九三,君子终日乾乾,夕惕若;厉,无咎。

九四,或跃在渊,无咎。

九五,飞龙在天,利见大人。

上九,亢龙有悔。

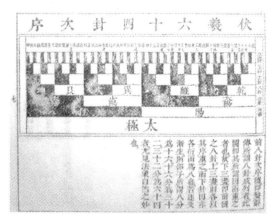

(大意如下:

自下而上第一爻是阳,龙还潜伏着,我们暂且不要用事。

第二爻是阳,龙出现在田里了,现在可以活动了,可以去拜见重要人物了。

第三爻是阳,有道德修养的人整日整夜谨慎警惕,即使遇到危险,也免遭祸患。

第四爻是阳,龙有时跳在深水潭里,没有灾祸。

第五爻是阳,龙在天上飞了,可以去拜见重要人物了。

第六爻是阳,龙飞得太高了,要反思,要调整了。)

传说文王作卦辞,周公作爻辞。

五、《周易》的经和传

《易》有64卦,总计384爻,加上卦辞爻辞,这是《易》的"经"的部分。相传孔子作了十篇解释《易经》的文字,它们就是《易》的"传"。

《易传》十篇为:(一)彖辞上,(二)彖辞下,(三)象辞上,(四)象辞下,(五)系辞上,(六)系辞下,(七)文言,(八)说卦,(九)序卦,(十)杂卦。

《周易》本来是一部筮占用的书,自从十篇传文问世,它就变成一部推究宇宙人生哲理的书了。阴阳观念在原先的《易经》里没有,两种基本符号要素以"九""六"相称,也不叫"阴""阳"。

六、写作的时代

安徽省含山县凌家滩新石器时代遗址曾出土一个玉刻原始八卦图形,看来,《系辞》的作者把八卦的创制归功于远古传说人物、原始氏族社会的首领伏牺,意为出现于原始氏族社会,是真有道理的。

《易经》的卦辞爻辞有许多语句很像殷商时期的甲骨卜辞,也有许多短歌韵语;因此有学者据此考证出:《易经》编成于"卜辞时期"和"诗经时期"之间的一段时期,大致在西周的中后期。

至于十篇《易传》,照司马迁《史记·孔子世家》的说法,是孔子所作。他说:"孔子晚而喜《易》,序、彖、系、象、说卦、文言。读《易》,韦编三绝。"宋代欧阳修对此表示怀疑,认为这十篇东西"众说淆乱,非一人之言"。现一般认为出于秦汉间,非一人之手。

《汉书·艺文志》称《周易》这部书的编成"人更三圣,世历三古",真是说对了。古者庖牺——文王、周公——春秋孔子,三代圣者世历原始社会——奴隶社会——封建社会三个时期。

七、古代中国的世界图示

1. 八卦象征系统——天人合一

八卦所象征的事物的范围,到了战国中后期有所扩大。除了自然现象之外,还扩大到动物、社会伦理关系:

卦名	乾	坤	震	巽	坎	离	艮	兑
自然	天	地	雷	风	水	火	山	泽
方位	南	北	东北	西南	西	东	西北	东南
人	父	母	长男	长女	中男	中女	少男	少女
动物	马	牛	龙	鸡	豕	雉	狗	羊
身体	首	腹	足	股	耳	目	手	口
属性	健	顺	动	入	陷	附	止	悦

这种理论只是创制者个人的主观类比而已。郭沫若说:"杜鹃的叫声本没有意义,在好事者听来可以成为'不如归去'。由这'不如归去'的牵强更可生出'望帝春心托杜鹃'的传说。这种牵强附会在不懂中国话的外国人,乃至不懂中国文言的中国人都会不懂,不消说完全与鸟无涉。……"

《周易》卦象示意图

"《易经》的卦名次第,那简单的程度也不过如像杜鹃的叫声一样。然而在推测者的心中可以生出那样一篇议论来。我们可以说《易传》的观念是传《易》的人自己的观念,他以自己的观念输入那卦序里面,就如像诗人以自己的感情输入杜鹃的叫声里面一样。"

八卦也好,六十四卦也好,它们的先后排序,以及代表什么意思等,只能当朦胧诗来读,绝对不是讲究逻辑的哲学著作。但从八卦象征系统里面自然人事相杂的特点,可以见得古人是把天和人合在一起思考的。

2. 朴素的辩证法

阴阳二字的字义,《说文》解释道:"陰(阴),暗也。水之南,山之北,从阜,会声。""陽(阳),高明也。从阜,易声。""阜"意思是山,"易"意思是日光。阴阳二字的本义原来是山坡向日与背日的明暗对立。

《易传》各篇所提到的阴阳对立物共有十组,它们是:

阳	正	男	外	上	刚	日	天	奇	动	昼
阴	负	女	内	下	柔	月	地	偶	静	夜

这种思维不是中国特有的,古希腊毕达哥拉斯学派拟定世界的十个"始基"('αρχ'η)是:

有限	无限	奇偶	一多	右左	阳阴
静 动		直曲	明暗	善恶	正方 长方

真是无独有偶,二者如出一辙。

左为双鱼合抱图。图中阴阳各半,阳中有阴,阴中有阳。设想如果此圆以圆心为支点旋转起来,那么一边从小到大,另一边从大到小,此消彼长,任何一方从大到小进而化入另一方。它的原始文化含义来自昼夜交替,四季循环,流转无穷。

如果设—为0,-- 为1,八卦运行方式为乾一(000),兑二(001),离三(010),震四(011),巽五(100),坎六(101),艮七(110),坤八(111)。这就是现代的二进制记数法,是电子计算机所用的符号。德国数学家、哲学家莱布尼茨(Leibniz,1646—1716)设计并制造世界上第一台手摇计算机,他说曾看过《周易》这部书。位的奇偶规律是辩证法的数码语言。

3. 生机主义

《周易·系辞》说:"生生谓之易。""天地之大德曰生。"《周易》被奉为"群经之首",说明中国文化在观念中将宇宙看成一个活体,天地是父母,养育出世间万物。

《周易·系辞》又说:"天地絪缊,万物化醇;男女构精,万物化生。"意思是说,养育的方式如男女间的交媾。泰卦☷之所以为吉卦,是因为天地交流了,乾由上而下,坤由下而上;否卦☰之所以为凶卦,是因为天地不交流,乾和坤一上一下原地不动,不合规律。《周易》用它自己的语言表达出一个道理:事物的运动和事物间的联系是宇宙"生生不已",充满生机的原因。

4. 二元思维

中国传统哲学没有把一元论作为追求的终极目标。儒学尊阳贬阴，但从未否定过阴的存在；同样，道学尊阴贬阳，但也无法否定阳的存在。魏晋玄学虽然将宇宙起源归因于"无"，似乎"无"是一元的本体；但"无"也是作为"有"的对立物被提出来的，其实是在"有""无"两极中间取其一极而已。

古代思想史上发展到极致的一元论思想当数王阳明的心学，但这一学说在其先前的理学阶段还持理、气二元论观点。中国思想界很少走入极端化的形而上学，恐怕和二元思维模式不无关系。

王阳明像（中国历史博物馆藏）

第二节 五 行 学 说

一、五行说的起源

"五行"首次被明确记载的文章是《尚书·洪范》。文章记述箕子回答周武王所问治国安民的道理，提出"洪范九畴"及其排序为治国安民的常道，即由主至次根本大法有九类。五行列于九类之首。据说上帝把九种大法传给了夏禹，夏禹便掌握了这种使臣民和睦相处的常规。原文如下：

> 一、五行。一曰水，二曰火，三曰木，四曰金，五曰土。水曰润下，火曰炎上，木曰曲直，金曰从革，土爰稼穑。润下作咸，炎上作苦，曲直作酸，从革作辛，稼穑作甘。

郭沫若解释说：

> "润下作咸"是从海水得出来的观念。"炎上作苦"是指焦则变苦。"曲直作酸"是由木果得来。"稼穑作甘"是由酿酒得来。"从革作辛"，金属能给人以辛味，也勉强说得过去。（《中国古代社会研究》）

似乎五行一开始就对应上了五味。其实，从人类认知的顺序，结合殷商甲骨文透露的有关信息来推测，就会得出下面关于五行起源的另一种版本。

初民早期只会注意到日出和日落的两个方向，粗浅地认识东和西；只有产生了垂直的概念，才有可能认识另两个方向：南与北。四个方向吹来的风，又跟一年中的四个季节一一对应：东、南、西、北风依次是春、夏、秋、冬四个季节的代表风向。

甲骨卜辞有文句记载专门给四种方向的风取了名称的,可见初民对风向的特别关注。春、夏、秋、冬风带来的自然信息是:东风浩荡,万木复苏;南风阵阵,暑热如火;西风如刀,天气肃杀;朔风凛冽,如入冰水。木、火、金、水由此而生。至于土,是所谓"开化"民族的居住之处,位于中;殷契称自己"中商",后世"中土""中原"乃至"中国"这些说法都表明,中国大地上当时的强势文化拥有者自认为置身于天下的中央。至此,木、火、金、水、土,就由东、南、西、北、中而产生了。

如果说,《周易》的阴阳观念代表了朴素的辩证法,那么五行学说代表了古代朴素的唯物论。

二、五行之间的关系

王安石解释"五行"这一提法说:"五行也者,成变化而行鬼神,往来乎天地之间而不穷者也。是故谓之'行'。"在众多解释中间,王安石的说法倒是和今天"五大行星"的"行"义相吻合,有"运行"之义。

运行方式有"相生"与"相胜"两种。

五行相生。董仲舒《春秋繁露·五行对》说:"天有五行,木火土金水是也。木生火,火生土,土生金,金生水,水生木。"

五行相胜,或者叫"相克"。《吕氏春秋·应同》记载说:

> 黄帝之时,天先见大螾大蝼,黄帝曰:"土气胜。"土气胜,故其色尚黄,其事则土。及禹之时,天先见草木,秋冬不杀,禹曰:"木气胜。"木气胜,故其色尚青,其事则木。及汤之时,天先见金刃生于水,汤曰:"金气胜。"金气胜,故其色尚白,其事则金。及文王时,天先见火赤鸟衔丹书,集于周社,文王曰:"火气胜。"火气胜,故其色尚赤,其事则火。代火者必将水,天且先见水气胜;水气胜,故其色尚黑,其事则水。水气至而不和,数备将徙于土。

《史记·封禅书》也有与此相仿的言论。这是战国时阴阳家邹衍的"五德始终"论调。他用五行相胜套用到朝代更替上面,蒙上一层宿命论的神秘色彩。这派学者把五行的"行"解为"德行",作这个意思的"行"字旧读第四声。这里的"德行"是事物属性的意思。

五行的相生和相胜都来源于日常生活的经验直观。

先看相生:"木生火"指钻木生火,"火生土"指燃烧后留下灰烬,"土生金"指矿石矿土能提炼出金属,"金生水"指金属在温差下会有水气凝结,"水生木"指雨露滋润树木壮。

再看相胜:"土胜水"指水来土掩,"水胜火"指水能灭火,"火胜金"指火能铄金,"金胜木"指金属斧斤能砍树木,"木胜土"指树木能破土而出。

三、五行的推广

上面两段古书的引文已经将五行跟五方、五味、五色一一对应起来了。事情远远没有结束,跟八卦对应物的扩大一样,五行又一次组织了一张天人合一的联系网:

五行	五方	五色	五季	五味	五气	五化	五脏	五腑	五官	五体	五乐	五常	五事	五志
木	东	青	春	酸	风	生	肝	胆	目	筋	角	仁	貌	怒
火	南	赤	夏	苦	暑	长	心	小肠	舌	脉	徵	礼	视	喜
土	中	黄	长夏	甘	湿	化	脾	胃	口	肉	宫	信	思	畏
金	西	白	秋	辛	燥	收	肺	大肠	鼻	皮毛	商	义	言	悲
水	北	黑	冬	咸	寒	藏	肾	膀胱	耳	骨	羽	智	听	恐

风向,要么来自四面,要么来自八方;跟五个方向对应的季节只有四个,为了凑合出个"五季",古人特别造出一个"长夏"。可见经营的苦心。

四、一种关于普遍联系的学说

1. 时间和空间相联系

五行的广泛对应,不仅将天人合于一体,而且将时空合于一体。时空合一的另外一套符号是十个天干,十二个地支。天干的实质是十进位计数法,而地支实质是反映圆一周的角度,古人既用来表示方位,又用来表示时间;在时空相连这一点上和五行的时空观是一致的。

2. 五行和行事相联系

比如说,五行对应五声音阶。朝廷行大事奏礼乐,一定得按季节采用对应的音阶定调门;如果乱用,会影响到社会的正常秩序。欧阳修《秋声赋》写到秋天奏乐用商调,"商,伤也;物既老而悲伤。"商调听起来使人伤心。自然界真是如此:秋天草木凋零,令人易生悲愁。其实,中国人容易触景生情,也是一种天人合一——天即自然之景,情即人的内心情绪,二者也联系在一起。

再比如,中国人有冬令进补的做法。为什么冬天适合服用补品呢?《黄帝内经》说:"生因春,长因夏,收因秋,藏因冬。"保养身体就像四季农作一样。

3. 按联系进行分类

由"五行"带领的五类事物,只是因为它们有某些联系,就归之为某一类。如

"五行"的土,因为庄稼种在土上,谷物的淀粉入口会化作糖分,所以对应"甘";谷物含水分,故对应"湿";入口以后进入"胃",而古人将"脾"和"胃"看作一类脏器。又古人以"中"看作最重要,所以把"信"和"思"与之对应。

西方的古希腊虽然也曾有过水、土、火、空气"四元素"(the four elements)的学说,但他们没有把世上万物归于四类的企图。

4. 认知经验的五行图式

古人将认识自然所得的经验和解释用五行论加以形象的组织。比如,解释冶炼浇铸金属物为什么用泥土做模型的问题,《天工开物》说:"夫金之生也,以土为母,及其成形而效用于世也,母模子肖,亦犹是焉。"套用五行相生的说法。当然,今天读来未免皮相之感。但今天尚沿用五行说串成系统理论,并有实际成效的领域就是中医。请看清代的林佩琴在他的著作《类证治裁》中是如何解释肝病的病理的:

> 肝木性升散,不受遏郁,遏郁则经气逆,为嗳,为胀,为呕吐,为暴怒,为胁痛,为胸满不食,为飧泄,为溃疝,皆肝气横决也。且相火附末,木郁则化火,为吞酸胁痛,为狂,为痿,为厥,为痞,为呃噎,为失血,皆肝火冲激也。……故诸病多自肝来,以其犯中宫之土,刚性难驯,挟风火之威,顶巅易到,药不可以刚燥投也。

五脏之一的肝,在五行中属"木"。树木蒸散水气,一经抑郁,湿热滞闷,易燃大火;若延烧至根部之土,就冒犯了位于五行中央的"土"。土于脏腑指脾胃。对于消化系统一员的肝脏与情绪、炎症、胃纳之间的关系,文章就这样做出形象化的解说。

总之,阴阳观念和五行学说在类比推理和相关思维方面是一致的,反映了中国传统思维模式的基本特征。

第二讲　先秦诸子

第一节　儒家、道家、法家

一、儒家

1. 儒家代表人物

儒家学派的创始人是春秋时代的孔子。孔子（公元前551—前479），名丘，字仲尼，鲁国人。他是殷人后裔，远祖弗父何是宋愍公的长子，厉公的长兄，曾让位于厉公。其近祖正考夫是个学者，作过"商颂"十二篇（今存五篇）。这个家族后来逃难到鲁国。孔子幼年丧父，家道中衰。儒，原为丧事赞礼的帮手，据说孔子曾干过这一行。孔子是大教育家，大学问家，弟子三千，深通六艺者七十有二。私人教育之盛，前所未有。他的思想言论主要保存在《论语》里，《论语》由他的弟子和再传弟子整理编纂而成。

孔子以后儒家的一个重要人物是孟子。孟子（约公元前371—前289），名轲，字子舆，战国时邹国人。他继承孔子的嫡孙子思一派的学术思想。《孟子》一书相传是孟子和他的学生万章等共同编著的。

战国时期儒家另外有一位重要思想家是荀子。荀子（约公元前313—前238），名况，号卿，战国后期赵国

孔子像（宋代马远作）

人。他曾去齐国的稷下学宫讲过学,并考察过秦国的政治。著有《荀子》一书。

2. 儒家重要主张

"仁"是儒家最重要的一个概念,由孔子提出,是他的人格理想。所谓"仁",就是要具有"爱人"的品德;但儒家对他人的爱心是有等级的,第一位是对父亲,就是说,不能对别人超过对自己父亲的爱。"仁"引申到政治上,就要办好本国的事,吸引别国的人民归顺自己,而不是武力征服。

"礼"是孔子提出的政治理想,亦即理想的政治秩序应该符合他所说的"君君,臣臣,父父,子子",各种人都像样地扮演好自己的角色。孔子的"礼"不仅仅表现在礼节行为上,其实质是等级秩序。

此外,重视现实人世,不愿谈论鬼神,中庸之道以及孔子的许多教育思想,对后世影响很大。

孟子给"仁"补充了一个"义"的概念。"仁"是爱人之心,"义"是为人之道。在行仁政方面,孟子提出"民为贵,社稷次之,君为轻"的民本思想,称之为"王道"。

孔子所讲的"性"主要指"才性"、才能,所谓"性相近也,习相远也";孟子、告子之辈把"性"用作"善恶之心"的意思了。孟子认为人与生俱来有四种善心:恻隐之心、羞恶之心、辞让之心、是非之心,持性善论观点。与此相反,荀子认为人性本恶,人生来只有动物性,不可能具备社会性;善性是后天教育培养之所得。所以他"劝学",鼓励人们学习。

孔子提出"正名"一说:"名不正则言不顺,言不顺则事不成。事不成则礼乐不兴,礼乐不兴则刑罚不中,刑罚不中则民无所措手足。故君子名之必可言也,言之必可行也。"就是要给名称、概念以正确的界定,其中包括等级名称和刑罚名称。荀子把"名"和它的对立物"实"对举,赋予逻辑学的意义。他说:"知异实者之异名也,故使异实者莫不异名也,不可乱也;犹使同实者莫不同名也。"

荀子"明于天人之分",主张"制天命而用之";反对"舍后王而道上古"。他将"法"提升到与"礼"同等重要的地位,法家的李斯、韩非曾是他的弟子;所以荀子不是一般的"俗儒"。

二、道家

1. 道家代表人物

这一家的学说认为有一个先于世界而存在的东西,这个东西就是"道"。

道家的创始人老子在历史上颇有争议,有人认为是春秋时人,有人认为是战国时人,也有人怀疑其真实存在。一般认为老子长于孔子,约生于公元前580年,卒于公元前500年。老子姓李,名耳,字伯阳,谥聃,也有称他老聃的。据《史记》记载,他是楚国人,当过周王朝的"守藏室之史",亦即中央图书馆管理员。见周王室衰微,就出走西方。出关时,应关令(相当于关长)所求,留给他两篇著作《道经》和《德经》,合起来就是《老子》,又称《道德经》。现代学者考证《老子》应编成于战国晚期。

继老子之后,道家学派的主要代表人物是战国中期的庄子。庄子(约公元前369—前286),名周,宋国人,曾在蒙(今河南省商丘市东北)当过漆园吏。《庄子》一书中"内篇"相传为庄周自著,"外篇"和"杂篇"为他的门人和后学所作。

老子像(明代张路作)

2. 道家的重要观点

诸子百家争鸣的焦点都集中在政治人伦上面,中国很少有哲学家像古希腊那样探讨世界的本原一类问题的;道家的可贵就在于他们提出了这个似乎并不实用的命题。老子拟定一个先于物质世界而存在的"道":"有物混成,先天地生,寂兮寥兮,独立而不改,周行而不殆,可以为天下母。吾不知其名,字之曰道,强为之名曰大。"道的抽象性用老子的话说,就叫"道可道,非常道;名可名,非常名"。

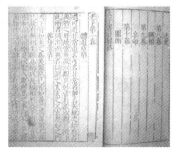

《老子》明刻本

老子思想的核心是"无为","道常无为而无不为",听其自然,不刻意人为,结果什么都能做到。他把"无为"列作一种另类的"为",变成"为无为";并主张治国安邦"为无为,则无不治"。他要天下人都无所作为,"使民无知无欲",天下不就太平了吗?因此,他理想社会的政治方案是"小国寡民",什么器具也不要用,大家去结绳记事,"邻国相望,鸡犬之声相闻,民至老死不相往来",要让人民倒退到母系氏族社会去。

庄子继承和发挥了老子的道和无为思想。"道无始终,物有死生",引导人们向道学习,得到超脱。他否定人的作为,说:"牛马四足是谓天,落马首,穿牛鼻,是谓人。凫胫虽短,续之则忧;鹤胫虽长,断之则悲。"把人为和天然完全对立起来,把一切人为看成多余,或者看成添乱。

庄子还发展出一套相对主义的理论——齐物论。他的眼里万物划一,统统没有区别：是非无区别，物我无区别，梦醒无区别，生死也无区别。所以，一切争辩或计较都不必要，都没有意义。

自我和道也可同体合一，为此，庄子创出一套实践的方案："无视无听，抱神以静，形将自正。必静必清，无劳女形，无摇女精，乃可以长生。目无所见，耳无所闻，心无所知，女神将守形，形乃长生。"这也就是"心斋""坐忘"的方法。

庄子的人可长生的假想以及随之而生的实践法，后来被宗教所利用，形成中国土生土长的道教。道教奉老子为"太上老君"，奉庄子为"南华真人"；同时，《庄子》一书也被叫作《南华真经》。

3. 儒道互补

荀子批评庄子"蔽于天而不知人"。儒家和道家的观点是对立的：前者要"修身，齐家，治国，平天下"，劳其筋骨，苦其心志，犬马奔走，鞠躬尽瘁；后者则弃圣绝智，归乎原始。然而，儒道两家都推崇《周易》这部书，他们的思考都没能越出阴阳观的范畴；只是儒家强调"阳"一面，道家强调"阴"一面而已。在哲学上，阴和阳互为依存，也就决定了儒和道两家学说的互补性。

《周易》解释乾卦的象辞说："天行健，君子以自强不息。"儒家教导人们要像天一样，运动不息，更新万物。而道家认为植物生于土，动物生于母，在八卦中都对应坤。坤的属性是顺；跟阳为刚、为动不同，阴为柔、为静，所以无为。老子玄想宇宙出生于一个硕大无比的母体："谷神不死，是为玄牝；玄牝之门，是谓天地之根。""静而与阴同德，动而与阳同波。"老子举例说活人是软的，死人才是僵硬的呢，以此证明柔优于刚；又举例说牙齿是硬的，舌头是软的，牙会掉落，没听说舌头会掉，以此证明柔足以克刚。

自汉武帝独尊儒术以来，儒家学说大多被统治者奉为治国的纲领；但暗地里，将道家的阴用于权术则从来没有放弃过。老子尊阴，也是"阴谋"的发明人。他说："将欲歙之，必固张之；将欲弱之，必固强之；将欲废之，必固兴之；将欲夺之，必固与之：是谓微明。柔弱胜刚强，鱼不可胜于渊，国之利器不可以示人。""微明"用今天的话说，就是阴谋。对待臣民，教化和阴谋并用，儒道就这样地互补！

对于士大夫个人来说，儒和道两种思想境界使他们的精神有较为宽裕的回旋余地。在儒家看来，男儿当自强，应该胸怀一腔经世济民的大志，以天下兴亡为己任，积极入世，赢取生前身后的功名，耀祖光宗。但仕途的坎坷，官场的诡谲常让他们遭遇贬官、革职、流放、监禁。失意之时，道家学说可以成为一帖安慰剂，使他们的精神家园找到可依傍的靠山，选择乐天安命，皈依自然的"出世"之举。入世则庙堂朝廷，出世则山林泉石，非儒即道，都有思想的准备和古人的楷模。中国古代既有儒家"身体发肤受之父母"的训言，又有道家提供的达观主义人生观,所以士大夫很少有想不开而去自杀的例子。

三、法家

1. 法家主要代表人物

商鞅(约公元前390—前338),原是战国时卫国人,姓公孙,名鞅,又叫卫鞅。因在秦国孝公时变法有功,被封于商地(今陕西商县东南),称为商君。后世称他商鞅。年轻时曾在魏国求官,后入秦;其见解得到孝公的赏识,授权主持变法。从公元前359年至公元前350年的十年间,颁布了一系列变法令。《商君书》为商鞅及其后学的著作合编。

韩非(约公元前280—前233),战国时韩国人,曾与李斯受业于荀子。他多次上书建议韩王变法,总是不被采纳;于是写下《说难》《孤愤》等文章共计十多万言。秦王看到韩非的文章,十分喜爱,甚至说,能跟这个人结交,死也无憾了;就大举攻打韩国。于是韩王派韩非出使秦国。入秦后,遭受李斯等人妒忌,遇害于狱中。后人把他的遗著,连同有关韩非学说的阐述,合编成《韩非子》一书。

商鞅像

韩非像(杨春瑞绘)

2. 法家思想的渊源

法家是战国时期较后起的一个学派,那些人不仅是思想家,而且是一批革新改制的实干家。法家思想渊源有来自道家的成分,有源于名家的成分,有吸取儒家的荀子学派的成分。

前面说到,道家有中国古代难能可贵的对于世界本原的玄想,但其争鸣的最终目的,还是给当时的乱世开救治的药方。据《史记》记载,道家"出于史官,历记成败存亡祸福古今之道,然后知秉要执本,清虚以自守,卑弱以自持。此君子南面之术也"。法家把必须执秉的那个"要本",解释为法,认为"道生法",法是宇宙万物最高法则的"道"在社会政治领域的具体体现。鉴于儒家言必称尧舜为圣人，早期法家就推崇比尧舜还要早的黄帝作为自己学派的偶像。尧舜教化臣民，排解纠纷，身体力行，收效甚微；不如黄帝长四张脸，大权在握，高高在上，清虚自守，天下太平。所以自稷下以来，就有黄、老相并之说。

前面也提到，荀子已经将"名"作为一个特殊的对象加以研究了。他不像名家学派那样将"名学"作为自己的专业，而是着眼于政治："若有王者起，必将有循于旧名，有作于新名。"法家则根据变法的需要，把"名"引申为法令、名分、言论等，纳入"法术"的范畴之内。

荀子出于人性本恶的认识，一方面劝学，一方面重法。他说："法者，治之端也。"此外，和孔孟主张效法文王周公等"先王"的做法不同，荀子主张"法后王"。法家的政治见解也正如此。在先秦诸子中，只有法家是顺应历史潮流向前看的，而作为儒者的荀子有他独到的见解。

3. 法家的主要观点

法家推崇的东西可用三个字来概括：法、术、势。三者分别由商鞅、申不害、慎到三人单独提出，韩非认为三者中只强调任何一个方面都是不全面的。他集法家之大成，完善了以法为中心的法、术、势三者合一的君主统治术。

所谓"法"，指君主制定的明确成文的法令。韩非说："法者，宪令著于官府，刑罚必于民心，赏存乎慎法，而罚加乎奸令者也。"

所谓"术"，指国君驾驭臣下的方法手段。韩非说："术者，因任而授官，循名而责实，操杀生之柄，课群臣之能者也。"

所谓"势"，指国君集天下权势于一身，其权力和地位至高无上。韩非说："势者，胜众之资也。""事在四方，要在中央，圣人执要，四方来效。"

法、术、势三者的结合，使建立一个大一统的中央集权制的国家成为可能。

4. 儒法关系

在韩非的时代，儒家和墨家被并称为"显学"。其中，孟子一派儒家的观点在治国主张上跟法家存在不少针锋相对之处。孟子主张实施仁政德治，反对使用暴力；而法家只讲严刑重罚，讥笑儒家的礼义教化收效甚微。孟子一派儒家崇尚他们所描绘的尧舜时的社会，把尧舜尊为圣人，作为当代统治者学习的榜样；法家却认为时代在前进，复古是行不通的，当代统治者应该学习当今采纳法家建议，实行变法的那些国君。

法家和儒家看上去水火不相容，但也有些一致之处。且不说韩非的一些重要观点本来就来自他的老师荀子，就说在君臣父子的等级观念方面，韩非甚至借助孔子的言论："臣之所闻曰：臣事君，子事父，妻事夫，三者顺则天下治，三者逆则天下乱，此天下之常道也。……孔子本来知孝悌忠顺之道也，……所谓忠君，不危其君;孝子,不非其亲。"我们通常将"三纲五常"归于儒家的发明,其实"三纲"发轫于韩非的上述一段言论。

自汉武帝采纳董仲舒的建议"废黜百家,独尊儒术"以后,儒家理论成为延续两千多年中国专制集权帝制的精神支柱。董仲舒的儒学已经不是孔孟之道的原样,可以说是经过了大幅度修正的孔孟学说。首先,"独尊"就透出法家的那种霸气。秦始皇时期的李斯就推行过"以吏为师"的文化专制政策,欲使天下只剩下法律一种学问可学;"独尊儒术"只是变"以吏为师"为"以儒为师"而已,欲使天下只剩下儒学一种学问。其次,董的儒学主张德刑并用:"德不可共,威不可分。德共则失恩,威分则失权。"韩非也曾说过:"何谓刑、德?曰:杀戮之谓刑,庆赏之谓德。为人臣者畏诛罚而利庆赏,故人主自用其刑、德,则群臣畏其威,而归其利矣。"恩威并重,对臣子是如此,对天下所有百姓也是如此,这是儒和法的配合运用。由于儒家的仁政德治比法家的严刑重罚说起来美妙动听,因此二者的配合取以法入儒的方式。历时两千年的儒学精神统治,实际上是儒中有法,外儒内法。

第二节　墨家,名家

一、墨家

1. 墨家主要代表人物

墨子(约公元前468—前376),名翟(dí),鲁国人。木匠出身,制造器械的技艺跟当时的著名工匠鲁班齐名。有学者认为由于长年室外劳动,晒黑了皮肤,故称其为"墨";也有人推测木工操作离不开墨绳,故以"墨"冠其名。据说他早年学习过孔子的儒家学说,觉得儒家的礼过于繁琐,特别是厚葬办丧事,浪费钱财,致使百姓贫穷,对国家对人民有害;所以抛弃了儒学,自创一派。一直到战国末年,跟儒学并称为两个"显学",有相当大的社会影响。墨子有众多的弟子,并组织起来,成为一个纪律严明的帮会团体。《墨子》一书记载墨子及其弟子的言论,由他的弟子和再传弟子编辑而成。

墨子像

2. 墨家的主要观点

墨家的主要观点可归结为十大主张:

"兼爱":不分亲疏地相爱。儒家鼓吹的仁爱是第一爱父母,第二爱兄弟姊妹,然后再按师、长等排下去。墨家爱得一律平等,被孟子斥为"无父"。

"非攻":反对战争。当时各国争相兼并,给无论哪一方的人民都带来灾难,墨家要用爱来消灭战争。

"尚贤":推举有德有才的人到官位上,排除出身、地位这些等级因素。

"尚同":统一是非标准,并在统一的标准下赏善罚恶。

"节葬""节用""非乐":在日常衣食住行方面注重节约,节制奢侈的欲望。办丧事提倡不分贫富贵贱,一律用较简朴的棺木,反对守孝期过长而浪费大量时间。墨子还反对儒家繁缛的礼乐和王公贵族的享乐生活。

"非命":反对命运确定一切的说法。贫富、赏罚、寿夭、治乱等都不是命中注定的,可以靠人的努力加以改变。

"尊天""明鬼":墨子把兼爱和非攻说成是天的意志,而天或鬼就充当着赏善罚恶的执行者。

3. 后期墨家的逻辑学贡献

墨子以后,他的继承者有三派,对墨子的学说做了不同的解释和发展。今存《墨子》一书中的《经上》《经下》《经说上》《经说下》《大取》《小取》共六篇文章,论及对自然现象的认识和逻辑知识的探讨;是墨子的某一派后学者们所写,后人统称上述六篇文章为《墨辩》或《墨经》。一般认为后期墨家是战国末期非一人一代的学者。

在诸子百家中,唯有墨家直接从事手工业生产实践,所积累的经验有提升创立为一门学问的要求。

《墨辩》力图用定义法界定一些几何概念和物理概念等。例如:"圜,一中同长也。""景(影),二光夹一光,一光者景(影)也。""梦,卧而以为然也。"

《墨辩》还力图从概念、判断、推理各环节全面总结思维的规律。

它把表达概念的"名"细分为"达"(物名)、"类"(种类名)、"私"(专用名词)。

它还涉及直言判断中的周延与不周延问题:"爱人,待周爱人而后为爱人。不爱人,不待周不爱人;有失周爱,因为不爱人矣。乘马,不待周乘马然后为乘马也;有乘于马,因为乘马矣。逮至不乘马,待周不乘马而后为不乘马。此一周而一不周者也。"

至于推理,《墨辩》概括出"辟""侔""援""推"等方法,类似今天所说的论证、演绎、援引、归谬等说理形式。

在诸子百家中,《墨辩》所创立的这套逻辑科学体系达到了当时最高的抽象程度,是难能可贵的。

二、名家

1. 名家主要代表人物

惠施(约公元前370—前318),战国时代宋国人,做过魏国的相,曾随同魏惠王拜见齐威王,联合魏齐及楚,实行"合纵政策"。他是庄子的朋友,二人做过许多关于论辩的切磋。据说惠施著书五车,但已全都散失。《汉书·艺文志》收录有《惠子》一书,已佚。有关惠施的言行片断散见于《庄子》《荀子》《韩非子》《吕氏春秋》等书中。

公孙龙(约公元前325—前250),姓公孙,名龙,字子秉,战国末年赵国人。曾当过平原君的门客,跟邹衍等阴阳家及儒家做过面对面的争论。现存《公孙龙子》一书只有六篇保存在《道藏》中;其中五篇文章是公孙本人所写。

2. 名家的主要观点

中国古代未能将思维规律的逻辑学和语言规律的语言学划分开来,综合在一起叫作名学。名家以论证某一命题的成立作为自己的成就,当然其中也夹杂着使用诡辩去论证某个假命题,以逞其能干。

惠施持有与庄子类似的相对主义观点,他的著名辩题是"合同异":"大同而与小同异,此之谓小同异;万物毕同毕异,此之谓大同异。"意思是,同中有异,异中有同的情况只是"小同异";万物都有同的一面,也都有异的一面,叫作"大同异"。没有必要去区分同与异,"天地一体也"。

保存在《庄子·天下》那篇文章里惠施的"历物十事"*举出不少同与异既对立又统一的例子:"日方中方睨,物方生方死""南方无穷而有穷,今日适越而昔来","我知天下之中央,燕之北,越之南是也",都是被今天证明很有道理的思辨。

公孙龙有一个辩题取跟"天地一体"相反的极端——世上什么都可以相互分离。他著名的"离坚白"其实是个假命题,他诡辩说:看石头的时候,只感觉到石的白而感觉不到石的硬,石的硬便暂时隐藏了起来;如果这"硬"不附着在任何东西上,天下也有独立存在着的一个"硬"。同样,摸石头的时候,只感觉到石的硬而感觉不到石的白,石的白暂时隐藏了起来而已;如果这"白"不附着在任何东西上,天下也有独立存在着的一个"白"。亚里士多德在《工具论·范畴篇》里总结出十大范畴,第一是实体,其余九大范畴都是属性。属性不能独立存在,显然,公孙龙将"坚"和"白"无效地实体化了。

---

* 历:分别究说事理。

《庄子·天下》也记载着公孙龙相应于惠施"历物十事"的"二十一事",其中也不乏诡辩。比如,"龟长于蛇""飞鸟之影未尝动也,镞矢之疾而有不行不止之时""一尺之棰,日取其半,万世不竭"。

这里看一下古希腊哲学家芝诺(鼎盛年约公元前 464—前 461)提出的四个悖论:

① 有无穷的一半,不能在有限的时间内越过无穷的一半;
② 阿基里斯永远追不上乌龟;
③ 飞矢不动;
④ 一半的时间可以等于一倍的时间。

芝诺的悖论与公孙龙的诡辩如出一辙。百家争鸣,哪怕有诡辩,哪怕有人钻牛角尖,那种好奇欲望和探索精神是科学进步的必要条件。中国汉代以后长期用儒学压制智慧,或把智慧纳入儒学,是造成科学技术停留在经验层次,未能上升为理论知识的原因之一。

公孙龙另一著名辩题是他的"白马论"。"白马非马"的原意指种概念和属概念是两个外延及内涵不等同的概念,二者不能混淆。这一逻辑问题确有细究一番的必要。他的《白马论》说得很清楚:"求马,黄、黑马皆可致;求白马,黄、黑马不可致。使白马乃马也,是所求一也。""白马者,马与白也;马与白,马也?故曰白马非马也。""白马非马"并没有否认白马属于马之一种的逻辑包含关系。文章说:"马固有色,故有白马。使马无色,有马如已而,安取白马?"他讨论的是种概念和属概念不是一回事,并没有否认二者具有上下位关系。只要不是望文生义,或曲解公孙的原意,"白马论"的逻辑求真精神在当时弥足珍贵。

第三讲 儒家经学

第一节 两汉经学的缘起

一、儒家经书

汉武帝罢黜百家,独尊儒术,儒家的六部书便由原来只属于一家的经典,被抬高到统治和支配整个民族精神文化的主宰地位上来了。

儒家六经,本来只称作"六艺",意思是六个方面的专门学问。《史记·滑稽列传》记载:"孔子曰:'六艺于治一也。'《礼》以节人,《乐》以发和,《书》以道事,《诗》以达意,《易》以神化,《春秋》以道义。"后来,《乐》这部书失传,所以汉朝立于学官只有"五经"。

至汉末魏晋之际,加入《论语》《孝经》,变成"七经"。以后,《春秋》和《礼》各一分为三,前者衍为《左传》《公羊传》《穀梁传》,后者衍为《周礼》《仪礼》《礼记》;变成"十一经"。

汉武帝刘彻像

唐代在"十一经"之外又加上《尔雅》,变成"十二经"。

到了宋代,又将《孟子》列为经书,成为"十三经"。

二、今文经学与古文经学的由来

据《汉书·艺文志》记载，武帝末年，鲁恭王刘馀拆毁孔子家的房子，在孔子旧宅的地基上扩展宫室。当拆墙壁时，发现墙的夹壁内藏有许多竹简。它们是《尚书》《礼》《论语》《孝经》等，一共有几十篇之多。跟当时经书的通行本比较，《尚书》和《礼》中的好些篇目是通行本里所没有的，文句也多有出入。从抄录的字体看，通行本用的是汉代流行的隶书，而新发现的古本是用先秦时的大篆和籀文等字体书写的。当时人就把那些古本经书叫作"古文经"，把当时的通行本叫作"今文经"。

认古文经书为经书正宗的学者，形成了古文经学派，刘向的儿子刘歆是这个学派的开创者。他请求朝廷把古文的《尚书》《礼经》《左传》等书一起立于学官，但遭到原先已占据学术要位的今文经学派的排斥。

在古文经尚未发现之时，汉儒们以为他们手中那种用隶书抄录的经书是理所当然的唯一版本。其实，今文经书是从秦代活下来的儒生依据自己的记忆对原先"六艺"的复制。秦始皇焚书坑儒以后，一些儒生逃到山泽岩壁之间隐居起来。他们捧着残余的经书，口耳相传。汉朝建立之后，他们用隶书重新抄录成书，并且出现了一批专门研究其中一部书的专家，形成了一批以名师挂名的儒学流派。董仲舒就是赵国专治《春秋》的一名专家。

三、今文经学与古文经学的区别

今文经学与古文经学不仅是所持经书版本不同，而且对经书内容的解释不同，治学方法也不同。具体表现在以下几个方面：

1. 对孔子角色的认定不同

今文经派认为孔子是政治家，古文经派认为孔子是史学家；跟今文经派奉崇孔子不同，古文经派奉崇周公；今文经派认为"六经"为孔子所作，古文经派认为"六经"为古代史料。

2. 对"六经"的排序不同

今文经派的排序为《诗》《书》《礼》《乐》《易》《春秋》，古文经派则取《易》《书》《诗》《礼》《乐》《春秋》的排序。

3. 互持对版本的排异观

今文经派斥责古文经为伪作。当年孔子后裔、武帝时的谏大夫孔安国献上一批古文《尚书》的文章，但今文经派怀疑是否真的如声称的那样出自孔宅旧墙。

即使古文的《书》和《礼》真的出自孔宅旧墙,但"五经"中另外几部古文版却是各地民间呈献,难保不掺假。古文经派则斥责今文经书是经历过秦火的残留篇章,口耳相传难免有所遗漏,今文经书很难保证文章的完整性。

4. 治学方法不同

今文经派认为孔子另有一批解释经书的"纬书"(其实是西汉人假托孔子之名所作),并在纬书中寻找"孔子的微言"。"微言"就是隐语,含有重大意义却不易察觉的话。古文经派斥责纬书为诬妄,致力于名物、训诂方面的研究。

四、今文经学与古文经学的兴衰

1. 今文经治学法的发端

武帝即位第六年,就采用董仲舒的上书,设长安太学,置五经博士,专授儒家经典。那时经书只有后来才称"今文"的那一种版本,还没有受到古文经书的挑战。董仲舒曾三次应对武帝的策问,用阴阳五行、天人合一的思想对儒学进行发挥,把儒学改造成具有浓厚神秘色彩的神学理论体系,其中糅合了道家、法家、阴阳家等的成分,成就他的一家之言。这种侧重于义理论证的治学目标和治学方法,实际上开创了今文经学派的治学风格和治学态度。

2. 古文经书的挑战

汉成帝时,刘向奉命将各地收集到的旧书加以整理校订,其子刘歆在协助父亲校勘时,发现一部用古文抄录的《春秋左氏传》,觉得左丘明对《春秋》的解释较为公平、正确,想必是左氏见过孔子,所以得其真谛。刘向死后,汉哀帝命刘歆接替父职,刘歆就建议朝廷把《春秋左氏传》,连同同为古文经的《逸礼》《毛诗》《古文尚书》等列于学官。而

董仲舒石像(河北省枣强县)

治《春秋》出身的董仲舒所依据的文本是《春秋公羊传》,后来《春秋穀梁传》也在今文经学派中兴旺起来。公羊高和穀梁赤都是战国时人,二传成书均大大晚于《左传》。然而,因为今文经学派把持着当时最高学术机构的要位,刘歆的建议遭到博士们的反对。刘歆据理力争,非但得不到响应,反而招致朝廷要员的怒斥和指控,吓得他只得作罢,丢下京师的官职,到外地做郡守去了。古文经学碰了壁,

学术领域是今文经学派的一统天下。

哀帝死,平帝继位,王莽打起"复古改制"的旗号,阴谋篡权。时任大司马的王莽把刘歆从外地召回朝中,授予掌管学术的重要职务。于是刘歆便大力发扬古文经学,在古文经书中为王莽改制、篡权寻找理论依据。与此同时,为了推动古文经学占领学术要位,在王莽的支持下,刘歆给每一古文经立以学官,每经的博士及博士所带弟子的名额都有所扩大。古文经学终于确立了它的官方学术地位。

3. 今文经学统合古文经学

王莽闹剧在一场混战中收场之后,政权落入刘秀手中。刘秀建立东汉后,废古文经,举今文经;要求今文博士讲授谶纬。所谓纬书是古文经派不予承认的东西,而所谓谶,是今文经派引申"河出图,洛出书"的神话传说,用从一至十的10个数目组成神奇的图样。据信奉者说,数的命定性对自然和人事都起作用,河图洛书可预测未来的政治。谶纬之学把儒学引向方士、术数一类迷信的道路上去了。由于谶纬的书里埋着"刘秀当天子"一语,所以今文经学深得光武帝刘秀赞赏。

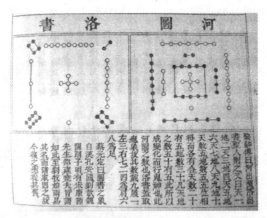

"河图"与"洛书"

但古文经学废而不绝,学者继续在民间注疏、讲授,师徒传承,颇有影响。为了整合今古文两个学派的学说,并给儒学解释国家纲纪、礼仪法制、社会伦理以一个统一的权威的说法,汉章帝建初四年(公元79年),朝廷组织召开白虎观经学辩论会,"讲议五经异同",意在弥合今古文经学的异同。会议由章帝亲自主持,亲自裁决五经经义。会议的讨论结果由班固等人执笔整理成《白虎通义》一书。《白虎通义》的理论框架还是今文经学的,两派经学在名义上取得初步的统一。

4. 古文经学统合今文经学

靠御前会议和官方文件把从董仲舒以来的今文经学观点加以标准化，也就封杀了这一学问的发展空间；谶纬之学又把今文经学引向堕落。相反，古文经派校勘经书，疏通句读，解释名物、典章制度的治学事业正方兴未艾。东汉中叶以后，古文经学学术成就步步辉煌，又出人才，又出成果。其中许慎所著《说文解字》集古文经学训诂之大成；其后的郑玄更堪称为一代经学大师。他把所有的经书注了个遍，包括古文经书和今文经书，成为汉代经学之集大成者。郑玄广采众说，以古文经学为基础，整合今文经学，其灿烂的学术成就使两汉争辩已久的今古文学派之争基本告于结束。

第二节 唐代义疏之学

一、魏晋南北朝经学概溯

1. 魏晋时期经学概况

郑玄经学的直接影响覆盖了汉末至唐代的 800 多年时间，使得古文经学的学风占据优势地位。郑玄注遍群经，是受他的老师马融的影响。马融除了注儒家经书以外，还注《老子》《淮南子》。这股注书之风延续到三国魏晋丝毫不减。其中，郑玄的弟子，三国魏时号称"东州大儒"的孙炎，给多部经书作注，还注了《国语》。他的最大贡献是《尔雅音义》一书，首创反切注音，从此汉字的反切注音法一直盛行，沿用到"五四"时代才遇到其他注音法可以取而代之。

三国魏时开玄学清谈之风主要人物之一的王弼，其最重要的著作是《周易注》。他学贯儒道，用"援老入儒"的方法，以道家的眼光解释原本是儒家经书的《周易》，取得重大成果。《易传》说，太极生两仪，两仪生四象，四象生八卦，又把形而上者称为道。《老子》则说，道生一，一生二，二生三，三生万物。王弼将二说贯通，将《周易》所说世界原点的"太极"指称为老庄所说世界原点的"道"。从老子的"道"，到董仲舒"天不变，道亦不变"的"道"，再到"太极"即"道"，这条推理轨迹最后通往宋明理学（也称"道学"）。董仲舒和宋明理学尚被认为属于儒家一脉，而王弼一派因主要尊"道"，并把可生一生二的"道"说成是"无"，引领一班"以无为贵"的清谈家。这种"无"的本体论显然不属于儒家学说了。尽管如此，唐代编定的"五经正义"，其中《周易》的注本还是选用王弼的。

三国魏另有一位经学家王肃，综合古文经、今文经各学派各家经义，也注遍群经，所注"五经"加上《论语》到晋代立有博士，影响之大可与郑玄传下的"郑学"

相抗衡,形成所谓的"王学"。

西晋的杜预,自称有"《左传》癖",专攻《左传》。他不满东汉贾逵、服虔的解释,立一家新说。在他编撰的多部讲《春秋》的著作中,《春秋左氏经传集解》影响最大,后世收入"十三经注疏"。

2. 南北朝时期经学的特点

南北朝时期在经学领域不见有大家或有分量的创制问世。经学只是作为一门重要的学问分别在南北两方授受讲习。但南北治学风格存在明显的不同——南朝经学不讲究师承家法,北朝则注重师承家法。所谓"家法",指汉以来形成的一种治学风气:名师大家被立为某一经的博士之后,他们对经书不同的解说及看法,各自通过师生教学代代传承。家法的最大分野就是今、古文经两学派。今古文之争在南北朝继续演绎着。北朝师承家法森严,经师如果是今文家,其弟子必定接受师承,采用今文家之说解释经文;经师如果是古文家,其弟子必定采用古文家之说解释经文。与此不同,南朝则不必遵照师承家法的规矩,经师如果是今文家,弟子可兼采古文家之说;经师如果是古文家,弟子也可兼采今文家之说。南朝的做

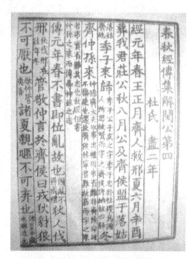

宋代刻本《春秋经传集解》

法有利于博采众长,也省去许多查考师承渊源的无谓功夫;北朝的做法由于受门户之见的限制,导致学问不得不朝纵深发展。南北之学术各呈千秋。

二、唐代义疏之学

唐代实行科举制度,分科考试取士。其中明经、进士二科是隋代沿用下来的,所考内容均在经学范围之内。汉以来经书注本多如群星,考生不能没有统一的经书课本。于是,经书及其解释的标准化问题就迫切需要加以解决了。

唐初,唐太宗敕令统一经书文字,诏训诂专家颜师古校正五经文字。校定的五部经书称"新定五经"或"五经正文",颁布天下,从此就成为五部经书的标准版本,经书文句相舛的情况不容存在了。

文句统一后,进一步的要求就是对经书的解释也要有个统一的说法。太宗进而诏国子祭酒孔颖达,命他负责编撰"五经义疏",取舍评判各家注释,形成官方权威的注释版本。于是孔颖达等人经过比较研究,《易》采用王弼的注,《书》采

用西汉孔安国的传,《诗》采用西汉毛公的传及东汉郑玄的笺,《礼记》采用郑玄的注,《左传》采用杜预的注。孔颖达等人又在前人注释的基础上,再作一番"义疏"。这五部经书的义疏本到高宗时颁布天下,其合称正式更名为"五经正义";从此就成为五部经书解释的标准版本,经义相舛的情况也不容存在了。

在前人注释经书的基础上,再进一步加以"义疏",是唐朝兴起的经学治学新模式。除了孔颖达负责的义疏工作之外,贾公彦疏郑玄所注的《周礼》和《仪礼》,杨士勋疏晋代范宁所注的《春秋穀梁传》,徐彦疏东汉何休所注的《春秋公羊传》。这四部编著后来都被收入"十三经注疏"。

三、义疏之学的后续

随着经书部头数目的层层加码,后加入经书行列的经书及其注本,似乎在等候后人来作疏,以告全套经书皆备注疏之大成。宋代,邢昺再疏三国魏何晏等所注《论语》以及唐玄宗所注《孝经》和东晋郭璞所注《尔雅》等三部,孙奭疏东汉赵岐所注《孟子》。南宋以后,这套"十三经注疏"开始合刻,明代刊印发行。

第三节 清代经学一波三折

一、清初顾炎武"经世致用"

宋明理学及其后来的陆王心学,有人称之为"新儒学";它离郑玄代表的汉儒以经书章句为出发点的治学风格实在相差太远,实际上跟今文经学的方法是相近的。今文经学一旦像这样走到了极致,纠正经学偏差的角色必定又落到古文经学身上。

顾炎武是明朝遗民,参加过抗清斗争。他痛恨王阳明这种大儒远离经书章句而游谈无根,认识到明朝覆亡的思想原因跟空谈心性,不务实事有关。因此,他"以复古作维新",试图扭转空疏不学之风,提倡"经世致用"之学。"经世"就是"治世"的意思,应当研究对治理社会有实用价值的学问。顾炎武标榜"舍经学无理学",研究儒学还是要从细读经书出发,不能像以道学家为代表的宋儒那样束书不观,夸夸其谈。他崇尚训诂、考证等朴实的学问,为清代经学开创了多种治学途

江苏昆山顾炎武墓(秦筱筠摄)

径。他自己在历史地理学和音韵学方面成就突出,如考订古音,阐明音学源流,分析《唐韵》,分古韵为十部,均具有里程碑的意义。

在顾炎武治学方向的影响之下,阎若璩广征博考,确证东晋梅赜所献《古文尚书》为伪书;《四书释地》一书校正前人关于古地名附会的错误。胡渭则扫除宋儒《易》说之谬见,《易图明辨》考订所谓"河图""洛书"之误。他的《禹贡锥指》,用搜采来的方志、舆图,阐释《尚书·禹贡》,把"九州"的地域分界及山水脉络的沿革变化,详加说明。阎、胡二氏的学术成就开了乾嘉考据学的先声。

二、乾嘉考据学

乾嘉考据学的兴旺有经学内外的原因。内在原因就是顾炎武以来对宋明理学空疏学风的反拨,经学之外的原因是清朝大兴文字狱,义理之论稍有不慎会招来杀身之祸,不如显身手于地理、训诂一类的考证辨伪之中,踏实校订,为学术而学术。清中叶起,出现"汉学""宋学"一对对立概念;把崇尚郑玄一派汉儒,以实事求是的态度考辨地理、名物、制度、训诂的,标榜为"汉学";为了区别于汉儒的古文经学,清代汉学又称为"朴学",意谓"质朴的学问"。程、朱、陆、王的"心、理、性、命"之学则被称为"宋学"。

乾嘉考据学在发展中形成吴派和皖派两个代表流派。吴派学者以惠栋为奠基人。他广博搜集汉儒经说,加以编辑考订。他撰写《古文尚书考》,辨析证明伪《古文尚书》实出自晋人之手。他的《九经古义》讨论古字古义;另有《周易述》《易汉学》,专对王弼之前《周易》的经义加以说明。

吴派学者还有钱大昕等人。钱大昕将音韵研究细化到声母上,证明古声母没有轻唇、重唇和舌头、舌上的区别。《廿二史考异》用考证方法研究史书。乾嘉开创的新学风之一是考证对象从儒家经书延伸到其他古籍和史料上来。

戴震(杨春瑞绘)和《孟子字义疏证》(清刊本,中国社会科学院哲学研究所藏)

皖派学者以戴震为首。他的《孟子字义疏证》从训诂入手发挥义理,批判宋明旧儒的"道、气、情、理"观。戴震精通文字声韵,著有《声韵考》《声类表》《方言疏证》等。

皖派学者还有戴震的学生段玉裁,他的《说文解字注》是文字训诂学的重要文献。世称"高邮王氏父子"的王念孙和王引之,分别撰写《广雅疏证》和《经传释词》,达到很高的训诂学成就。

乾嘉学派给我国的古籍整理及近现代的文字学、语音学、历史地理学等学科奠定了扎实的基础。

三、今文经学的复兴

嘉庆、道光年间,以刘逢禄为代表的学者重拾董仲舒、何休的今文经学说,治《春秋》则专崇公羊,排斥《左传》,贬损刘歆。正当考据学暴露出其支离繁琐、舍本求末的弊病之时,清廷内政外交危机四伏。主张改革的人士又觉得考据学者钻在故纸堆里于时局无补,要发挥今文经书里的微言大义,寻找改革的依据。

鸦片战争前后,龚自珍提倡"通经致用"的今文经学。从清初顾炎武为了"经世致用"而倡导汉学,到清后期龚自珍等为了"通经致用"而重拾今文经学,经学在清代经过一番否定之否定,但内涵绝不重复。顾炎武见清人取代汉族的朱明王朝,发出"天下兴亡,匹夫有责"的呐喊,认为再空谈心性必继续误国误民;所以倡导埋首经书古籍,保存汉民族的文化遗产,以示不臣清室。龚自珍面对的是国家内

康有为像

忧外患的新危局,觉得考辨一字之得失不是最紧要之事,有识之士应提出制度改革的要求,而今文经的《春秋公羊传》一向有"托古改制"的传统。属于这一派的著名人物还有《海国图志》的作者魏源。

广东南海县康有为故居
（俞金发摄）

维新派领袖康有为继续从今文经学中发现变法的理论和理想。他在《大同书》里把公羊"据乱世""升平世""太平世"的"三世"之说和《礼记·礼运》关于"小康""大同"的思想结合起来,宣传人类社会的发展进程,作为维新变法的理论根据。康有为给经书的义理注入了近代世界性的观察眼光,这是以往经学的任何一个学派前所未有过的。

四、经学治学方法对后世的影响

今文经学注重义理的阐发,所以被称为"义理之学";古文经学注重文句的解释,所以被称为"章句之学"。前者又被称为"大学";后者又被称为"小学"。它们各有千秋,用现在的眼光看,两派的学问其实属于两个不同的门类。"义理之学"属于社会哲学和政治哲学理论体系的建立和创新,以论证某一主义的精髓;"章句之学"属于文字学、考古学、历史事件考证等细节的研究,以还原历史的真实。二者都是社会科学研究领域不可或缺的方面。

第四讲 佛学

第一节 佛教在中国的概况

一、两汉之际传入中国

中国向有"九流三教"之说。九流,指《汉书·艺文志》所列儒、道、阴阳、法、名、墨、纵横、杂、农、小说等十家,而所谓"小说家不入流",就剩下"九流"。

三教,指儒教、道教、佛教;儒学原不是宗教,但后来被宗教化了。隋代学者王通说的"三教于是乎可以一矣"就指这三者。可知佛教这一外来文化在历史上早已成为中国文化不可分割的一部分了。

古代又简称"佛学"为"释",这是因为佛教的创始人叫释迦牟尼,其实,"释迦"和"牟尼"分别是两个梵文词,意思是释迦族的圣哲。其人姓乔答摩,名悉达多,大体相当于中国孔子时在世。他生于古代迦毗罗国(今尼泊尔境内)。印度孔雀王朝第三代国王阿育王(即无忧王,约公元前273—前236)把佛教徒派往斯里兰卡、缅甸等地,佛教从此变为世界宗教。

佛教于两汉之际传入中国。据说东汉明帝有一天做了一个梦,梦见白马驮经像自西方而来,便遣使者去西域求取佛法。公元67年下令修建白马寺,以纪念这件大事。其实,早在西汉末年已有佛经传入,时间约在哀帝元寿元年(公元前2年)前后,只是在民间传播,未受朝廷重视而已。

佛教在东汉开始在宫廷和贵族层面流传开来了。

二、中国接受佛教思想的原因

1. 战国时期出现的神仙思想，给接纳"彼岸世界""灵魂不死"的宗教基本观念提供了基础。

所谓神仙，指长生不死的人；而信奉神仙之说，追求长生不死之道的人叫"方士"；声称能帮秦始皇去海上仙山寻找长生不老之药的徐福，就是这样一个方士。他们把装神弄鬼，修道寻药，察看风水，占星算卦之类的技能称之为"方术"。然而再高超的方术也造不出真正的活神仙。佛教的"西方极乐世界""灵魂轮回"之类成系统的理论，给神仙之谜送上了答案。

两汉兴起的谶纬，实际上也有方术的成分在内，是经学与方术的合成；经学因此而声名衰败；于是经学内有古文经学来挽颓救危，经学外则索性接受外来佛教的神学理论了。

2. 佛教的"本体空"正好契合玄学的"本体无"

魏晋玄学抓住老子"有生于无"的话大加发挥，提出"无"是世界本体的观点。正巧，宣扬"四大皆空"的佛教，它的世界观是"本体空"。"空"与"无"意思相近，都是"有"的反面，都否认物质世界存在的真实性。这样使得国人对外来的佛教并没有产生陌生感。

历史上有老子出关西走，不知所终的记载。有好事者把佛教东渐跟老子出走联系起来，说"老子入夷狄为浮屠"，编造出《老子化胡经》一书，让国人对佛教更添几分亲切感。

三、大乘八宗

大约公元1世纪，佛教中逐渐形成一个新的教派，取名为"大乘"的教派。"大乘"意思是大车、大路；那么持原来教义的教徒就变成"小乘"教派了。小乘以追求自我解脱为主，其教义好比一种小车，通过小路可运载信徒到达阿罗汉果；而大乘标榜"普度众生"，用大车通过大路可运载信徒到达佛果。按大乘教派的说法，阿罗汉果低于佛果。

隋唐时期，所谓的"大乘八宗"相继创立；八大宗派以大乘为主，构成中国佛教的思想体系：

三论宗。把大乘派的《中论》《十二门论》和《百论》作为研习的经典，故而得名；着重阐发诸法性空的理论，又称"法性宗"。由隋朝的吉藏创立。这一宗派的真、俗"二谛"的理论认为，万物实体空无，现象则"假有"。唐贞观年间，由吉藏的弟子高丽僧人传入日本。

唯识宗。出于古印度大乘派的瑜伽宗。主张"万法唯识",故而得名。创造一套精密的理论来证明一切客观事物(法)只是因为有人的心理活动(识)才产生种种表现(相),故而又称法相宗。由唐朝玄奘及其弟子窥基创立。这一宗派认为"识"才是唯一的真实存在,用唯识的观点可以洞察万物,体认真如(即绝对、永恒的真理),修行者便可以将认识提升为智慧而成佛。日僧道昭受教于玄奘,后传入日本。

天台宗。因在浙江天台山创立而得名。其理论依据是《妙法莲华经》,简称《法华经》,故又名"法华宗"。创始人是隋朝的智𫖮。这一宗派认为,"一切诸法,皆由心生";"一念三千",即世界万有皆心之一念的产物;以及"一切众生,皆有佛性",主张教义与禅定都应修行。唐贞元末,日僧最澄来华修习,后传入日本。

华严宗。把《华严经》作为立论依据的经典,故而得名。由唐朝的法藏创立。这一宗派认为,"尘是心缘,心为尘因。因缘和合,幻相方生"。心是万象世界的本原,一切事物现象只是机会条件的派生。唐开元间,由日僧道璿传入日本。

净土宗。宣扬信徒不必参禅通经,只需内心虔诚,一心称念"南无(nāmó)阿(ē)弥陀佛",就有希望被阿弥陀佛接引"往生"西方"净土",故而得名。理论依据主要取自《阿弥陀经》《无量寿经》《往生论》等,由隋唐间道绰及其弟子善导创立。由于修行不拘形式,简便易行,中唐以后曾广泛流行,信徒遍布各阶层,不可胜数。南宋时有日僧法然根据善导《观无量寿经疏》的教义,创立日本净土宗。

律宗。因研习和宣扬《四分律》而得名。唐朝道宣创立。《四分律》原属小乘典籍,然而道宣却用大乘教义加以融会贯通,从戒法、戒体、戒行、戒相四个部分加以阐述,并制定授戒仪制,在终南山创建戒坛。唐朝扬州律僧鉴真,应邀东渡日本传戒,成为日本律宗的创始人。

密宗。源出于古印度佛教中的密教,故而得名。唐开元年间由印度僧人善无畏、金刚智、不空三人传入中国。奉《大日经》和《金刚顶经》为经典,把大乘的繁琐理论运用到简化通俗的祈祷诵咒方面,认为只要口、身、意"三密相应",便可"即身成佛"。日僧空海来唐受业于不空的弟子、长安青龙寺惠果,回国后取三密之一为"口诵真言",创立日本真言宗。

大雁塔(陕西西安大慈恩寺)

禅宗。以专修禅定为主,故而得名。禅,梵文 dhyāna 的音译"禅那"的简称,"静虑思"的意思,中译又双音化作"禅定",为佛教的一种修行方法:静心打坐,专注一境,弃却杂念,明净见性。南北朝时由天竺僧人菩提达摩来华传授禅法而发端,衣钵传至第六代弟子惠能*,所作《六祖坛经》,号称中国人著的佛教"经书"。这一宗派主张不立文字,教外别传,以心传心,见性成佛。由于禅宗无需研习艰深繁琐的佛教哲学,修行方法简便,因此得到迅猛发展;以至成为中国化佛教的代表。

第二节　中国佛学的发展

一、佛学思辨的理论扩张

1. 早期佛学理论散篇

相传东汉末太尉牟融所写的《理惑论》,是我国最早的佛教著作之一;呈单篇形式,后被南朝齐梁间佛教学者僧祐收入《弘明集》中。文章针对社会上对传入不久的佛教的许多疑难、不解、困惑,援引孔子、老子的言论,用儒家、道家的观点,一一予以解答或反驳;以证明佛教与中国的传统思想并不相悖。

《理惑论》采用对话问答的形式。现摘录一段,以见一斑:

> 问曰:何以正言佛,佛为何谓乎? 牟子曰:佛者谥号也,犹名三皇神、五帝圣也。佛乃道德之元祖,神明之宗绪。佛之言觉也,恍惚变化,分身散体,或存或亡,能小能大,能圆能方,能老能少,能隐能彰。蹈火不烧,履刃不伤,在污不染,在祸无殃,欲行则飞,坐则扬光,故号为佛也。

像这样一问一答共三十七段,据说是佛经要有三十七品("品"相当于一般汉语著作的"章"),因此凑满这个标准数。

《理惑论》是写给国人看的佛教入门之作,属于普及宣传一类。这是佛教文章的初始之作。晋人慧远的《明报应论并问》也是同一类文章。

晋人僧肇的《般若无知论》、唐人湛然的《金刚錍》等文的内容,已就佛教教义内部的某一点展开论述了,带有佛学的专门性。

僧肇像(杨春瑞绘)

---

* 惠能,一作慧能。

2. 中国佛学的鸿篇巨制

南朝梁陈间,僧肇生前的著作被收编成集,书名《肇论》;这还是一部个人文集,不是鸿篇巨制。长篇论著出现在隋代,从此中国历史上有了"一文即一书"的大书。篇幅不单单是个字数的问题,它能反映作者理论系统的规模,逻辑推理的深广程度,以及论说框架的建构能力等。中国古书的体制是若干章组成一篇,若干篇组成一书;诸子论著跟抒情短诗集《诗经》取同一编辑模式,不利于理论论述的层层展开,凝练有余而挥洒不足;所以诸子的言论都呈论断形式,警句箴言,吉光片羽,不追求思路条理的完整性。佛教典籍的传入,让当时的中国思想理论界大开眼界,理论体系的构筑规模有了恢弘庞大的先例和样板。

佛教经典的目录学分类有三:经藏、律藏、论藏,合称"三藏"。其中论藏专收佛学论著;和经、律一样,颇多鸿篇巨制。如大乘论书《大智度论》([印度]龙树著,鸠摩罗什译)竟达一百卷之巨。这是中国人不曾见过的论著规模!同时,对一部原版佛学论著的翻译,实际上是译者对原著思路的一次巡礼。如僧肇的师父,我国著名佛书翻译家鸠摩罗什(344—413,本籍天竺,西域龟兹出生)翻译的小乘论书《成实论》共十六卷,译稿结构松散,篇章不分。他的弟子昙影便拿来按照文义重新分段,划为"五聚"(即五个部分):发聚、苦谛聚、集谛聚、灭谛聚、道谛聚。发聚序说纲要,其余四聚为本论,共计二百零二品。像这样经过一番对长篇论文的再编排,不能不说是对整理者论述思路的一次深刻锻炼。而大量长篇论著译文的广泛传播,对研读者思维的影响不会亚于罗什、昙影之辈,加之印度因明学随佛经一起传入,可能萌动中国人用繁琐哲学壮大思想体系的理论野心。《法华玄义》和《摩诃止观》就是这种倾向的产物。

隋代,中国历史上第一个佛教宗派天台宗的创始人智𫖮及其弟子灌顶,一个口述,一个笔录整理,写出所谓的"天台三大部":《法华玄义》《摩诃止观》和《法华文句》。三大部各有十卷,每卷内又各分上下卷,号称各二十卷。其中《法华文句》以注释词句的面目出现,不能体现注家(作者)本人的论证架构。而《法华玄义》则摆脱了《妙法莲华经》原著行文的牵制,完全依照作者自己的心得理解,统筹安排论文的组织结构,自成系统地阐述对《法华经》精神要义的一家之见。全书分"七番共解"和"五重各说"两部分。七番共解即用标章、引证、生起、开合、料简、观心、会异等七科,通解"五重玄义"。五重各说即就"五重玄义"一重一重地分别详细解释。

另一部二十万言的大作《摩诃止观》先以较短的篇幅交代"圆顿止观法门"(修行方法)的师承脉络,进而从"序"转入"正说"部分。"正说"计划写十章,依次为:大意、释名、体相、摄法、编圆、方便、正规、果报、起教、旨归。不过从第七章

"正规"的后半开始,三余章内容未予完成。该书在理论上着力调和北方佛教所重的禅定("止")和南方佛法所重的义学("观")两种倾向,论证"止""观"统一,主张"止观双修"。

二、禅宗一派一枝独秀

1. 禅宗艳压群芳的原因

中国人崇尚实用理性,儒家学说就是一个典型。那些无关日用的、抽象的、繁琐的理论,他们不感兴趣。比如法相唯识宗,通过繁琐的心理概念分析,论证客观世界不过是人的主观意识的派生物,从而否认物质世界的真实性。它除了沿用眼、耳、鼻、舌、身、意等六识(具有见、闻、嗅、味、觉、知等辨别作用)与外境直接联系外,还提出第七识(末那识),能够起思考作用,是连接前六识和第八识(阿赖耶识)的纽带。第八识意为"根本依",是前七识的共同依据,它包藏着形成外境的有漏种子和佛性种子(无漏种子)。只有从根本上消除有漏种子,才能免于轮回之苦,使无漏种子通往佛国。玄奘在印度参加大辩论,利用《唯识论》这一套思想武器战败论敌,载誉而归。后来他把"唯识论"一套在国内照搬出来,结果是对牛弹琴。法相宗只流传三十多年就衰落了。

佛教是世界宗教中经书最多的宗教。基督教只一部《圣经》,伊斯兰教只一部《可兰经》(一译《古兰经》),而佛教的经书可充斥"经藏"一库。浩繁的佛经跟简易的实用理性在中国人面前显示出巨大的反差。禅宗就在这时站出来否定佛学的繁琐哲学,广受中国人的欢迎。它艳压群芳,一枝独秀,以致"禅"最终变成中国佛教的别名。

2. 惠能与《六祖坛经》

禅宗自初祖菩提达摩以来,传到第五代便是唐朝的五祖弘忍。弘忍有得意门生神秀和惠能。一天,他叫弟子们各做一偈(讲解佛经的韵文)来考考他们对禅的见解。神秀写道:

身似菩提树,心如明镜台。时时勤拂拭,勿使惹尘埃。

惠能读罢这首偈,旋做一首反唇相讥:

菩提本无树,明镜亦非台。本来无一物,何处惹尘埃?

惠能见解透彻:人人皆有佛性,凡俗身心本来空有;悟道成佛者有何尘埃可染?于是弘忍将衣钵传给惠能,惠能当上禅宗六祖。

唐高宗仪凤元年(676)惠能在广东曹溪宝林寺讲法,韶州刺史韦璩命惠能的弟子法海将其话语记录下来;这个记录本就是著名的《六祖坛经》。

《坛经》先交代该书缘起,随后,惠能从自己的身世说起,讲述参学佛法的经历,阐发禅宗"顿悟"的教义。中国的佛教著述称之为"经"的,就此一部。同时惠能成了中国禅宗的实际创始人。神秀一派盛行北方,主张"渐修",称"北宗";惠能一派盛行南方,主张"顿悟",称"南宗"。中唐以后,惠能的弟子神会等人在辩论中击败北宗,获取禅宗正统地位。而这部由别人记录,带语录性质的《坛经》,不料开禅宗语录一发不可收的先河。

3. 从《古尊宿语录》到《五灯会元》

禅宗标榜"不立文字",但是人毕竟是语言的动物,禅宗不写佛学专论,却产生出一大堆另类的禅学文字——语录,语言就这样给禅宗开了个大玩笑!

宋代,随着一位又一位禅师的语录大量出现,产生了集众多禅师语录之大成的综合性汇编。宋僧赜藏主集辑的《古尊宿语录》四十八卷就是一部最具代表性的编著。佛门称僧众中德尊年长者为"尊宿"。该书收录上自惠能的弟子南岳怀让,下至南宋佛照禅师,总共四十余家唐宋禅师的言论,既录散体的口语,也录韵文的偈颂;还有禅师简历、塔铭等。

"语录"还记禅师简历,以后就发展成一种新的体裁——以传记形式收录禅师一生的重要言论,此种文章体裁为禅家所独创,叫做"灯录"。

北宋景德元年,东吴道原编撰《景德传灯录》三十卷,开禅宗一系列"灯录"的先声。尔后,北宋李遵勖的《天圣广灯录》、惟白的《建中靖国续灯录》、南宋悟明的《联灯会要》、正受的《嘉泰普灯录》等纷纷仿效,"灯录"的阵容愈发壮大。南宋淳祐年间,灵隐寺的普济把上述五"灯"删繁综缀,撷取精要,编集《五灯会元》二十卷。"灯录"按照禅宗的师承法嗣的源流脉络编列章次,每位禅师列一单篇,每篇记该禅师的简历与语录。所以说,灯录的文体介于传记与语录之间。由于编排原则相当于世系宗谱,因此可以看作是禅宗的一种修史方法。"灯录"的字面意思正是如此,是"传灯录"的简称。道原宣称:灯能照暗,祖祖相授,以法传人,譬犹传灯。"灯灯相续,派别枝分,同归一揆"。也就是禅宗思想发展史。

三、中国佛学与中国传统思维

1. "不立文字"和"言不尽意"

照禅宗的说法,不立文字的原因是"如人饮水,冷暖自知",自己感觉到的冷暖程度是无法用语言传递给对方听者的;也就是说,语言有其局限性。感觉,只能自我体验,你要知道梨子的滋味,只能亲自尝一下,在感性认识范围内的确这样。然而,禅宗把这一信条不当地扩大运用到理性认识领域,主张依靠直觉,不借助语言工具,就可懂得深奥的道理。那种所谓的不经推理过程顷刻间变得明白一切,惠能称之为"顿悟"。

关于语言的局限性,庄子曾提到过,所谓"大辩不言",也即无言胜有言。托名孔子所作的《周易·系辞》也说:"书不尽言,言不尽意。"这一命题后来被魏晋玄学家加以发挥,一时成为流行思潮,以致陶渊明作出"此中有真意,欲辩已忘言"的诗句。禅宗接过在中国早有端倪的神秘主义认识论,把它作为否定繁琐哲学的武器。不通过语言,怎么"以心传心"呢?办法是"棒喝"。"德山棒,临济喝"*;声名在外!读《镇州临济慧照禅师语录》,看看这位名师是怎么教习佛法的:

> 上堂,僧问:"如何是佛法大意?"师竖起拂子,僧便喝,师便打。又僧问:"如何是佛法大意?"师亦竖起拂子,僧便喝,师亦喝。僧拟议,师便打。师乃云:"大众,夫为法者,不避丧身失命。我二十年在黄檗先师处,三度问佛法的大意,三度蒙他赐杖,如蒿枝拂着相似,如今更思得一顿棒吃,谁人为我行得?"时有僧出众云:"某甲行得。"师拈棒与他,其僧似接,师便打。

这就是以棒喝代言传,以心传心的滑稽场面。

2. "遮诠"和以禅喻诗

禅宗有所谓"超佛越祖之谈"。佛祖的话千言万语总是有限的,但它的深意是无限的,学法者应该领会话里的话,而最深刻的意思也只能让人们去心领神会,是难以靠语言表达的;也就是老子"道可道,非常道"的翻版。那么用什么办法做到"不道之道"呢?禅宗发明"遮诠"一法。如果画一个月亮,可以用白色涂个圆,这样直接的画法叫"表诠";也可以用黑色把不是月亮的地方都涂黑,月亮也会被画出来,这种不着墨在目的物上的间接画法就是"遮诠"。把不是中心意思的话都遮住,那么中心意思自然表露出来了。那种意在言外的对答,禅宗称为"机锋"。

把"遮诠"用在理论思辨方面肯定是牵强的,但却符合文艺原则。文艺用典型让人见一知百,思想永远大于形象。中国诗一向讲究含蓄,实际上就是只吟出能触发人们感想和联想的诗句,供读者自己去感想和联想,据此领会到诗人想要抒发的情感。南宋严羽的《沧浪诗话》以禅喻诗,强调"妙悟"和兴趣,批评以理为诗的弊病,对诗歌的艺术特点极有见地。

3. 繁琐哲学和形上思辨

中国古代只有《墨辩》对论证规律做过逻辑学的探讨。它把推理的种类概括

---

* 德山,即德山宣鉴(782—865)。临济,即临济义玄(?—867),谥慧照禅师。

为辟、侔、援、推，等等。甚至名家也缺少理论概念的建设，"白马非马"只是实例，而不见抽象的定义表述。逻辑学的不发达和不重视，造成形而上思辨的不发达和不重视。佛学和印度因明学的传入，促使中国思想界情况发生改观，最终形成宋明理学哲学思辨的高峰。

借助哲学工具来构筑神学的理论大厦，大抵基于对世界本体问题的论证：诸如两重世界（神界和物质世俗世界）、本质与现象、永恒与时间、灵魂与肉体、善恶与救赎等方面的论题，对真与假、动与静、虚与实、死与生等做出跟世俗截然相反的判断。尽管从根本上说，那些论述都从预设的虚假前提出发，得出歪曲的结论。但是为了使论证能够貌似成立，自圆其说，并表现出强劲的说服力，神学论者设计了一整套概念术语，对论证过程做繁琐化处理，客观上却使人类的思维得到某种程度的操练。所以，用历史的眼光观之，神学学说对正确思想的产生有过反相刺激作用，对民族思维的精密化有积极影响。中国的神学思维操练来得相对晚了些，而且是在外来刺激下发生的。

4. 古白话给思想松绑

语言是思想的直接现实。当原有的语言格局无法容纳新的思维内容、新的思维方式的时候，语言就会适时调整，出现新的面貌。五四新文化运动提倡中国接纳科学、民主两位先生，伴随的是语言文学的白话文运动。接纳佛教文化虽然无法跟近代的五四同日而语，但中国的书面语还是产生了变化，并且如果没有佛教文化促成的古白话，五四的白话文就会从零起步，现代汉语可能是另一番模样了。

宣讲佛经时要讲佛教故事。南北朝时期出现所谓的"经变"，就是把故事画出来给观众看，解说词如果是偈颂，就改编成"变文"，类似说唱文学；解说词如果是散体文，就是"俗讲"，俗讲的底本叫"话本"。宋代有作家用话本的形式写小说，古代长篇白话小说由此演变而来。

禅宗语录也是用白话记录的。上引临济"棒喝"一段，读后可见一斑。更有意义的是，白话文影响到宋明理学诸大家的写作。

另外，汉语吸收大量佛教词语，丰富了思维所需的概念。如现今常用词"世界""现在""觉悟""心田""苦言""妄言""平等""真实""昏沉""无我""降伏""功德""方便""功课""圆满""契合""刹那"，等等，都来自佛教。

做个类比：音乐方面，中国上古只有五声音阶；乐器主要是钟、鼓。随着佛曲从西域传入，音阶增至七声，和现代的七声音阶基本相符；乐器引进了弦乐。可以想象，唐代大曲跟中原古曲相比，悦耳程度不知高出多少。语言方面，增加了不少双音节词（来自佛教），又用上白话进行写作，当时国人的思维模式较前有所松绑。

第五讲 宋明理学

第一节 程朱理学

一、"道学宗主"周敦颐

宋代兴起的理学又称道学,周敦颐被视为理学的奠基人。

周敦颐的学说是从图解太极发起的。他的《太极图说》解说他所画的《太极图》,进而又著《易通》一书给予进一步的阐述和发挥。其基本要点是"阴阳一太极,太极本无极"。"无极"的概念借自《老子》书中。

道学家笔下的"道"字,跟孔子、孟子说过的概念不同。《论语·卫灵公》里"直道而行"的"道"也好,《孟子·梁惠王》里"王道"的"道"也好,都指一贯的思想或道理,可以言说,可以学习。老子的道与此不同,是一个独立于世界之上的绝对的抽象物,深奥得无法言说。董仲舒的"天道"已经有"自然律"的含义了,周敦颐开始深入寻找哲学原理加以论证。他接过了王弼援引老子"有生于无""以道解《易》"的思想成果,推导出"无极生太极"的结论。

跟魏晋玄学不同,玄学家主要致力于论证本体"无"的正确性,而周敦颐对于"太极"的思考不为了探究世界的本原,而为了给社会伦理配以天经地义的神圣理论根据。他得出论断:"圣人与天地合其德,日月合其明,四时合其序""立人之道曰仁与义"。这样就把孔孟的仁义天道化了。

跟董仲舒的今文经学也有所不同,董仲舒主要倾向于阐发天道和国家政治之间的感应关系,周敦颐则着重关注于个人品德。他说,人"形既生矣,神发知矣,五性感动而善恶分,万事出矣。圣人定之以中正仁义(圣人之道,仁义中正而已矣*),而主静(无欲故静),立人极焉"。

(一)道生太极,(二)道合人伦,(三)圣人之道;以上三点显示出周敦颐开创的"新儒学"初始即具的特征。

显然,这是对儒学经义的新发挥,属于今文经学一派的风格。唐宋两朝——钦定经书的义疏,封杀了古文经学继续发展的空间。经学不得不另辟蹊径,回到今文经学一边老路上走新步了。

二、"河南二程":程颢、程颐

程颢(1032—1085)和程颐(1033—1107)系兄弟二人,久居洛阳,讲学于洛阳,所以其学派时称"洛学"。著作收入《河南程氏遗书》等,二人的全集合编为《二程全书》。

1. 理就是道,是宇宙本体

二人就学于周敦颐,以"圣人之道复明于世"为己任,为北宋道学的创建起到决定性的作用。

二程发展了周敦颐的思想,拈出"天理"(简称"理")这一概念作为哲学的最高范畴,宇宙的最高本体。程颢称:"吾学虽有所受,'天理'二字却是自家体贴出来。"二程说:"理便是天道也。"之所以另用一"理"来指称"道",就是要特别强调它先于宇宙,独立于宇宙,是永恒存在,亘古不变的绝对本体。

2. 最高之理与万物之理

最高之理是无形的、抽象的,世间万物中的理同样也是无形的、抽象的,万物之理是最高的唯一的理的分别显现。二程说:"天下物皆可以理照。有物必有则,一物须有一理。""万物皆是一理,至于一物一事虽小,皆有是理。"

有形物不是理,而是气。二程兄弟的表叔张载是一位持"气"一元论的哲学家。但二程跟他看法不同,认为"理在气先",有理才有气的出现;就是说,理是第一性的,气是第二性的。理是道,气是器。因为汉语"气"的词义义项有的无形(如:浩然正气)有的有形(如:人体呼气吸气),所以二程认为"气"不可充当"寂然无体"的道的角色。

3. "格物穷理"的认识方法

说宋明理学是我国历史上发展较为成熟的哲学,原因之一是它考虑到本体

---

* 文中作者自注,本段下同。

论和方法论的配套。用什么方法可以认识世界的本质是理呢？二程给出的答案是"格物穷理"。

《大学》指出："致知在格物。"程颐解释说："知者吾之所固有，然不致则不能得之，而致之必有道，故曰'致知在格物'。""'致知在格物'，非由外铄我也，我固有之也。因物有迁，迷而不知，则天理灭矣，故圣人欲格之。"这是基于性善论的先验论，认为人的知识由人内在所自生；之所以还要向外"格物"，是"因物有迁"的缘故。"格物"之后，原有的天理又回到心上来了。

物有千万种，怎么"穷理"呢？程颐说："格物穷理，非是要尽穷天下之物，但于一事上穷尽，其他可以类推。"又说："穷理亦多端：或读书，讲明义理；或论古今人物，别其是非；或应接事物而处其当，皆穷理也。"二程还说："格物之理，不若察之于身，其得尤切。"他们不是在说通过各种途径吸取知识，而是说拿自身去观照、体认客观事物，以启发、光大与生俱来的"良知"（正确知识）。由于理的同一，可以举一反三，以少知多。

4. 天、人合为一个理或道

既然客观事物诸理都可反求于人，那就泯灭了主观和客观的界限，物我同一，天人合一。不过二程认为只有理才统摄天人，程颐说："在天为命，在人为性，论其所主为心，其实只是一个道。""天人本无二。""性之自然者谓之天，自性之有形者谓之心，自性之有动者谓之情，凡此数者皆一也。"程颢说："天者理也。""只心便是天，尽之便知性。""一人之心即天地之心。"天、命、心、性、情，都是这个理的变体。

跟天理对立的，是"人欲"。如果被人的私欲牵累或蒙蔽，天性良知就会丧失。他们说："视听言动非礼不为，即是礼，礼即是理也。不是天理，便是私欲。……无人欲即皆天理。"把天理和人欲人为地对立起来，不适当地否定人生正常的物质需求。

"灭人欲而存天理"，对妇女的要求就变成"饿死事极小，失节事极大"了。

三、理学之集大成者朱熹

朱熹（1130—1200），字元晦，号晦庵，祖籍徽州婺源（今属江西省），生于福建南剑（今南平）尤溪县。他著述甚丰，有《四书集注》《四书或问》《周易本义》《太极图说解》《通书解》《诗集传》《楚辞集注》《近思录》等，后人替他编辑的有《朱子语类》（140卷）、《朱文公文集》（100卷，《续集》11卷，《别集》10卷）。

朱熹继承、发展二程理学，同时汲取和融会周敦颐、张载等人的学说，以孔孟道统为主旨，构筑起博大精深的理学体系。

1. "无极而太极"

朱熹哲学体系的框架取自周敦颐《太极图说》所奠定的思路,首先须辨明太极与无极之间的关系。《太极图说》原文首句就提出"自无极而为太极",有的版本为"无极而生太极"。周敦颐吸取老子"天下万物生于有,有生于无"的思想,以太极对应"有",以无极对应"无";无极生太极,太极生万物,这样可解释世界的本原以及从本原出发的物质世界的形成;从根本上给出道学世界观最明确的答案。

朱熹把《太极图说》首句校订为"无极而太极",意为无极就是太极,太极是无极的别称,二者是同一个东西,不是先有无极,再有太极;也不是二者叠架。他解释说:"'无极而太极',犹曰'莫之为而为,莫之致而至'。又如曰'无为之为'。皆语势之当然,非为别有一物也。"《太极图说》文中还说"太极本无极也",周敦颐的本意是太极以无极为本,亦即无极是太极的根本。由于朱熹改了首句,下文的"太极本无极也"随之变成"太极本来就是无极"的意思了。

朱熹的发明从根本上给出道学世界观的最圆满的答案。太极即无极,所以太极无形,太极生有形的万物,但它本身不是万物之一;太极既是有,又是无,大有则无。

2. 理、气二元论

在理、气关系问题上,二程已经否定了张载的气一元论。朱熹继承二程关于理是最高范畴的观点,从而进一步论述二者之间存在道和器的关系,二者相互依存,缺一不可。

他说:"天地之间,有理有气。理也者,形而上之道也,生物之本也。气也者,形而下之器也,生物之具也。"朱熹肯定气是构成万物的材料,但不是世界的最高本原。

他又说:"天下未有无理之气,亦未有无气之理。""是以人物之生,必禀此理然后有性,必禀此气然后有形。"理和气就像神和形那样相互依附着。

如果进一步问到理与气孰先孰后的问题,朱熹的回答就变得相当谨慎:

> 或问:理在先,气在后?曰:理与气本无先后之可言,但推上去时,却如理在先,气在后相似。

> 或问:必有是理然后有是气,如何?曰:此本无先后之可言,然必欲推其所从来,则须说先有是理。

> 或问先有理后有气之说。曰:不消如此说;而今知得他合下是先有理后有气邪?后有理先有气邪?皆不可得而推究。然以意度之,则疑此气是依傍这理行。及此气之聚,则理亦在焉。盖气则能凝结造作,理却无情意,

无计度,无造作。

朱熹的意思是:理为第一性,气则第二性。但第一性和第二性不等于时间上的先后关系。"以本体言之,则有是理,然后有是气。"

3. 月印万川,理一分殊

"理一分殊"是程颐对最高之理与万物之理之间关系的概括,朱熹做进一步的阐发,他说:"天地之间,理一而已。然乾道成男,坤道成女,二气交感,化生万物,则其大小之分,亲疏之等,至于十百千万而不能齐也。……程子以为明理一而分殊,可谓一言以蔽之矣。"

他还借用佛教"月印万川"的比喻来说明一理与万理之间的关系:"本只是一太极,而万物各有禀受,又各自全具一太极尔,如月在天只一而已,及散在江湖,则随处而见,不可谓月已分也。"万物之理是最高之理的影子,这是典型的客观唯心主义。

4. 格物致知,明伦通理

朱熹接过程颐格物致知的认识论,认为"物"包括自然界诸现象,但主要指人伦世故、圣言天理。他说:"今为学而不穷天理,明人伦,讲圣言,通世故,乃兀然存心于草木器用之间,此是何学问?"他把道德作为主要学问,仅有草木器用的知识不算有学问。

道德学习的范畴不仅是知的问题,更是行的问题。关于知行之间的关系,早有程颐提出"先知后行""知行皆难"的观点。朱熹同意"知先行后",但他强调行比知更重要:"为学之功,且要行其所知。""知而未能行,乃未得之于己,此所谓知者亦非真知也。真知则未有不能行者。"

5. 以理、气解释性、心

自孔子说"性相近,习相远"以来,孟、荀及后世各家对性的善恶问题出现各种各样的看法。到了北宋的张载,他把"性"二元化而分成"天地之性"与"气质之性";其实周敦颐已经提出过这样的观点,只是他不把受之于天地的本然之性叫作"性",称之为"诚"而已。二程吸收张载的理论,将"性"二化为"天命之性"与"气秉之性"。朱熹集其大成,阐述"天命之性"来自至善之理而"气秉之性"因气之清浊则有善恶之分的道理:"性即天理,未有不善者也。""然而有生下来善底,有生下来恶底,此是气禀不同。"朱熹认为这是"性"善恶之争的最佳答案。他说,"气质之说""起于张、程",他"以为极有功于圣门,有补于后学,读之使人深有感于张、程,前此未曾有人说到"。

正因为朱熹对张载、二程的"气质之说"推崇备至,所以他又沿用同样的思维方法来破解人"心"。他把一"心"分为两面:"道心"和"人心"。前者是本体的心,根源于"性命之正",是至善的;后者是心的作用,来自"形气之私",有善有不善。在一个心中哪个方面起主导作用,决定一个人的善恶。修心养性,就是让被形气之私欲蒙蔽了的"道心"重新显现,让"道心"占主导地位。

朱熹为修身养性开列专门的书单并为之作注。他把《礼记》里的两篇文章《大学》和《中庸》单独列出,加上《论语》《孟子》,合编成《四书章句集注》。从此有了"四书"的提法。

第二节 陆王心学

一、心学奠基人陆九渊

陆九渊(1139—1193),字子静,江西抚州金溪人。因长年在贵溪象山讲学,世称"象山先生"。他通过《孟子》学说的思考,创立心学,在南宋成为跟朱熹的理学相并立的理学学派。著《语录》《文集》,后人编成《象山先生全集》。

1. "心即理"的命题

孟子"性善论"认为,人天生就有恻隐、羞恶、是非、辞让之心,它们是人性的四个"善端",叫作"四端"。陆九渊发觉,正如天下只有一个理一样,天下也只有一种具备"四端"的,符合天理的"心"。古往今来,四方上下,凡是圣人都人同此心,心同此理;所以他得出的结论是:"宇宙便是吾心,吾心即是宇宙。""尽我之心,便与天同。"

陆九渊像

宋代儒学公认,理是最高哲学范畴。陆九渊将心与理二者合而为一,这是他的首创。他说:"理乃天下之公理,心乃天下之同心。圣贤之所以为圣贤者,不容私而已。""苟此心之存,则此理自明。当恻隐处自恻隐,当羞恶,当辞让,是非在前,自能辨之。"修身养性的目的,就要把心提升到理的层面,使心回归而合于理。所以,"心,一心也;理,一理也。至当归一,精义无二"。

2. "切己自反""发明本心"

孟子说过:"尽其心者,知其性也;知其性,则知天矣。"陆九渊认为反身求取先验的善端是获取知识的全部途径。陆九渊发挥孟子的思想说:"孟子言,诚身之道,在于明善。今善之未明,知之未至,而循诵习传,阴储密积,蘪身以从事,喻诸登山而陷谷,愈入而愈深;适越而北辕,愈鹜而愈远。"他反对接触外界事物,甚至反对读圣贤书,反对身体力行仁义道德,认为向外求知反而会深陷迷谷,南辕北辙。唯一的方法是"切己自反,改过迁善",其中包括"保良"和"去害"。

"保良"即保存心中固有的良知,因此又被称作"存心"。陆九渊说:"古人教人,不过存心、养心、求放心。此心之良,人所固有,人惟不知保养而反戕贼放失之耳。""将以保吾心之良,必有以去吾心之害。何者?吾心之良,吾所固有也。吾所固有,而不能以自保者,以其有以害之也。""夫所以害吾心者,何也?欲也。""欲去,则心自存矣。"他继承程、朱的"存天理,灭人欲"之说,只是将"存天理"进一步升格为"存心"。

"去害"意味着"灭人欲",人欲蒙蔽良心,要使本来的良心重新显现,就要叫人欲之蔽层层"剥落"。他说:"人心有病,须是剥落。剥落得一番,即一番清明,后随起来,又剥落,又清明,须是剥落到净尽,方是。"

3. "收拾精神,自作主宰"

陆九渊又发挥孟子"万物皆备于我"的观点,说:"孟子曰:'所不虑而知者,其良知也;所不学而能者,其良能也。此天之所与我者,我固有之,非由外铄我也。'故曰:'万物皆备于我矣,反身而诚,乐莫大焉。'此吾之本心也。"由于"本心"万能万知,因此"格物"不必求于外,"万物森然于方寸之间",向内心去求即可。又由于"不虑而知",不通过思考就获取知识,那么,求知变成一种没有过程的、神秘的"认识"功夫。他要学生"安坐瞑目,用力操存",达到"此心已复澄莹"的境界。他标榜这是一种"易简工夫"。

陆九渊似乎发现人的无比伟大,导致"我"的无限膨胀。甚至把经书丢在一边,说"尧、舜曾读何书来?若某则不识一个字,亦须还我堂堂地做个人。""学苟知本,六经皆我注脚。""六经注我,我注六经。"这不是口吐狂言,而基于以下的"自信心":"收拾精神,自作主宰。万物皆备于我,有何欠阙!"

二、心学集大成者王守仁

王守仁(1472—1529),字伯安,明朝浙江余姚人。因常年住在绍兴会稽山,在那儿讲学并创办阳明书院,世称阳明先生。王守仁上接陆九渊的心学,把心学发展为继程朱理学以来的又一个哲学高峰,成为明代儒学的主流。主要著作有《传习录》《大学问》。《王文成公全书》为其弟子所编。

1. "天地万物本吾一体"

陆九渊的"宇宙便是吾心,吾心即是宇宙",已是相当唯心的了。王守仁更进一步,认为用"是"字连接二者,还有二物之嫌,不如将二者归为一体。他说:"夫人者，天地之心；天地万物本吾一体也。"人是天地之心，人心是天地的心中之心！他还说："盖天地万物与人原是一体，其发窍之最精妙处，是人心一点灵明。"因为人是天地的产物，心是天赋予人的最灵明的妙品。

在心第一性的条件下，"物我一体"意味着万物都在我心里。于是"心外无物""心外无理"便顺理成章了。

"你未看此花时，此花与汝同归于寂；你来看此花时，则此花颜色一时明白起来；便知此花不在你的心外。"这是"心外无物"的例子。

"天下之物本无可格者，其格物之功，只在身心上做。""圣人之道，吾性自足，向之求理于事物者误也。"他说"格物"错了，"格"不出什么名堂；"格"自己的身心才会明白圣人之道；原因是"心外无理"。

但他没有否定朱熹的"道心""人心"之说，在这一点上比陆九渊有所后退，暴露出王守仁"心"一元论的逻辑缺陷。

2. "知行合一"，以知为行

程朱理学提出过"先知后行"的观点，而王守仁却认为知和行是一回事：知的时候已经在行了，无所谓有先后的问题。他说："今人却就将知行分作两件去做，以为必先知了，然后能行。我如今且去讲习讨论作知的功夫，待知得真了，方去做行的工夫，故遂终身不行，亦遂终身不知，此不是小病痛，其来已非一日矣。某今说个知行合一，正是对病的药。"等知透后再去行，必然不行，也必然停留在不知的地步。他进一步解释说："某尝说知是行的主意，行是知的功夫；知是行之始，行是知之成。若会得时，只说一个知，已自有行在；只说一个行，已自有知在。"意思是说，知已经包含了行，行里面含有知。因为行的目的、行的方式，都是知的主意，所以行就表现为知的完成。王守仁实际上取消行的存在，把行归并入知里面去，"一念发动处，便即是行了"。

"《大学》指个真知行与人看，说如好好色，如恶恶臭。见好色属知，好好色属行，只见那好色时，已自好了，不是见了后，又立个心去好；闻恶臭属知，恶恶臭属行，只闻那恶臭时，已自恶了，不是闻了后，别立个心去恶。"他把心理动词"好、恶"一类词义的动作，以偏概全地推理到所有行为动作，来证明"一念"之中既有知又有行，这是诡辩。

3. "格物致知"解作"致良知"

宋明理学各家对"格物致知"四字有各自不同的诠释。到了王守仁笔下，就变成："格者，正也。正其不正以归于正之谓也；正其不正，去恶之谓也；归于正者，为善之谓也。"可见，王守仁的"格物"不是指研究客观事物，而指端正自己的认识。这样，必然导致所格之物不在客观而在主观的结果。果然，他说："故格物者，格其心之物也，格其意之物也，格其知之物也。……致知者，致其物之知也。"不要忘了,王守仁的"物"都在心里,"意之涉著处谓之物""意之所在便是物",他的"物"也无非"忠""孝"一类东西。

王守仁把"致知"同孟子说过的"不虑而知"的"良知"串通起来,把"致知"解作"致良知",并且和天理融为一体。他说:"吾心之良知即所谓天理也。致吾心良知之天理于事事物物,则事事物物皆得其理矣。致吾心之良知者,致知也,事事物物皆得其理者,格物也。是合心与理而为一者也。"

第三节　理学与心学的异同

一、理学与心学的不同点

1. 鹅湖之会与朱陆之争

程朱理学和陆王心学所治学的内容都是讨论理、心、性、命一类问题,因此二者都属于理学或道学的范畴,统称为宋明理学;但不等于二者不存在矛盾。南宋淳熙二年(1175),朱熹和陆九渊在江西信州(今上饶)鹅湖寺跟一帮学者一起讨论学术上的分歧。

那次聚会上陆九渊及其五兄陆九龄作诗,一唱一和,炫耀自家的"易简工夫",嘲笑朱熹的治学方法是"支离事业",结果不欢而散。

鹅湖之会以后,朱、陆二家展开了长时间的论争。交锋点主要在以下几个方面:

首先,陆九渊坚持他的"易简工夫",心是古往今来一切人、一切事物的根基,离开这一出发点就好比房屋失去基址一样。所以,"先发明人之本心,而后使人博览"。朱熹提出的认识途径是"欲令人泛观博览,而后归之约",应该格物、读书,然后获得对理的体认。他认为陆氏"易简工夫"已滑向"禅学",而陆氏讥讽朱熹繁琐、支离。

其次,对太极而无极的见解:陆氏兄弟反对有"无极"这个概念,认为它不属于儒家的思想,是老子的语言,是老子"有生于无"的说法;而且,又是太极,又是无极,叠床架屋。朱熹则反复强调太极、无极是有和无的统一。

再次,陆九渊反对朱熹天理与人欲的对立,说"天理人欲之分论极有病""若天是理,人是欲,则是天人不同矣。此其原,盖出于老氏"。同时他也反对朱熹的道心、人心之分:"心,一也,人安有二心?"因为陆氏的心一元论主张心外无物,心外无理,哪还容得下"心外有心"?

2. 客观唯心主义和主观唯心主义

程朱理学把理看成先于世界，高于世界，独立于世界的精神实体，理是世界的本原，理所含的法则是绝对的、唯一的，是脱离物质世界而存在的，具体事物的规律只是印证天理的正确。从唯心主义的形式来看，这属于客观唯心主义。

陆王心学把心看成第一性的，是世界的本原；客观世界只存在于心中。他们还认为人的思想意识是先天的，头脑里固有的。从唯心主义的形式来看，这属于主观唯心主义。

程朱理学和陆王心学的差异早在程颢、程颐兄弟身上就有所显现。小程较多地强调用外知体验内知，后被朱熹所继承发展；大程较多地强调内心静养，后被陆、王所继承发展。

3. 思想方法的差异

"格物致知"：理学由外而内，"先穷外物之理"，心学由内而外，"先正事物之理"。

理、气关系处理法：理学为理气二元论主张"即物而穷理"，心学为心一元论，主张"心即理"。

逻辑结构：理学近于归纳法，心学近于演绎法。

二、理学与心学的相同点

1. 本体结合伦理，认识结合修养

如果对照西方的唯心主义思潮，就会发现西方哲学是以人和自然相对立为基础的：自然是客体，是人的认识对象；人是认识客观事物的主体。宋明理学的唯心主义以个人参验外物，反省自我人格为基础，主要不在于论证意识之外物质的不存在。王守仁说"你未看此花时，此花与汝同归于寂"，他还不至于完全否认花在未被看时已然存在的事实。中国哲学的落脚处不是真正探究自然的本质，而是如何修身，进而齐家、治国、平天下，解决社会人伦的问题。所以同样是心的自我膨胀，西方表现为主观主义，而中国则表现为强调人的主体性，全为着让"人皆可为尧舜"的命题得以成立。

也正因为主客观缺乏严格的分野，宋明理学的"知"，不是真的要研究花草虫鸟，而是要掌握忠孝仁义的真谛。忠孝仁义不仅仅在于知（认识），而在于行（修养）。所以，不管是理学的"先知后行"也好，心学的"知行合一"也好，他们口中的"知"都是一种道德理性、实践理性。

2. 吸取佛学营养，构建儒学思想

先秦诸子提出的哲学范畴不可谓不多，但都缺少理论论证；至多不过用实例、寓言、比喻等形象的方法讲述道理。如何将散见于儒家各典籍林林总总的概念串成系统,构筑起一座宏伟的理论大厦?在外来佛学的刺激下,启发儒学进行理论思辨。宋明理学正是一种思辨型的新儒学,带着佛学浸入的烙印。

在讨论太极与无极的课题时,陆九渊写信批驳朱熹说:"尊兄两下说无说有,不知漏泄得多少。如所谓太极真体不传之秘,无物之前,阴阳之外,不属有无,不落方体,迥出常情,超出方外等语,莫是曾学禅宗,所得如此?"朱熹回复他道:"太极固未尝隐于人,然人之识太极者则少矣,往往只是于禅学中认得个昭昭灵灵能作用底,便谓此是太极,而不知所谓太极乃天地万物本然之理,亘古亘今颠扑不破者也。"二人均指出对方受到禅宗影响的地方。

朱熹的"万川印月",王守仁的"破心中贼",都有佛学的影子。

顾炎武一语中的:"今之所谓理学,禅学也。"古人总站在儒家道统的立场上,用批判的口气指出宋明理学的禅学实质,意思是它不是纯粹的、正宗的儒学。其实,中外文化的交流、融合,乃是十分正常的现象。想要求得儒学历两千年而不变,排斥异学,不予发展,纯之又纯,这才是不切实际的、静止的想法。

OUTLINES OF CHINESE CULTURE
中国文化概要（第二版）

历 史 篇

- 第一讲 国家的形成
- 第二讲 大一统帝国的确立：秦汉
- 第三讲 中古盛世：唐宋
- 第四讲 北京旧梦：元明清

第一讲　国家的形成

第一节　传说中的远古

一、氏族公有制社会解体

美国著名民族学家摩尔根把人类社会发展阶段分为蒙昧时代、野蛮时代和文明时代。文字的发明和使用是人类跨入文明时代的标志,大体上和阶级社会的开始时间相当。私有制、家庭、国家的出现,表明人类进入阶级社会。

1. 新石器时代晚期家庭的产生

如果按摩尔根的标准,制陶技术的发明标志着人类进入野蛮时代,那么中国大地上,至少在公元前5000年,已经具备了相当高超的制陶工艺了。

据考古发现,位于河南省渑池县的仰韶文化(约公元前5000—前3000)是一种较发达的定居农耕文化。手制泥质红陶器具上常见绘有彩色花纹,专家推测可能用"毛笔"一类较软的工具绘制而成。墓葬发现以单人葬为主,女性厚葬,母子合葬,说明家庭还未产生,女性拥有权威。

上限约在公元前5000年的新石器文化遗址主要还有长江流域的河姆渡文化(浙江余姚,约公元前5000—前3300)、马家浜文化(浙江嘉兴,约公元前5000—前4000)以及北方地区的红山文化(内蒙古赤峰,约公元前5000—前3500),分别创造了夹炭黑陶、红陶和"之"字形文彩陶。从墓葬看有单人葬、同性合葬,没有家庭的迹象。

承接仰韶文化，在甘肃省临洮县发现的马家窑文化（约公元前3300—前2600），其晚期发现成年男女合葬墓，并有殉葬的家内奴隶。说明家庭产生，阶级出现，原始社会开始解体。

迄今已发现的新石器时代晚期遗址主要还有：大汶口文化（山东泰安，约公元前4500—前2500）、龙山文化（山东章丘，约公元前2800—前2000）、崧泽文化（上海青浦，约公元前3900—前3300）、大溪文化（四川巫山，约公元前4400—前3300）、屈家岭文化（湖北京山，约公元前3000—前2600），等等。其中龙山文化覆盖山东、河南、陕西、山西大片地区，并与长江中游的屈家岭文化连成一片，呈现文化的交汇融合。多处发掘出"陶祖"（陶质男性性器官模型，用于祭拜），表明男性为主的社会地位已确立，龙山文化的城子崖等处发现防御性的围墙甚至小城堡，说明已经进入阶级社会。

至于文字，迄今发现的最早的汉字是商代甲骨文，不过，那份成熟的程度必定经过此前一段长时间的发展。仰韶文化出土的陶器上发现不少刻划，有专家认为那些可能是人名的符号，就像现今农村扁担上写的人名一样。大汶口文化出土一个陶尊，上面留有类似天象的刻纹。仓颉作书的传说很早，也很广。传说仓颉是黄帝的史官。《汉书·古今人表》也说仓颉是"黄帝史"。黄帝是黄河流域的部族首领，他生活的时代为4000年前的新石器时代晚期。人类文化学认为，文字产生于新石器时代晚期至金属时代初期，大致在公元前2000年前。黄帝、仓颉生活的时期大致相合。

2. 中国的"英雄时代"

恩格斯在《家庭、私有制和国家的起源》中说："野蛮时代高级阶段，一切文化民族都在这个时期经历了自己的英雄时代。"中国那个时期的"英雄"就是三皇五帝。

由于没有文字记载，民智未开，靠口耳相传保存在民族记忆里的人和事，难免带有神话的怪异色彩。古希腊有一位叫欧赫墨儒斯（Euhèmerus）的学者提出一种观点：古代神话中的神，均源于人世帝王英雄人物。他的学说被称作欧赫墨理论（Euhèmerism），因此，把神话中的史迹提取出来以填补远古历史记忆的空缺，并用历史的眼光解释神话，就叫作欧赫墨化（Euhèmerize），也就是神话的历史化。古希腊先有完整的发达的神话体系，尔后有人主张将它还原改造成为历史；而中国的情况与之不同。中国在孔子"子不语怪、力、乱、神"说教的压制下，在祖先崇拜的原始宗教氛围里，早由文人在记录神话时一次性地历史化了。其实，中国的三皇五帝跟古希腊荷马史诗里的阿伽门农、阿喀琉斯、奥德修斯一样，都是各自民族"野蛮时代高级阶段"的"英雄"。

西晋武帝太康二年（281），在汲郡（今河南省汲县）的一座战国古墓中发现了大批竹简。这些竹简是战国时代魏国人书写的,埋藏在地下已经 580 多年,人们称为《汲冢书》,其中最著名的是《竹书纪年》。《竹书纪年》记"自黄帝至禹三十世"。传说夏禹系公元前 21 世纪时人;如果以每一世 30 年计,可上推知黄帝约公元前 3000 年前后的人。辛亥革命时推算出"黄帝甲子年"为公元前 2697 年。参照考古发掘,黄帝正好是原始社会解体时人,正好是"野蛮时代高级阶段"时的"英雄"。

二、三皇五帝

1. 三皇

"三皇"有六种说法:

(1) 天皇、地皇、人皇,
(2) 天皇、地皇、泰皇,
(3) 伏羲、女娲、神农,
(4) 伏羲、神农、祝融,
(5) 伏羲、神农、共工,
(6) 燧人、伏羲、神农。

"三皇"都是些自然起源,人类起源,文明起源的神,年代早于五帝,大多没有关于他们的神话谱系:女娲补天,伏羲与女娲交尾产人,女娲用泥绳造人;神农教人耕作,尝百草做药;燧人氏教人用火;祝融则是火神。至于天皇、地皇、人皇,来自《周易·系辞》的天、地、人"三才"的说法。泰皇出自《史记·秦始皇本纪》:"古有天皇,有地皇,有泰皇,泰皇最贵。"没有确注,一说泰皇就是人皇。

2. 五帝

"五帝"记载在正史中。司马迁《史记》有《五帝本纪》篇,记黄帝、颛顼、帝喾、尧和舜等五位上古的帝王。

(1) 黄帝

传说黄帝是少典部落首领的儿子,居轩辕之丘,所以又称"轩辕氏"。他是神农时代的诸侯,"即位"后居"有熊",所以号有熊。轩辕是地名,详址不可考,大约在今河北、河南一带。有熊据称在今河南省新郑县,更有可能不是得自地名,而是黄帝领导的氏族的图腾物。郭沫若认为:"传说黄帝号有熊氏,又号轩辕氏。……熊、罴、貔、貅、貙、虎六种野兽参加战斗。这实际上是以野兽命名的六个氏族共同组成一个部落。……熊氏族在这个部落中居于首位。"

黄帝是中华民族的"人文初祖",据说衣帽、房屋、车船、弓箭等都是他发明的,创造文字的仓颉是他身边的史官。

陕西省黄陵县城北桥山黄帝陵

黄帝还是中华民族血脉的祖宗。据说尧、舜、夏禹及商、周的国王都是他的后代。

阪泉之战,发生在黄帝与炎帝之间。据说炎帝要欺负诸侯,诸侯都服从黄帝的领导。黄帝就"修德振兵",率领一支由六个氏族组成的联合部落,在"阪泉之野"跟炎帝作战,经过三个战役才取得胜利。

涿鹿之战,发生在黄帝与蚩尤之间。蚩尤是活动在东部地区的夷族部落联盟。野史载,蚩尤会造兵杖、刀戟、大弩,因为不仁不慈,诛杀无道,甚而作乱伐黄帝。蚩尤请来风伯雨师兴风纵雨,又布下三天大雾,黄帝指令掌管风的官员效法北斗柄指方向的"天机",创制指南车,找到蚩尤逃跑的方向,把他擒获处死。

黄帝在位有100年之久,显然神话色彩极浓。解读"黄帝"一名,不如把他理解为"中央大帝"或"中原大帝"的宝座,不是一个具体的人。从战国阴阳家开始,经过吕不韦到董仲舒,五方之帝跟五色、五行对应在了一起,"黄帝"之称本身就是理性化的产物,黄,对应中央之土;而"炎帝"代表南方部落("炎上作苦"对应火和南方)。炎黄之战意味着熊氏族领导的部落联盟与南方部落的战争,结果熊部落胜利了。那个入主中原的部落首领就称作"黄帝"。至于炎黄本弟兄(一说同父异母,一说同母异父)之说,透露出熊部落跟南方部落存在某种血缘关系。

(2) 颛顼

传说颛顼号高阳氏,是黄帝的孙子,他住在帝丘(今河南省濮阳县南),父亲名叫昌意。那时,太行山的东麓有个部落叫共工氏,与颛顼争夺部落联盟首领的地位。共工氏利用上游水势向颛顼发动进攻,被颛顼所击败。共工因此怒不可遏,把大山撞出一个缺口。

颛顼为了加强自己在部落联盟中的统治权力,设专门机构分管神事和民事。在此之前,占卜巫术之类的活动还没有专职化的人员,"黎民"家家户户都可以与神对话,传达神的旨意,情况变得十分混乱。于是颛顼采取措施,命令叫重的孙子担任"南正"之职,负责有关天上神的事务;命令重之弟黎担任"火正"之职,负责有关土地耕作的事务。这样,"绝地天通",实际上限制了普通黎民的话语权,同时又强化了对黎民生产劳动的管理,国家的形态初步显现。传说颛顼在位78年。

(3) 帝喾

传说帝喾名俊,号高辛氏,是黄帝的曾孙,颛顼的侄子。他的祖父玄嚣和颛顼的父亲昌意是亲兄弟关系。即位后居亳(今河南省偃师县西)。他极其聪慧,眼观六路,耳听八方;给百姓排忧解难,言传身教,享有崇高的威信。就是这么一位部落中的杰出领导人,在处理部落外的事务时,屡屡失误,无法调停联盟内其他部落间的紧张关系,以至酿成大规模的战争,坐看手下的部落结怨成仇。它们一个叫阏伯,一个叫实沈,两个部落军事贵族为争夺领土而大动干戈。后来,两方变成冤家对头,分别在商丘一带和大夏(今山西省晋阳县)一带发展地盘,成为商人和唐人的发祥地。

帝喾在即位后第16年派颛顼之孙重率领军队攻灭有邻氏族,扩大了自己的势力范围。

传说帝喾在位70年。

(4) 尧

尧是帝喾的儿子,名放勋,号陶唐氏,即位后居于冀,一说建都平阳(今山西省临汾市)。尧有正确的治理天下的思路,英明贤达,使谦恭礼让的作风影响四面八方。在他的领导下,氏族联盟内部和睦相处,与其他联盟之间也关系和谐。当时大批土地尚未开垦,野草蔓杂,禽兽逼人,五谷不登。他设置百官,各理其政,特别在农时方面,命令天文官根据天象,厘定四时,制订历法,观察物候,安排农事;解决了中原地区的吃饭问题。每当决定比较重大的事务时,尧都要咨询各地部落军事贵族的意见。面对洪水泛滥的严峻形势,他倾听手下人的推荐,命令鲧来担当治水的重任。

尧执政98年后,把权力禅让给舜。儒家为了塑造尧舜的圣明形象,隐去了"禅让"的细节。有古籍记载,尧曾提出由他的儿子丹朱继承他的权位,舜就把尧囚禁起来,隔绝尧和儿子的联系,逼他最后交出权力。但不管怎么说,世袭在当时不被看作是理所当然的制度。

(5) 舜

舜是颛顼的儿子穷蝉一脉的第六世孙,姓姚,名重华,号有虞氏,即位后居于冀,一说建都蒲坂(今山西省永济市)。据说他一只眼睛里有两颗眸子。

舜幼时丧母。父亲是个盲人,又娶了一个妻子,生下的儿子取名"象",父亲偏爱舜的这个弟弟。舜成年后娶了尧的两个女儿娥皇和女英做妻子。象在家里越来越傲气,竟然串通父亲三番五次地谋害舜,都未得逞。舜却以德报怨,孝悌之心远近闻名,为古代孝行

浙江绍兴大禹陵(俞金发摄)

的代表;因此被氏族长老们推举为首领,接尧的班。

舜上台后,处理了四股负有罪责的力量:共工、欢兜、三苗和鲧,流放的流放,处死的处死,据说此举深得民心。他还任命一批官员:大禹治水,后稷理农,夔龙典乐,伯益驯鸟兽,各施所长。

舜在一次出巡中病死,"二妃啼,以涕挥竹,竹尽斑"。据传,舜执政共48年。

"五帝"的说法还有两种版本,有一种是伏羲、神农、黄帝、少皞、颛顼,还有一种是少皞、颛顼、帝喾、尧、舜。

五帝是一个历时的序列,三皇之间没有时间先后关系。

第二节 夏商周"三代"

一、"三代"及其意义

夏、商、周三个朝代合称"三代",自古就有。《论语·八佾》说:"周监于二代,郁郁乎文哉!"《论语·卫灵公》提到"三代之所以直道而行也",《孟子·滕文公上》也有"三代共之"的话,《史记·封禅书》说到"三代之君皆在河洛之间"。

史家认为,夏、商、周三个族团都是黄帝传下的后代。

据说鲧为颛顼所生,因治水失败,舜下令把鲧处死在羽山。神话说鲧的尸体三年不腐,于是用大刀劈开,从里面蹦出一个禹。禹因治水成功,舜把权位禅让给他,他的儿子启后来建立夏朝。

商的始祖名契,为帝喾的次妃简狄所生。传说简狄洗澡时见玄鸟(燕子)下了一个蛋,她捡来吞了,于是怀孕生下契。契下传第十四代的汤,推翻了夏的国王桀,建立商朝。

周的始祖后稷,名弃,为帝喾的元妃姜嫄所生。传说有一次姜嫄在野外,看见地上有巨人的足迹,心中十分高兴,就踏了上去;她马上觉得肚子里像有胎儿在动,一年后生下稷。在商迁都殷时,稷的后代已经成为商西部的一个大侯国"周侯"。商末西伯侯周文王受商纣王的迫害,其儿子武王伐纣取胜,建立周朝。

夏王朝姓姒,商王朝姓子,周王朝姓姬。三代开始了"普天之下,莫非王臣"的家族统治历史。

夏族团的发祥地,以今山西省西南部为中心,活动地域还包括河南、山东、河北、陕西东部的黄河两岸;商族团的发祥地,以今河南省商丘为中心,活动地域还包括山东的一部分;周族团的发祥地,在今陕西省渭水流域。

三代在中国早期历史上具有重要的意义:中国文字记载的信史是在这一段时间里开始的,中国这个国家是在这段时期里形成的。

二、考古学文化与"三代"

1. 二里头文化与夏（约公元前21世纪—前16世纪）

1959年在河南省偃师县发掘的二里头文化，时间上限在公元前21世纪，跟传说中的夏朝相当。二里头文化第3期遗存中出土的器物有跟商文化的典型器物群相一致的地方，表明其年代已经进入商代，由此推知，第1期、第2期遗存可能属于夏文化。专家注意到，二里头类型文化分布的范围恰恰是文献上所记的夏族的活动的地方，特别是二里头文化典型之一的山西夏县东下冯遗址及其前身山西省襄汾县陶寺村南发掘的龙山文化（公元前25世纪—前18世纪），它们的地域和纪年都和夏代相近。晋西南素有"夏墟"之称，但由于缺乏文字一类的确凿证据，关于夏的遗存目前只停留在假说上。

二里头发掘出觚、盉、鬶等专用酒器，说明农业已脱离了原始状态，并且跟夏朝第六个国王少康发明造酒的传说合拍。仿海贝样子打造的骨贝和石贝是我国历史上最早使用的货币。宫殿遗址的发现为国家的产生提供了实物证据，墓葬显示已进入了奴隶社会，铜铃证明当时的冶炼铸造技术。可惜未发现文字，只有陶文符号。

2. 郑州商城与商前期（约公元前16世纪—前14世纪）

1955年在河南省郑州市发现商代城址，经碳14测定，其绝对年代在公元前1620年至公元前1595年之间，同文献记载的商朝初期的年代基本相符。史书记载，汤开国后都城建在亳（今商丘一带），他的五世孙仲丁迁都于嚣（áo，一作隞）。嚣位于郑州附近的荥阳北，敖山南一带。因此专家猜测郑州商城极有可能是仲丁所都的嚣。

郑州商城出现专门的手工作坊，行业有铜器、骨器、陶器、玉器、金饰品、纺织、编织、酿酒等。雕塑艺术品以陶、玉、蚌、骨为材料，几个陶埙还可以吹出声音来。青铜为纯铜掺锡合金，杜岭铜方鼎距今3400多年，是我国发现的商朝前期青铜器中罕见的重器。

出土大量卜骨，但留下的文字远没有二里头遗址第3期的陶文多。

3. 安阳殷墟与商后期（约公元前14世纪—前1100年前后）

（1）殷墟的发现

史书记载汤的九世孙盘庚迁殷的故事。之后直到纣灭亡，期间经历八代十二王，共计273年，殷是商王国的统治中心，所以人们称商为"殷商"，以至径直称"殷"。

1899年，时任国子监祭酒的王懿荣偶尔发现河南省安阳市小屯村出土的甲骨上有文字刻划。1910年,甲骨文专家罗振玉首次肯定安阳小屯就是史书上提到的殷墟。

从1928年开始,陆续开展发掘工作,先后发现宫殿、作坊、居民点、陵墓等遗迹,以及大量的生产工具、生活用具、礼乐器具、甲骨等遗物。

罗振玉的学生王国维在考释甲骨文的同时,把甲骨文所记商代先公先王的名字和《史记·殷本纪》中所载的王室世系进行对照,使世系中所载商代先王几乎全部得到证实,并对其中个别人名和世次的错误做了纠正。

甲骨文等于为我们留下了商后期的文字档案,迄今为止,中国的信史是从那个时代开始的。

(2) 甲骨文

有专家作过统计,到20世纪80年代末为止,共出土甲骨文15万件以上,单字5000个左右,其中2000余个已被认识。

甲骨文早已脱离了原始图画阶段,是事物简化后的语言符号,是具有严密规律的文字。甲骨文以象形字、形声字、假借字居多,其中有不少偏旁字。它们有些形体或写法已经和今天差不多。在现有已识的单字中,同音假借字占80%之多。甲骨文字的读音是单音节,即一字一音,但有不少合书的字形。合书又叫合文,指两个汉字合而为一,就像现代"千瓦"的写法——瓩。甲骨文中出现的合书如 ᛯ(上帝)、畗(上甲)、X|(十五),等等。

甲骨文用来进行写作的文句主要是卜辞。殷王室十分迷信,干任何一件事之前都要向鬼神卜问吉凶。即使平素居家,也惴惴不安地占卜明天会不会有灾祸,这一旬会不会有灾祸。占卜用龟甲或兽骨作工具,占卜完成后将日期、主持人、占卜内容等记录在上,有些卜辞事后还加上验证结果。字是用刀刻上去的。也有少数甲骨片所刻的字是做练习的,也有刻天干地支表的。卜辞用干支记日,干支表相当于日历。

(3) 殷时代的生活

如果说,在此之前,我们从文化遗址和器物遗存上解读古代的情况,自从有了文字,古人就把所讲的话留之今时,让今人可以借阅读听取古人的讲述。古籍不是第一手的资料,只能作参考。孟子不相信《尚书·武成》所记武王伐商"血流漂杵"的说法,就说:"尽信《书》,不如无《书》。"所以,卜辞还给我们殷商历史的真实。

商代阶级对立尖锐,阶级斗争激烈;时常发生奴隶逃跑或暴动的事件,商王每每亲自下令追捕、镇压。

除了国内阶级矛盾之外,商王室还面临来自北方的民族矛盾。当时有鬼方、舌方、巴方等异族的威胁,常常来侵占田地,掳掠民众,边境屡屡发生武装冲突。

当时实行一种集体耕作制,叫"协田"。商王十分重视和关心农业生产,关心年成,常常卜问天气怎么样,收成怎么样。狩猎活动规模颇大,擒获野兽动辄数十数百。

王室给死去的先王封庙号,庙号含有十个天干的某一个,如"盘庚""武丁"等。天干记日一个周期就是一旬,王室按先王庙号的天干依次每天祭祖,丁日祭武丁,庚日祭盘庚,等等。祭祀多用羊作牺牲,有时甚至用人作祭品。

酿酒比郑州商城时期有了大的发展,专门用于祭祀的酒由黑黍加郁金香草酿制,酒名叫鬯。酒器也随之丰富多彩,各种形状的酒杯和盛酒器名目繁多;已出现专门用作调酒的器具:盉;专门用作温酒的器具:斝。

殷人驯养动物,从猪的牙齿上看,家猪牙明显比野猪的整齐。马的品种繁多,用专门的汉字加以命名,如"骊",可能指一种像鹿一样漂亮的马。甲骨文有"象"字,证明上古中原有过大象。河南省的简称"豫"字就是一个人牵着一头象的形象。

出土的司母戊大方鼎是国王祖庚为隆重祭祀她的母亲母戊而下令铸造的。鼎重875公斤。成分据化验,铜84.77%,锡11.64%,铅2.79%。鼎身四周饰有云雷纹、夔龙纹、飞鱼纹、饕餮纹等,华贵庄严。

商族人已经开始进行远地贸易,考古发掘出的海贝不产于内陆,也不产于中国海,殷人把它作为财富的代表。殷人重商,在外人看来,那些做生意的人就是商的人,"商人"自此成为贸易经营者的代名词。

4. 丰镐与西周(约公元前1100—前771)

(1) 周原遗址

陕西省的岐山、扶风两县的北部一大块肥沃的土地,是史籍上说的周人的发祥地周原。

大约在商朝初年,周族团的权位传到后稷的曾孙公刘手中,他以豳(一作邠,在今陕西省旬邑县西)作为根据地。后来,他的九世孙古公亶父又率领周人迁到周原,那时其族团由原始部落进入阶级社会,成为商的一个侯国。随着国力的日益强盛,周侯开始挑战商的权力,用他们自己的话说,叫作"翦商"。

西汉以来,周原地区不断有西周铜器出土。据专家统计,宋朝专门著录古彝器、古兵器的书籍多达二十余种。清末,著名的大丰簋、盂鼎、毛公鼎等青铜重器出土岐山而重见天日。

1976年起,陕西省文物管理委员会会同北京大学考古专业、西北大学考古专业,联合进行大规模的发掘,发现一批大型夯土建筑基址、西周甲骨片以及铜器窖藏。其中有一类大型建筑坐北朝南,结构对称,由影壁、东西门房、东西厢房、中院、东西小院、前后室组成,专家估计可能是贵族的宅院,或宗庙、宫殿。

比较商周甲骨文的用语,可发现二者有所不同。比如,周人称商王朝为殷,商人则从不自称为殷。还有,周人祭天,"天"有上帝的义项,殷人笔下的"天"只有实义,不是神。

(2) 丰、镐遗址

丰邑为周文王所建,镐京为周武王所建,位于陕西省西安市西南12公里的沣河两岸。丰在河西,镐在河东。那里是西周王朝政治、经济、文化的中心。

1933年,对丰镐遗址的调查已经开始。1951年后,当时的中科院考古研究所进行了一系列发掘,十几年内发掘出大量墓葬和一些夯土台基。

西周墓葬不少带有附葬的车马坑、马坑和牛坑。早期墓葬有殉人,一般为1人,多则殉3人。

古公亶父的儿子季历继承父位,后被商杀害,商周矛盾进一步激化。文王继承其父季历的王位,励精图治,迅猛拓展势力范围。其子武王继承父业,推翻了商朝,建立周王朝。

公元前771年,申侯联合犬戎攻杀周幽王,次年周平王东迁到洛邑(今河南省洛阳市),史称东周。东周王室权力衰微,诸侯各霸一方,天子名存实亡,历史进入春秋、战国时期。

第二讲　大一统帝国的确立：秦汉

第一节　秦　王　朝

一、秦始皇统一中国

　　早在西周后期,嬴秦只是一个"西垂大夫"。由于秦襄公护送平王东迁有功,被封到岐以西一块地方当诸侯。在与戎狄的不断争斗中,秦壮大了力量,扩大了地盘。秦穆公时,秦的势力向西拓展,并吞了西戎12个小国,独霸一方。进入战国时期后,经过商鞅变法,开垦荒地,鼓励军功,秦国经济发展,军事强盛。经过200年跟其他诸侯间错综复杂的兼并蚕食,到公元前256年,秦灭掉有名无实的天子周赧王,周王朝的纪年至此结束。秦王嬴政执政后,在人事、战略、策略各方面做了扫平六国的充分准备,自公元前230年开始,先后消灭韩、魏、楚、燕、赵、齐,于公元前221年结束了春秋战国以来诸侯割据混战的局面,统一了中国。

秦始皇像

　　嬴政随即召集群臣议定帝号,他要拟定一个有别于战国各诸侯"王"的称号,以跟他的伟大功绩相称,好名扬后世。那帮大臣称颂嬴政的功业前所未有,盖过五帝,建议采用"泰皇"的称号,因为"三皇"之中,除天皇、地皇无可替代之外,泰皇是人间最大的皇。嬴政去掉"泰"字,把"皇"字加在"帝"字前面,"皇帝"的称号由此产生。因为他是历史上第一个称"皇帝"的人,所以自称为"始皇帝";后世用数来计,二世、三世的可称到万世,以至无穷。同时规定,皇帝自称"朕",命用"制",令用"诏",其他任何人不得僭用。

二、建立中央集权制

秦始皇为了巩固对全国的统治,采取一系列重大措施,以建立和健全专制主义中央集权的国家机器。

1. 三公九卿制

在国家级机构方面,皇帝下面设"三公""九卿",组成中央政权。

三公如下:左右丞相,为国家最高行政长官,辅佐皇帝处理全国政务;太尉,为国家最高军事长官,辅佐皇帝掌管全国军队;御史大夫,掌监察并协助丞相处理事务。

九卿如下:奉常,掌管宗庙礼仪;郎中令,统辖侍卫皇帝的诸郎,兼掌管宫殿门户的守卫;卫尉,掌管宫廷警卫;太仆,负责宫廷车马;廷尉,负责刑罚;典客,负责民族事务及外交;宗正,管理皇族内部事务;治粟内史,掌管全国税务财政;少府,掌管山林湖川的税收和宫廷所需手工业。

这些中央官僚一律由皇帝任免,不得世袭。

2. 郡县制

在地方机构方面,秦始皇早在战国后期就在秦国实行了郡县制,统一中国后,废除前周天子的封爵建国制度,把郡县制推广到全国。秦始皇把全国划分为36个郡(后来随着疆土的扩大而增加),京畿范围内不设郡,设内史管辖,以示为特别行政区域。郡内划分为若干县。

各郡的最高行政长官是郡守,受中央政府直接管辖,执掌全郡政务。同时设郡尉,掌管郡内军事;设监御史,负责监察。

各县设县令,不足万人的县称县长。同时设县尉,掌管县内军事、治安;设县丞,协助县令(县长)管司法和税收。

县内划分为若干乡,设三老掌管教化,设啬夫掌管税收和徭役,设游徼负责治安。乡内分为若干亭,十里为一亭,设亭长。亭再往下一级还有里,里的长官叫"里正"。

地方主要官吏的任免,也都要经过皇帝的批准。

各级官吏的来源主要靠军功,也有部分由皇帝亲自从身边随从中选拔或由官吏推荐上来。

这样，通过行政的层层细化，以及严密的官吏系统，秦始皇把地方权力集中到中央，又把中央权力集中到他一人手里，实现了法家所主张的那种严密的中央集权制度。

3. 统一法律，强化治安

《秦律》自商鞅起就开始制订了，历经多次补充修改，到秦始皇时已经较为完整。统一后又令大臣吸取旧六国各法的有关条文，加以修订、扩充，因此秦始皇颁布全国的刑法条文极其严密完备。

秦律早已散失。然而据考古发现，各种专项条例名目之多，分列之细，涉及范围之广，前所未有；如《田律》《仓律》《金布律》《工律》《徭律》《戍律》《传律》《军爵律》《置吏律》《除吏律》《盗律》等，有二三十种。《田律》《仓律》有关农业生产和仓储，还有田赋租税和口粮标准的规定；《徭律》《戍律》《传律》有关征集徭役和兵役，有对逃避者处罚的规定。《金布律》有关物资、财会、借贷，是我国最早的金融法规。

秦律对违犯者的处罚极其严苛，如偷盗一百一十文钱，就要判六年徒刑。户籍制度中什伍捆绑，一人犯罪，累及亲戚邻里连坐。

秦始皇还下令收缴民间兵器。统一六国后，各国旧贵族失去了从前的荣华富贵，心有不甘。他们私藏兵器，伺机再称霸一方。秦始皇此举有利于巩固统一的成果，但在执行过程中甚至将民间搜个连把菜刀也不留，可见其害怕一星半点的反抗。各地收缴到的兵器被运到咸阳加以销毁，金属材料被铸成钟鐻和12个铜人，每个都重1000石，摆放在宫中。

4. 统一文字和度量衡

长期的诸侯割据分治，加上各地方言的差异，导致秦统一前，汉字的形体非常紊乱，同一个字的声符和形符各地写法不同，给文告的传达、政令的贯通、文化的传播造成了严重障碍。于是秦始皇命令丞相李斯、中车府令赵高、太史令胡母敬等对文字进行整理，以秦国的写法为基础，剔除异体字，把原来的史籀大篆简化成一种标准字体，就叫小篆。三位文字改革者用小篆分别编写了三本书：《仓颉篇》《爱历篇》《博学篇》，作为摹写本推向全国。在实际使用过程中，常常压缩减省，逐渐形成了笔画式的隶书。隶书摆脱了篆书的古文字体式，是汉字进化史上的一次飞跃。

同样，战国时期的度量衡标准也五花八门，单位名称不同，大小不同，大小单位进位也不同。秦始皇把商鞅制定的度量衡制度向全国推广，把标准的计量器具发放到各地，上面刻有他统一度量衡的诏书。从此还规定每年一次检查全国的度量衡器具，鉴定其每一件的准确性。

此外，还统一了货币，统一了车轨宽度，有利于经济和客货的流通。

三、焚书坑儒

焚书坑儒的导火索起源于公元前213年关于坚持郡县制还是恢复分封制的一场争论。在咸阳宫宴会上，博士淳于越向秦始皇进谏说，殷、周王朝能够统治一千多年，是因为分封子弟功臣，让他们成为朝廷的支撑和辅佐。而今海内统归陛下，但是子弟们却是"匹夫"，如有像齐国的田常、晋国的六卿之类篡权的事发生，靠谁相救呢？办事不借鉴古人却能长久的例子，连听也没听说过。秦始皇把这个议题交给丞相李斯去处理。李斯批驳了淳于越的说法，指出他的话站不住脚。他说：五帝、三代统治方法也各不相同，但国家都能治理好；不是有意自搞一套，而是所处的时代各不相同的缘故。陛下完成统一大业，创万世不朽之功绩，这本来就是愚儒们所不能理解的。淳于越在这儿说那些"三代"老皇历，有什么可效法的？今陛下拥有天下，是非黑白定于一尊。然而那些儒家的私学竟还在纷纷对大秦的法制指手划脚。凡有命令下达，各私学立即用他们自己的一套"学问"出来非议一番。非议皇上，说三道四变成了一种时尚，并以此为名，给民众树立造谣诽谤的坏榜样。这种局面如不禁止，君主的权势会下降，下面会形成反对的势力。李斯建议：除《秦纪》、医药、卜筮、种树（农林）之书外，私人所藏的《诗》《书》、百家语，限令30日内上交官府，一律焚烧；如逾期不交，处以黥刑，罚作城旦。谈论《诗》《书》者，处死；以古非今者，灭族。严禁私学；如想求学，以吏为师。秦始皇批准了李斯的建议。这就是秦朝的焚书事件。

秦始皇重用李斯，严刑峻法，早已引起一帮儒生的不满；焚书事件以后，儒生们怨声载道，诅咒秦朝德行丧尽。正在此时，方士侯生和卢生带头诽谤秦始皇，随后拔腿开溜。原来，这两个方士当初受秦始皇之命为他寻找长生不老之药。秦律规定，方士献药不得开两次方子，一次如无效，就会被处死。两人眼看完不成任务，就放出话来，说秦始皇刚愎自用，宠幸刑吏；博士空挂头衔，大臣有职无权，大权一人独揽，无人敢指出秦始皇的过错；实在不值得为他去找仙药。秦始皇听到后龙颜大怒，说朕不曾亏待你们，多有赏赐，而你们却反来诽谤朕，在朕德行不好的名声上添油加醋。经手下人查访，那帮在咸阳的儒生也常常制造谣言，蛊惑人心。于是就在焚书的第二年，秦始皇命令御史立案，把全部儒生抓来讯问。根据儒生们的相互告发，秦始皇亲自圈定触犯禁令的儒生460多人，把他们全部在咸阳活埋，以儆戒天下人。这就是秦朝的坑儒事件。

四、胡亥即位

对于坑儒的做法，别人都不敢发表不同意见，秦始皇的长子扶苏出来劝谏。他说，天下刚刚平定下来，边远地区的百姓还没来归顺我们。那些儒生读孔子的书，学孔子的为人，皇上就把他们绳之以重法，我恐怕会造成人心不安。秦始皇听后生气了，就把扶苏派到北方边疆去监督在那儿的蒙恬大将军。

公元前210年，秦始皇外巡途中在沙丘（在今河北省广宗县）病死。病重时他曾写信叫长子扶苏回咸阳；信还没来得及交人递送就死了。这封遗书以及皇上的玉玺都在赵高手里。赵高是秦始皇另一个儿子胡亥的师傅，任中车府令，监管玉玺和起草诏书。他鼓动并策划胡亥篡权。他串通李斯，伪造秦始皇生前给扶苏的信，指责扶苏和蒙恬率领着几十万大军戍边几十年而无尺寸之功，竟反而不止一次上书诽谤朕的所为，扶苏的怨恨全出于未被立为太子。将军蒙恬没有纠正扶苏的不孝行为，二人赐死。扶苏读罢伪诏书哭着自杀了。蒙恬怀疑此事有诈，因秦始皇的死讯一直被封锁着，他想等秦始皇从外地回咸阳后提请复议，待证实后再死不迟。结果被胡亥扣了起来。他们伪造一封秦始皇给丞相的遗诏，立胡亥为太子。这样，篡权活动阴谋得逞，胡亥继位，称二世皇帝。

秦二世登上皇帝宝座后，感到自己的地位还是岌岌可危：大臣不服，官吏尚强，公子们一定还会跟他争夺的皇位，他又与赵高密谋。赵提议当机立断先下手，将先皇的旧臣及诸公子统统杀掉，朝廷班子换上自己的人马，以求上下团结，"国家平安"。胡亥采纳了赵高的主意，诛杀了包括蒙恬在内的一大批文武大臣和公子。

五、秦朝灭亡

二世的暴虐不亚于始皇。他命令先帝后宫凡是没有子女的妃嫔宫女等都给秦始皇殉葬。为了保守坟墓里的机关、珍宝等秘密，在安葬完毕时，突然关闭墓中隧道的中门和外门，全部工匠和搬伕没有一个能活着出来。

秦朝社会矛盾积两代皇帝的统治越来越激烈。除严刑苛罚外，繁重的税负和徭役压得人民喘不过气来。北伐匈奴，修筑长城、修建驰道，建造阿房宫、骊山墓，征调了全国十分之一以上人口的劳力。

秦二世元年（公元前209年）七月，秦二世下令征调豫皖一带贫苦农民900人去渔阳（今北京市密云区）戍守。陈胜、吴广是被征农民的两名屯长。他们走到蕲县大泽乡（在今安徽省宿州市西南）遇雨，道路泥泞，无法在规定期限内到达目的地。按秦法规定,误期当斩。陈胜、吴广二人商量,认为误期要死,反抗大不了也是一死,不如揭竿而起。他们杀死一路押送的两名将尉。二人鼓动戍卒们起来造反,得到广泛的响应,秦末农民起义就这么轰轰烈烈地开展起来了。

起义军势如破竹,不久就壮大成为浩浩荡荡的革命洪流。攻克陈县(今河南省淮阳县)后,义军拥戴陈胜为王,国号"张楚"。在反秦斗争的大潮中,泥沙俱下,鱼龙混杂。六国的旧贵族、旧官吏混迹于其中,吴广、陈胜先后被义军队伍中的人杀害。在多支反秦队伍中,刘邦和项羽两支队伍逐渐壮大为主力。公元前206年的旧历十月,刘邦军进入咸阳,秦王朝灭亡。

第二节 西汉和东汉

一、西汉:专制主义中央集权制的发展

1. 文景之治

秦朝覆灭后,又经过4年刘邦和项羽之间的楚汉相争,于公元前202年刘邦取胜称帝,建立了西汉王朝。

刘邦面对连续7年的战争造成的经济凋敝,财政困难,满目疮痍的境况,颁布一系列重建秩序、恢复经济的诏令,生产得到发展。

在思想领域,刘汉王朝吸取了秦朝只讲法治,一味严罚的教训。刘邦死后,惠帝即位;他遵照刘邦的遗嘱,任命曹参接替死去的萧何的丞相职务。曹参曾担任过齐国的国相,采用过"贵清静而民自定"的所谓"黄老学说"。据说"无为而治"给齐国带来安定团结。曹参在汉王朝进一步推行"清静无为"的政治,就是要继续实行刘邦、萧何大体制定的各项基本制度和政策。

"黄帝之学"是战国时期的一个学派,它讲究道、法并重,为帝的道就是法,法制定后就可一劳永逸,无为自化了。曹参精减法令,让百姓安生养息。人事擢用专选谨慎敦厚的人,排斥激进的、好大喜功的人。后任丞相陈平也爱好黄老之术。

汉文帝及其皇后窦姬也热衷黄老,他们的儿子,也就是后来的景帝,从小在黄老之学的熏陶下长大。黄老作为汉初的政治统治思想一直延续到武帝初年。

惠、文、景帝时期在"无为"思想的指导下,一度减收或免收田租,努力耕种户可免除徭役。修长城选在农闲时间,以免耽误农时。皇室设施的修建也收敛节制。这样,农民负担有大幅度减轻,社会秩序较为稳定,人称"文景之治"。

2. 削藩与平乱

早在楚汉战争时,刘邦为了笼络臣心,曾分封韩信、英布、彭越等重要将领为王。汉朝建立后,封了七个异姓诸侯王,包括楚王韩信、淮南王英布、梁王彭越等。另外,萧何等一百四十多人被封为列侯。这么多大大小小的山头,同中央离心离德;韩信就曾要挟刘邦封他齐王,以后又勾结其他势力阴谋叛乱,最后被萧何和吕后捕杀。自公元前202年到公元前195年的七年间,包括韩信在内的七个异姓王,杀的杀,废的废,逃的逃,只剩下势力最小的衡山王吴芮。取而代之的是刘邦新封的九个同姓王;以为同姓则同德,刘姓江山可保太平。刘邦死后,一度由吕后操纵朝政。她先把军权篡夺到她两个侄儿手中,接着残忍地杀死刘邦最喜欢的儿子赵王如意,立吕家的兄弟子侄等为诸侯王。刘姓诸侯王和刘邦的旧臣们对吕后的所作所为极为不满。吕后一死,大臣周勃、陈平等用计将诸吕一网打尽。

平定了诸吕之乱后,刘姓诸侯王势力膨胀,形成国中有国的局面。他们仿照天子的规模和制式,征收赋税,铸造钱币,擅拟法令,自立博士,发展武装;自恃跟当朝皇帝一样同是刘邦的子孙,骄横贪婪,觊觎皇位。有识之士贾谊给文帝上书《治安策》(一名《陈政事疏》),指出诸侯割据的危险性,分裂的祸患随时可能发生。文帝听取了他的建议,拆分一些诸侯国,以削弱地方势力。到景帝时,御史大夫晁错看出吴王刘濞态度骄恣,招兵买马,图谋作乱,建议逐步削夺诸王封地,归中央直接统管。吴王濞借口"清君侧",诛晁错,于景帝三年(公元前154年)串通楚等六国,同时起兵,发动叛乱。在号称50万叛军的威胁下,景帝杀了晁错;但刘濞非但不退兵,气焰反而更加嚣张,公然称帝。景帝这才明白诸王的用意不在晁错,而是想夺取皇位;于是下决心戡平叛乱。大军在周亚夫的率领下,只用三个月平定了"吴楚七国之乱"。此后,景帝把诸侯国的军权、行政权、官吏任免权全部收归中央。这样,诸王变成只有爵位没有实权的贵族,而侯国也实际上成为像郡一样的地方行政区了。

3. 广为积贮,盐铁官营,独尊儒术

在西汉各时期的经济文化政策中,广为积贮、盐铁官营、独尊儒术是比较有名的举措。

积贮关系到农业生产和财政储备的问题。据贾谊上书文帝的奏议可知,汉朝建立初期近四十年间,"公私之积,犹可哀痛",国家和百姓都很贫穷。贾谊、晁错提出应当重视农耕,抑制商人投机活动。文帝采纳了他们的建议,勉励农耕,减免徭赋,农业生产得到发展,国家财富有了充足的来源。

盐和铁是民生必需品,也是国家重要的战略物资。汉初,盐铁为私人经营,政府只管收税,文帝对盐铁经营也取"无为"的态度,结果是大盐商、大铁商把持

重要的矿山或海滩,生产规模有的大到一千多人。经济命脉分散在豪强富商手里,不利于政府的财政收入,使地方割据势力拥有物力财力。汉武帝决定把煮盐、冶铁,还有酿酒,三个行业的经营权收归政府,由国家垄断经营。汉武帝死后第六年,即公元前81年,各郡推举的"贤良文学"动议取消盐铁专卖。御史大夫桑弘羊和他们进行辩论,结果只取消了酒的专卖,盐铁官营的政策没有变化。

在思想文化领域,董仲舒所治的儒学比黄老学说更有完整的体系,更能规范当时社会生活的方方面面。汉武帝于是采纳董仲舒的建议:"罢黜百家,独尊儒术"。

4. 抗击匈奴,出使西域

西汉的对外民族关系诸事件中,历史影响最大莫过于对匈奴的战争以及张骞出使西域。

匈奴为塞北游牧民族,秦始皇时曾侵扰边疆,企图南下,被击败。楚汉相争期间,匈奴趁乱出兵占领河套以南地区。汉初,又深入到今山西、河北北部一带。公元前201年,韩王在匈奴骑兵的围攻下被迫投降。翌年刘邦亲自率领32万步兵迎战匈奴,结果被敌军重兵包围在平城白登山(今山西省大同市东南)达七天七夜。后来经向单于阏氏行贿,才得以逃脱。

"平城之围"之后,刘邦只得暂且跟匈奴实行和亲政策;而匈奴则仍骚扰不断。

武帝时,随着国力增强,反击匈奴时机成熟了。在公元前129年至公元前119年间,共有十余次战役,其中主要的有三仗:(1)元朔二年(公元前127年)卫青、李息率军收复河套以南,汉设朔方、五原二郡。(2)元狩二年(公元前121年)霍去病两次西征,入匈奴境内,匈奴昆邪王率部4万人降汉。汉先后设武威、张掖、酒泉、敦煌等"河西四郡"。(3)元狩四年(公元前119年)由卫青、霍去病率领10万骑兵,深入漠北,歼灭单于骑兵主力,并击败左贤王。此后,汉匈恢复了旧日的和亲关系。王昭君的故事就发生在此后八九十年的元帝、成帝时期。

也是在武帝时,为了联合西域的大月氏(在今新疆伊宁附近)共同夹击匈奴,武帝征募到郎官张骞出使西域联系大月氏。建元二年(公元前139年)张骞率一百多随员成行。但中途被匈奴抓去,扣留了十几年,找机会逃出敌手。历尽艰难,到达大月氏人居住地。但他们不愿再跟匈奴开战,张骞联络未果而归。归途中又一次被匈奴抓住,一年多后趁匈奴内乱之机脱身。元朔三年(公元前126年)回到长安时随从只剩一人了。

张骞于元狩四年(公元前119年)奉命再次出使西域,这次带上金币、牛羊等礼品,要联络准噶尔盆地的乌孙。乌孙对汉不了解,答应先派人去汉看看。张骞一行顺访了西域其他几个小国,于元鼎二年(公元前115年)顺利返回长安。

张骞二通西域,沟通了中原跟西部各民族地区之间政治、经济各方面的交流。

5. 王莽篡权

王莽是汉元帝的皇后王政君的侄子,凭借裙带关系,在哀帝死后,被扶上大司马的重要职位。他玩弄权术,培植党羽,排除异己。他把女儿立为平帝的皇后,使自己成为皇帝的岳父,后又毒杀平帝,于公元8年自立皇帝,国号"新"。

王莽改朝换代后颁布一系列"改制"的诏令,恢复《周礼》记载的井田制,称田地为"王田",奴婢为"私属",不得买卖。此外,税制、币制、借贷制度都做了改革,大肆掠夺财富。王莽还对周边民族大摆"新政"的威风,重开匈奴之战,搜刮民脂以充军费。

王莽的复古改制,实为倒行逆施,搞得民怨鼎沸,内外矛盾激化;终于爆发了绿林、赤眉大起义。

二、东汉:豪族集团的黑暗政治

1. 豪族、外戚、宦官占据要位

公元23年,起义军攻入长安,王莽被杀。经过一段时间起义军和刘姓皇族武装的分合混战,最后由刘秀摘取胜利果实,于公元25年称帝,定都洛阳,建立东汉。

早在西汉,就开始实行叫作征辟、察举的选官制度。征辟是由皇帝和官府直接聘请有名望的人做官,察举是由公卿、列侯、郡守等官员经过考察把人才推举给朝廷。察举的名目有"贤良方正""秀才""孝廉""明经"。东汉初年流行一首歌谣说:"举秀才,不知书;察孝廉,父别居。"被推举者名不副实,靠豪族官僚的关系爬上高层,可见官场的腐败黑暗。

东汉中后期,皇帝大权落入皇后家族的人手中。汉章帝之后,有六个皇太后临朝执政,所立继位的皇帝多为幼童,以便当傀儡操纵在手。皇帝长大后为了夺回实权,又依靠宦官的力量打击外戚,以致宦官成为一种政治集团,又反过来架空皇权。不管外戚还是宦官,都凶暴无道。他们买官卖爵,收受贿赂,抢夺财货、欺掠妇女,无恶不作,广大人民生活在水深火热之中。

2. 党锢之祸

宦官专权激化了跟外戚的矛盾,同时也引起一部分开明的官僚以及一些太学生和郡国生徒的不满。豪族出身的司隶校尉李膺,曾在河南尹任上就打击过宦党。桓帝后期,宦官张让的弟弟张朔横行不法,畏罪逃入其兄家中。李膺派人前去搜捕,并将张朔处死。士大夫拍手称快;宦官们胆战心惊,于是伺机进行反扑。延熹九年(166)宦官集团叫人诬告李膺和太学生等朋比为奸,诽谤朝廷,"疑乱风俗"。桓帝于是诏令全国,逮捕李膺等"党人"二百多名。后经皇后的父亲窦武等出面求情,此年将"党人"遣返家乡,终身禁锢,不得复出。

桓帝死后,时为太后父亲的窦武出任大将军,重新起用李膺等"党人",密谋消灭宦官势力。建宁二年(169),宦官探得消息,抢先发动政变,逼迫汉灵帝逮捕窦武。窦武拥兵反抗不敌而自杀。宦官再度得势,李膺被杀,大批"党人"遭禁锢、迁徙。

3. 黄巾起义

统治者荒淫腐朽,对人民敲骨吸髓,大肆搜刮。东汉末年,水旱蝗灾连年不断,冀豫一带将近半数人口饿死,出现人吃人的惨剧。社会动荡不安,各地接二连三发生农民起义。

顺帝时于吉在东海(在今山东省郯城县西)制作一部《太平青领书》(又称《太平经》),内容有关阴阳五行巫觋之类,也有对社会上为富不仁的谴责,主张人人平等。后来,巨鹿(今河北省平乡县)人张角、张梁、张宝三兄弟拿《太平经》从事传教活动,这一宗教就叫太平道。当时山东青州及江淮地区连年闹灾荒,疫病流行,张氏兄弟用符水咒语给人治病,据说果然有效,信徒在十几年里发展到三十多万人,遍及八个州。他们按军事编制组织群众,定于甲子年(184)三月五日发起全国性的暴动,口号为"苍天已死,黄天当立。岁在甲子,天下大吉"。因机密泄漏,起义提前一月发动。他们头裹黄巾,表示替黄天行道。

在黄巾军辗转南北的同时,汉中的张鲁发起五斗米道起义,建立了政教合一的农民政权。张鲁为五斗米道创始人张道陵(一名张陵)的孙子。顺帝时,张道陵在四川鹤鸣山(在今四川省大邑县)修道,造作符书,用符水及中草药为人治病。信教者入道须交五斗米,所以称"五斗米道"。直到公元215年张鲁投降曹操,这个政权存在了二十多年。

在镇压黄巾起义的过程中,各豪族发展自己的军事实力,成为各霸一方的军阀,东汉王朝名存实亡。历史就此进入三国时期。

第三讲　中古盛世：唐宋

第一节　古代辉煌的顶峰：唐朝

一、贞观之治

1. 玄武门之变

李世民是唐朝开国皇帝唐高祖李渊的次子。在隋朝政局被起义军打得土崩瓦解之时，李世民给父亲出谋划策，趁机起兵占领长安，第二年即称帝建唐。高祖根据嫡长继承制，立长子李建成为太子。李建成德与才都远远及不上李世民，他感到李世民的才干和功劳是对自己地位的威胁，便拉拢四弟李元吉共同陷害李世民。公元626年，李世民同他的谋士在皇宫的玄武门下埋伏，杀死李建成、李元吉，迫使李渊让位；然后于公元627年改年号为贞观，他就是历史上的唐太宗。

2. 唐太宗的统治思想

李世民亲历隋末农民起义推翻一个朝代的惊心动魄的大变动时代。他当上皇帝后，吸取隋朝统治者因骄奢暴虐丢失政权的教训，常和大臣们研究治国安国，防止人民起来造反的方略。他觉得"水能载舟，亦能覆舟"

唐太宗李世民像

的话很有道理,君好比舟,民好比水,小心处理事关人民负担的一些问题。他要求臣下克制贪欲,自己也收敛排场,减轻徭役和赋税,以博取人心。

唐太宗还鼓励臣下向他进谏,魏徵就是一位以直言进谏闻名的人,前后提过200多条规劝意见,深得太宗的信任和欣赏;曾被提拔为谏议大夫,后参与朝政。"兼听则明,偏信则暗"的名言就是他给唐太宗"人主何以而明,何以而暗"的回答。唐太宗把魏徵比作可照见理政得失的一面镜子,说:"以铜为镜,可以正衣冠;以古为镜,可以知兴替;以人为镜,可以知得失。"

3. 唐太宗的治国措施

高祖执政时期李世民一向是其父皇的智囊。

唐初政治经济的各项制度大多沿用隋朝的。如经济上的均田制、租庸调制,军事上的府兵制,选官方面的科举制等。此外,"唐律"的制订始于高祖,太宗继位后下令长孙无忌、房玄龄参照以往各法,重新制定新法,于贞观十一年(637)正式颁布《唐律》十二篇,共五百条。

这些措施之中对后世影响最大的莫过于科举。

隋朝开始通过考试来录用官员,那时只有"志行修谨""清平干济"和"进士"三科。唐设立的科目名目繁多,有秀才、明经、进士、明法、明书、明算、史科等,其中明经、进士两科应考人数最多。开考以上常设的科目称"常举";还可以由皇帝临时设置科目,亲自主持考试,称"制举"。制举偶尔举行,且录用人数稀少,不是科举的主流。

有史书记载唐太宗有一次私下里走到宫殿的正门,看到新录取的进士鱼贯而出,高兴地说:"天下英雄都进入我的圈内了。"有唐诗道:"太宗皇帝真长策,赚得英雄尽白头。"科举制的发展为唐统治者提供了源源不绝的人才资源。

二、武则天称帝

1. 爬上皇后宝座

武则天自名曌("曌"是其自造的字),是木材商人的女儿,14岁入宫做唐太宗的妃嫔。太宗死,儿子高宗李治继位,武则天一度被迫去当尼姑。后来高宗把她又招进宫来,封给她一个叫"昭仪"的女官官职。这个人聪明、机巧,权术颇精,入宫后竭力奉承正宫皇后王氏,讨取她的欢心。不久便阴谋设计诬陷王氏皇后,致使高宗废黜王氏,立她为正宫。

在皇后换马的过程中,朝廷争议激烈。贞观老臣子长孙无忌、褚遂良等极力反对,认为王氏皇后出身名门贵族,武氏出身低微,不配当皇后;况且武氏曾侍奉太宗生前,再立为当世皇后,很不妥当。而庶族官僚李义府、许敬宗等力挺武氏。

爬上皇后宝座以后,武则天害死了王氏皇后,又把长孙无忌、褚遂良等贬官流放,长孙无忌最后被逼自杀。

2. 建立武周

高宗有风眩病,发病时头重目眩,不能看东西。这样,朝中事务,都由武曌处理。高宗虽感不满,但完全受她操纵,奈何不得。高宗死后,她的三子中宗李显继位,两个月后就被武曌废掉;继而立四子李旦为帝,就是睿宗;实际大权操控在她自己手中。武曌翻云覆雨,党同伐异的行径,激怒了太宗旧臣和唐朝宗室。光宅元年(684)柳州司马徐敬业以匡复庐陵王(即中宗)为口号,由文人骆宾王写讨伐武则天的檄文,在扬州起兵。几年后,琅琊王、越王也起兵反对武则天,都很快告于失败。公元690年,武则天正式称帝,改国号为周,建都洛阳,称作"神都"。武则天任用酷吏,对一切有造反嫌疑的,或者不讨他们喜欢的人,大兴刑狱,鼓励告密,动辄株连千人,搞得人人自危。唐宗室贵戚被杀多达数百人,大臣被杀多达数百家,地方士族官僚被杀更是不计其数。

武则天像

3. 不拘一格用人才

为了填补官位的空缺,罗织自己的班底人马,武则天打破常规选用人才。她叫官员和百姓自我推荐,介绍自己的才能,申请想做的官职;另一方面,派人到各地去发掘、推举可用人选,许多以往落选的读书人被搜罗上来。凡举来的人不问愚贤都给官职,封官之滥,可车载斗量。然而对于不称职的分子,则立即废黜,刑法处置,甚至诛杀。她还发展了科举,增设"武举"项目,以选拔军事人才。她亲自主持考试,而以前没有这种"殿试"形式。

武则天在坐稳了女皇宝座后,也仿效唐太宗的做法,善待进谏之臣;有的劝告也能听进去,加以纠正。比如,复察大狱,平反冤案,就是采纳了监察御史魏靖的劝谏。

做了15年的皇帝,82岁时武则天病重。宰相张柬之等联合宫廷卫兵首领发动政变,强迫她把皇位传给唐中宗李显,恢复唐的国号,首都恢复为长安。不久,武则天病死。

三、安史之乱

1. 开天之治

唐玄宗是睿宗李旦的第三个儿子李隆基。

中宗恢复唐室却昏庸无能,韦皇后想效法武则天称帝,将中宗毒死。中宗之弟李旦的儿子李隆基发动御林军攻入皇宫,杀死韦后,重立李旦为帝,李隆基为太子。公元712年,睿宗李旦将皇位传给李隆基。

玄宗执政,经历了唐朝由盛变衰的转折。

前期,玄宗采取了一些改革措施:裁减冗官,改变中宗时因卖官鬻爵造成的官员膨胀的局面;国家统一征收贵族封家的租调,抑制地方贵族势力发展,杜绝他们对封地内农户滥收暴敛;强令僧尼还俗,禁止民间抄写佛经,压制佛教势力扩张,以约减寄生人口,保证壮丁来源。在水利等具体农业技术措施的配合下,生产得到恢复和发展。国家粮食储备充足,物价长期保持稳定,户口增长明显,都市经济繁荣。玄宗在位的开元、天宝年间成为唐朝的鼎盛时期,同时也是中国两千年封建社会的一个顶峰。

2. 玄宗后期的黑暗政治

但是在繁荣的表面下藏着危机的潜流。

由于跟边远外族关系紧张,斗争复杂,早在李隆基登基的前一年,睿宗设节度使,掌管屯驻边镇的重兵。军队边屯田边驻守,逐渐发展成为有地有民有兵有财的地方割据力量,称为藩镇。到玄宗天宝初年,一共设置了十个节度使,全国军队57万多人,其中有49万人控制在节度使手里。边镇拥强兵而中央兵力空虚。

玄宗后期疏于治理朝政,一味享乐,把国家大小事务都委托给宰相李林甫处理。李林甫口蜜腹剑,妒贤嫉能,瞒骗皇上,排挤忠良,不少同僚遭他迫害,甚至被处死。玄宗又宠上了杨贵妃,二人穷奢极欲,荒淫无度。杨家姊妹兄弟鸡犬升天,族兄杨国忠被提升为宰相,接替李林甫。他比李林甫更胆大妄为,欺下瞒上,随心所欲,把唐朝的政治搞得一片漆黑。玄宗还穷兵黩武,好大喜功,开拓疆域。天宝十年和十三年两次兴兵攻打南昭,先后有6万和7万人战死。政府到处募兵,百姓听说云南的瘴气会使十之八九的壮丁不战先死,便逃避兵役。杨国忠派人到处搜捕,哀鸿遍野。杜甫《兵车行》写的就是那时的悲惨场景。

3. 安禄山叛乱

天宝十四年(755)安禄山以诛杨国忠为名,在范阳(治所在幽州,即今北京市)发动叛乱。

安禄山擅长权术,讨得玄宗欢心与信任,担任平卢、范阳、河东三镇的节度使,掌权地域横贯今东北、华北、西北一线,统兵近20万人,是所有节度使中实力最强的一个。史思明是平卢兵马使,和安禄山过从甚密,二人结成一伙策划叛乱。玄宗毫无防备,匆忙派新募集的士兵前去抵挡,连连失利。安禄山渡过黄河后,长驱直入,占领洛阳。公元756年,安禄山在洛阳称大燕皇帝,叛乱大军直逼潼关,长安危在旦夕。玄宗带皇室往四川方向仓皇出逃。行至马嵬驿(在今陕西省兴平县西),保驾的军队逼玄宗惩办奸臣杨国忠,处死杨贵妃,玄宗才得以逃到成都。太子李亨另路北逃,在灵武(在今宁夏回族自治区灵武县西北)即位,他就是唐肃宗。

4. 平定叛乱

叛军攻占长安后,阵营内部居功争利,迷恋声色。安禄山被他的儿子安庆绪杀死,史思明拥兵范阳,从此不听安氏调遣,叛军一时无法再凝聚起战斗力。

在唐方面,肃宗从陇右、河西、安西、西域等地陆续调集援军共十多万人,又从回纥借调骑兵4千,在唐将郭子仪率领下,收复长安。但追击叛军,擒拿贼首的战役打得并不顺利。公元759年安庆绪被史思明杀死,两年后史思明又被他的儿子史朝义杀死。

唐朝宫廷里也有变故发生。公元762年,宦官李辅国率禁军杀死张皇后,肃宗受惊吓而死。李辅国扶植太子李豫即位,他就是代宗。代宗执政后调集各路兵力,并再度向回纥借调军队,向史朝义军发动进攻。官军所到之处,叛将相继投降,广德元年(763)史朝义走投无路,被迫自杀,历时七余年的"安史之乱"终于结束。战乱给人民带来无穷的灾难,叛军烧杀抢掠,唐与回纥的联军在攻打河南"贼境"时也杀人放火,纵兵掠夺,大摆胜者淫威,肆意实行报复,苦了当地的平民百姓。

四、唐朝后期,国势转衰

1. 藩镇割据

安史之乱后,原叛军余部还留下相当大的势力,代宗不得不仍然封他们当河北一带的节度使。他们自设文官武将,收取赋税,独立于中央;节度使父死子嗣,或传位于部下,皇上只能承认,无权更改。其他地方的节度使纷纷效尤,渐渐不听命于中央;于是大唐的天下形成藩镇割据的局面。

德宗建中二年(781)成德节度使因子袭父位未予承认,勾结另三个节度使燃起战火,德宗一度逃出长安,结果以屈服节度使们的要求而告终。宪宗元和十二年(817)宰相裴度讨伐骄横跋扈的淮西节度使吴元济;起用自荐的李愬,在一个雪夜突袭淮西镇的治所蔡州城,直捣叛军巢穴,活捉吴元济。从元和元年起,宪宗平定了藩镇的好几次叛乱,淮西大捷震慑了诸割据势力,有一些节度使表示愿意献出地盘,归顺中央;对继续顽抗者,派兵予以镇压;大唐取得短暂的统一。元和十五年(820)宪宗被宦官杀死,不久河北三镇又相继发生叛乱,割据局面故态复萌。终唐之世,藩镇割据问题一直未予解决。

2. 宦官专权

唐前期,宦官无论是数量还是权力都无足轻重;但是玄宗后期耽于享乐,把宫中事务都交给宦官高力士办理;宦官人数也急剧膨胀。各地进奏的文件,先得经过高力士之手,一般事项就由他自行处理,重大的才转送玄宗。因此高力士炙手可热,借皇帝的名义作威作福,连宰相都巴结他。安史之乱后,宦官还掌握了禁军的统率权。为了防止藩镇再度谋反,皇帝派宦官做监军使,监督地方节度使及其军队的将领。代宗又设"内枢密使"一职,由两名宦官充当,传达皇帝号令,执掌军政机密,结果将皇帝权力架空,甚至皇帝的生杀废立操纵在宦官手中;顺宗、宪宗、敬宗都死在宦官手里,穆宗、文宗、武宗、宣宗、懿宗、僖宗、昭宗都由宦官所拥立。宦官成了唐朝后期的太上皇,皇帝反而变成宦官的傀儡。

顺宗曾重用王叔文、王伾以及柳宗元、刘禹锡共十人议定割除藩镇、宦官一系列弊政的革新,由于宦官的抵制,接管军权一事半途流产。宦官头目俱文珍策动一些节度使请求中风的顺宗让位给太子李纯(宪宗),攻击王叔文等人反皇帝。阴谋得逞后,"二王"即被贬逐,王伾病死贬所,王叔文后来被赐死。其他八位相继被贬往边远地区做州司马。"二王八司马"革新运动只维持了146天。

3. 朋党之争

"二王八司马"革新失败后,在对待藩镇和科举这两个问题上,朝臣形成以李德裕为首与以牛僧孺为首的两派。

李党对付藩镇态度强硬,牛党则姑息迁就。公元831年,幽州副兵马使杨志诚赶走节度使李载义,文宗召宰相牛僧孺商量对策。牛僧孺说那边中央管不了,不必去裁定二人的是非顺逆,谁占着那儿都一样。牛党放任自流的态度怂恿藩镇目无中央。由于牛党软弱失策,文宗又召回李德裕为相,但因受牛党李宗闵的排挤,一年多后又被贬地方。武宗即位后,重新起用李德裕做宰相。李德裕复出后,牛党分子被清洗流放。宣宗即位后,因喜好科举,牛党得势,但李宗闵、牛僧孺相继死亡,由白敏中任宰相,李党被全部清除。李德裕经4次贬谪,最后又被逐至崖州(在今海南省),此年病死。

朋党、宦官、藩镇,多重黑暗势力轮番或共同对人民压榨盘剥,最终酿出黄巢农民大起义。

第二节 内忧外患的两宋

一、北宋

1. 宋朝的建立

在唐末农民大起义的风暴中,割据一方的各藩镇趁乱独立建国,中国分裂为"五代十国"。公元960年春,后周的禁军首领赵匡胤谎报军情,带兵北上,到开封东北45里的陈桥驿,发动兵变,诸将拥立他为天子,"黄袍加身",挥师杀回都城开封,推翻了后周政权,定国号为"宋"。赵匡胤就是宋太祖。公元963年开始,宋太祖着手统一中国的军事行动,先后灭掉荆南(南平)、湖南(楚)、后蜀、南汉、南唐。公元976年太祖死,其弟赵光义继位,就是宋太宗。太平兴国三年(978),漳州、泉州及吴越被迫相继归附,长江以南获得统一。同年由太宗亲自率军出征北汉,灭掉"十国"中的最后一国,分裂的局面就此结束。

宋太祖赵匡胤像

2. 王安石变法

北宋将中国重新归于统一,但是其周边的民族矛盾极为复杂:北边有契丹族的辽,西北有羌族的西夏,以及高昌、龟兹、于阗,西南有大理、吐蕃。宋廷企图御辽于长城之外,但未予成功;对西夏的战争也多有失利。北宋官僚机构庞大,兵员冗杂,经济入不敷出;放任土地兼并,以期富室多纳赋税。在这种情况下,阶级矛盾日益激化。太宗晚期已经有农民起义爆发。

王安石像

宋仁宗庆历三年(1043)参知政事(副宰相)范仲淹实行他提出的十项新政,遭到保守势力的反对,不到一年便被排斥,变法流产。

仁宗晚年时,王安石从地方调任京城开封当财政官员,针对当时社会的政治和经济危机,上书皇上,主张变法。公元1068年,宋神宗即位,对朝廷暮气沉沉的保守氛围极为不满。他立志有所作为,于是将王安石从翰林学士提为参知政事,第二年就实行新法。新法涵盖财政经济、军政、科举等各方面,旨在发展生产,富国强兵,扭转宋朝积贫积弱的局面。王安石以"天变不足畏,人言不足恤,祖宗之法不足守"的精神,做出大刀阔斧的改革。以司马光为代表的保守派依托两宫皇后(仁宗曹后、英宗高后),以及一批皇亲国戚、元老重臣,对王安石及其新法百般攻击、诬蔑,致使神宗也逐渐动摇了。熙宁七年(1074)、九年(1076)王安石两次被迫去职。神宗死后,年幼的哲宗赵煦继位,由其祖母,即神宗母高氏以太皇太后身份临朝摄政。她立即请出保守派头目司马光做宰相,新法被废除殆尽,变法派被斥逐流放。第二次去职后一直住在江宁的王安石抱恨而死。

3. 宋江、方腊起义

公元1100年,哲宗死,由神宗之子赵佶继位,他就是宋徽宗。这个皇帝荒淫腐朽,最宠信的官僚是以蔡京为首的"六贼"以及高俅等人。他们骄奢淫逸,欺压百姓,出卖官爵,无恶不作。由于肆意挥霍,朝廷寅吃卯粮,因而增收赋税,滥发纸币,导致物价飞涨,民不聊生。官僚豪绅依仗权势,强抢民田;失去田地的农民沦为佃农,灾荒歉收之年,租税不得减免,卖儿卖女,倾家荡产,还难逃脱官府捉拿。社会陷入最黑暗的时期。

宣和二年(1120)前,山东郓城人宋江,领导36个人打出"劫富济贫,替天行道"的旗号,以山东西部的梁山泊(在今山东省梁山县)一带为根据地,杀贪官,除恶霸,夺回财产分给贫苦农民。他们武艺高超,英勇善战,官军不敢跟他们交锋。宣和三年春,起义军在进攻海州(在今江苏省东海县)时中了敌人的伏击,宋江战败被俘。

宣和二年,睦州青溪县(今浙江省淳安县)的方腊揭竿而起,爆发了北宋历史上规模最大的一场农民起义。缘由出自徽宗在开封修建皇家花园,派人到东南一带搜罗各种奇花异石,由"六贼"之一的朱勔主持,通过运河运到开封,每十船组成一纲,叫作"花石纲"。官府搜刮民财,抢夺民家珍异花石,使本来就赋役繁重,缺吃少穿的农民怒火燃烧。方腊以"诛朱勔"为名,号召群众起来反抗。他利用当地秘密流行的摩尼教把农民组织起来,队伍拥有数万人。他自称"圣公",建年号为"永乐",设置官吏将帅。起义军所向披靡,3个月攻占6个州52个县,占领了两浙首府杭州,人数扩大到百万以上。江浙一带农民纷纷揭竿响应。北宋朝廷惊恐万分,派宦官童贯率领精锐的禁军及西北边兵共15万,进行疯狂镇压。由于起义军没有作战经验,缺乏武器,最后遭到失败。公元1121年方腊被捕后在开封就义,他的余部又坚持战斗了一年才被完全镇压下去。

4. 金兵入侵

女真民族是唐代黑水靺鞨的后代,居住在我国东北地区。北宋初以完颜部(部落名)为核心迅速发展。北宋末阿骨打统一女真各部,建立金政权。公元1125年推翻了辽朝。

就在这一年的初冬,金兵分东西两路南下攻宋。西路军遭到太原军民的顽强抵抗,东路军取燕京,渡黄河,长驱直入,逼近汴京。年底,宋徽宗慌忙中将皇位传给太子赵桓(宋钦宗),自己逃到南方避难去了。宋钦宗和宰相李邦彦等投降派屈辱求和,割地赔款,尊金帝为伯父,企图以此求得金人退兵。以李纲为首的抗战派组织军民拼死守城,金人未能得手。

靖康元年(1126)二月金兵撤退,太上皇宋徽宗返回汴京,钦宗认为太平无事了,投降派重新得势。他们怕抗战派一切必要的战备会得罪金人,于是遣散各路援军和民兵,李纲被迫离开汴京。九月,正在北宋朝廷重温荒淫腐朽生活旧梦的时候,金兵再次分东西两路大举南侵。西路军把太原攻破了,然后与东路军会合,共同围攻开封。军民奋勇抵抗一个月,最后因钦宗相信一个无赖会用神兵退敌的谎话,打开城门自取灭亡。金人扶植一个投降派官僚张邦昌当傀儡皇帝,"国号"为楚。金人在开封城里烧杀抢掠四个余月,于靖康二年四月初一日掳走宋徽宗、钦宗和后妃、公主、宗室、大臣三千多人,以及各种财物。北宋政权就此完结。

二、南宋

1. 定都临安

金兵撤出开封后,徽宗的第九子康王赵构于公元1127年即位于南京应天府(今河南省商丘市),改年号为建炎。他就是宋高宗。

高宗刚上台时,为了对付金兵的严重威胁,起用抗战派的李纲做宰相。李纲推荐抗金老将宗泽主持开封的防务。然而,高宗跟他的父兄是一类角色,恐金,媚金,一意屈膝求和。李纲当了75天宰相就被投降派黄潜善挤走。宗泽二十多次上书劝说高宗回汴京支持抗战的要求得不到采纳,忧愤而死。

金兵一路南逼,高宗就从商丘经扬州、镇江、苏州、杭州、明州(今浙江省宁波市)、昌国(今浙江省象山港)、台州、温州,一路南逃。公元1130年春,金完颜兀术的军队在镇江的黄天荡遭韩世忠率领的宋军截击,相持48日才得以北返。金人只得先巩固中原再说,又立南宋叛臣刘豫为伪"大齐"皇帝。自此金军未敢再度渡江。于是赵构于公元1132年从越州(今浙江省绍兴市)迁至杭州。公元1138年正式建都临安府(即杭州)。

2. 岳飞抗金

南宋小朝廷得以偏安江南,是敌后中原军民持续不断的浴血奋战给它筑起了屏障。抗金名将有岳飞、韩世忠、刘光世、张俊、吴玠、吴璘等,其中岳飞是他们中的杰出代表。

绍兴四年(1134),32岁的岳飞率中路军击败伪齐主力,收复今鄂豫一带六个州,声威大振。绍兴六年,岳飞又派兵北上收复虢州(今河南省西部灵宝、栾川以西地区)二县,另一支部队攻打蔡州。次年金人废掉伪齐,加强对南宋的诱降攻势,开出的条件是:如南宋愿意向金称臣纳贡,金就"赐还"河南、陕西土地,赵构可接回被掳去的生母。以岳飞为代表的抗战派坚决反对这个屈辱的和议,主张乘伪政权垮台之机,北上收复失地。高宗却不顾民众的愤恨,再度起用被金人俘虏过又来路不明的秦桧为相。在内奸外敌的软硬兼施下,绍兴九年和约订立。第二年,兀术一派执掌了金朝大权,立即撕毁合约,大举全线南侵。岳飞等各路抗战将领迎头痛击金兵,歼灭了敌人大量有生力量,为收复中原创造了有利条件。然而,高宗怕武人兵权过大,秦桧则忌恨岳飞妨碍他卖国求荣,这对君臣竟在胜利在望时一天下十二道金牌,强令岳飞班师回朝,随后又以"莫须有"的罪名逮捕下狱。绍兴十一年除夕,岳飞和他的儿子岳云被杀害。

绍兴十一年(1141)十一月,南宋与金签订了割地称臣的"绍兴和议"。此后宋金间仍战事不断,隆兴二年(1164)又签订"隆兴和议",割地纳贡加码,金、宋帝臣关系进一步沦为"伯侄关系"。

3. 南宋灭亡

12世纪末13世纪初,蒙古族兴盛起来。公元1206年铁木真经过长期激烈的内部争夺,打败了其他部落的竞争对手,统一了蒙古各部,被全蒙古推戴为皇帝,尊称为成吉思汗。

元太祖成吉思汗像

金是蒙古的宗主国,强大起来的蒙古要求摆脱金的奴役,推翻金政权。为了免受西夏的牵制,成吉思汗先后于公元1205年、1207年、1209年攻打西夏,均获得胜利。1226年再次进攻西夏,次年西夏灭亡,不久成吉思汗病死。其子窝阔台(元太宗)即位后,于1233年从南北夹攻金朝,金哀宗从开封逃到归德(即应天府,今河南省商丘市一带),又逃到蔡州。1234年蔡州被攻破,金哀宗自杀,金亡。

南宋参与了灭金的战争,于是宋军乘胜接收汴京、洛阳,蒙军决开黄河水淹阻宋军,并武力阻止宋军前进,长达四十几年宋蒙之战自此开始。

公元1259年,元宪宗亲自领兵在围攻四川合州钓鱼城时身亡。次年其皇弟忽必烈宣布自己即大汗位,他就是元世祖。1264年建都燕京,1271年取《易经》"大哉乾元"之义,改国号为元。公元1276年的旧历二月占领临安,掳走南宋恭帝和两位太后以及宋氏官吏。文天祥原被派往元军谈判,因不屈从而被拘。他逃脱敌手,在福建与张世杰、陆秀夫等人拥立赵昰为帝(端宗)。公元1277年元军进攻广东,宋军寡不敌众,张世杰被迫带着10岁的端宗从海上逃跑,次年端宗死于碙州(在今广东省吴川县南海小岛)。张世杰、陆秀夫等又拥立8岁的赵昺为帝,迁徙至广东新会县南海中小岛崖山。公元1278年初(旧历十二月),文天祥在五坡岭(今广东省海丰县北)兵败被俘,后被押送大都就义。公元1279年的旧历二月,陆秀夫在腹背受敌,走投无路的情况下,背着赵昺投海而死。南宋亡。

元太祖成吉思汗陵

第四讲　北京旧梦：元明清

第一节　蒙古族的大一统王朝：元朝

一、民族大融合

1. 采用汉法

忽必烈有长期跟汉族人打交道的经历，结识不少汉族文人。中原得手后，他意识到在当时的具体条件下，只有先做稳中原的皇帝，才能保住他的蒙古大汗地位。所以他留在汉地，建燕京为"中都"（定开平* 为上都），"仪文制度，遵用汉法"，曾受到蒙古保守派贵族的责难，甚至武力挑战。公元1272年在燕京旧城的东北修筑新城，建设宫殿衙署，改称大都。元的政治中心完全从蒙古本部移到汉族地区来了。

大都即今北京的前身。元朝存在的历史虽短，但它建都北京，国号讲究文字含义，开明清两代之先河。

蒙古族人口中所谓的"旧俗"，是与"汉法"相对立的概念；也就是不同于汉族农耕文化的游牧文化及其相应的上层建筑。汉法的采用，反映当时蒙汉民族之间的相互影响达到了新的高度。

2. 多民族空前统一

中华大地上各民族在元朝统一的政权范围内，共同生活和斗争，相互接触和

---

* 在今内蒙古自治区正蓝旗东闪电河北岸。

交流,奠定了中国作为多民族国家的基础。

在统治阶级层面,早在忽必烈即位之初,为了争取中原封建主武装力量的支持,就任命汉族官僚士大夫担任军政要职。元政权对投靠蒙古人较早的汉族地主当本民族人一样看待,忽必烈跟他们称兄道弟。统一南方以后,也注重笼络"南人"(原南宋地区各族),吸收江南名流委以重任。诏令由蒙文书写改为汉文书写。

公元1247年西藏当局和元朝建立宗藩关系,西藏正式归入元朝版图。西藏的佛教首领喇嘛被元朝皇帝尊为国师或帝师。喇嘛教在蒙古人中大量传布,藏传佛教的寺院和佛塔也建到了内地。第一个国师八思巴还为蒙古人制定了新字"八思巴字"。

回回民族当时指中亚和西亚信奉伊斯兰教的突厥人、部分维吾尔人、波斯人和阿拉伯人。由于蒙古的西征,元朝和中亚、西亚各国密切了关系,他们大批地来到中国。他们长期定居我国各地,有的跟汉族人通婚,成为祖国民族大家庭的成员之一。

澎湖在南宋隶属于晋江县。元朝至元年间(1271—1294)在澎湖设置巡检司,通过这个机构管辖澎湖和台湾,隶属于江浙行省泉州路同安县(今福建省厦门市)管辖。这是中国政府在台湾地区设立的正式行政权力机构。

维吾尔族住在河西(今甘肃省西部)到天山一带,元朝在那里设置官府、驿站,派兵屯田,汉族也有人民迁徙过去。政府向维吾尔地区征收赋税,遇灾荒年成政府则给予救济。

3. 民族歧视政策

为了维护蒙古贵族的统治特权,分化削弱各族人民的反抗力量,元世祖时,把全国的人分成四等:第一等是蒙古人;第二等是色目人,包括我国西北地区的西夏人、维吾尔人,以及来自中亚的西域人、回回人等;第三等是汉人,指南宋时代长江以北的汉人,以及金朝统治下的契丹、女真、高丽等民族;第四等是南人,指曾为南宋统治地区的汉人及西南各族人民。其思路是被其征服越晚,社会地位越低。四等人的政治待遇不同,如科举考试分左右榜,蒙古人、色目人的题目比较容易,汉人、南人的题目比较难;如果蒙古人、色目人愿意参加汉人、南人的考试,取中后授予的官职可以提高一等。四等人的法律地位也不同,如四等人分别由不同的机关审理罪犯,蒙古人殴打汉人,汉人不能还手,只能向司法部门申诉。加在四等人身上的经济负担也不同,如所征收的赋税是不平等的。

二、大都的建设与繁荣

燕山脚下的燕京,背靠长城,面向中原以至长江以南,毗邻东北,其地理位置十分适宜担当全国的行政中心。大都城市规划以汉唐的长安为蓝本,对称方正,雄伟壮观。汉族建筑设计者刘秉忠按照《周礼·考工记》的布局标准安排大型建筑的体制,参加工程建设的还有回族的、尼泊尔的工程师。各地工匠荟萃于这座中心城市竞献技艺,他们的智慧和文化融入新兴的都城这首凝固的乐曲之中。除了宫殿之外,大都城内外的民居星罗棋布,大街两旁商店鳞次栉比。大户人家的庭院跟纵横的马路相映成趣。城市规模之宏伟在当时世界上堪称数一数二。

大都又是全国的文化中心,各色人才汇聚于此,有外国使节、商人、天文学家、历法专家、医药学家、兵器专家、艺术家,以及西方基督教传教士、佛教、喇嘛教、道教、伊斯兰教等宗教活动人士,还有来自各地的名流贤达。他们中有蒙古人、维吾尔人、回回人、西藏人、中原人、江南人等,以及来自欧洲、阿拉伯地区等的国外人士。

元朝朝廷接受外国的来贡,贡品有异域特产,有巨价宝物;此外,也有外国商人入宫中销售商品的。当年来过元朝的几位欧洲人都对大都的繁荣赞不绝口。

三、元末红巾军起义

南宋政权在广东灭亡后,江南人民没有停止过反抗斗争,与此同时,同属于"南人"的西南地区各族人民的反元起义也连绵不断,而北方地区,蒙古本土和中原地区屡屡发生蒙古人民或汉族人民的暴动事件,甚至在严密把守的首都大都,也发生了刺杀宰相的汉人暴动。统治者内部也矛盾重重,从忽必烈死后到元顺帝即位不到40年间,一共换了10个皇帝。皇室贵族之间勾心斗角,你死我活,变故频仍,加剧社会的动荡。忽必烈以后各代帝王都贪图享受,骄奢淫逸;每一新帝即位,都赏赐大量土地和巨额金银钱币给官僚和贵族。元统治者还大兴土木修建寺庙,挥霍大量钱财用在佛事活动上。弄得国库空虚后,各级官吏巧立名目,横征暴敛,滥发纸币,搜刮民脂民膏。

至正十一年(1351),元政府派工部尚书征调黄河南北15万民工及2万军队修堵黄河故道的决口。这一带本来就连年遭受天灾,人民生活在水深火热之中;繁重的苦役更激起军民的共愤。白莲教会的组织者韩山童和他的信徒刘福通秘密策划在永年县(今河北省永年县)发动起义。但因事机泄露,韩山童被捕,刘福通逃至颍州(今安徽省阜阳市),继续组织和领导武装起义。起义军头裹红巾,称作红巾军或红军。只半年不到的时间,攻占河南数州,队伍拥有10万之众。各地农民也相继起义,自称红巾军,名义上以刘福通为盟主各自为战。至正十二年郭子兴、朱元璋在濠州(今安徽省凤阳县)起义,公元1366年刘福通的红巾军归于失败,而朱元璋的起义势力迅猛发展,他先后消灭了陈友谅、张士诚、方国珍等义军的武装割据,于公元 1368 年农历正月建国号为明,定都南京,朱元璋就是明太祖。同年八月初二,明北伐军攻入大都,元朝灭亡。

第二节 兴盛一时的大明王朝

一、迁都北京

朱元璋在加强中央集权的同时,又实行分封制,把他的 24 个儿子和一个重孙分封在内地和边疆各处,让地方军政大权掌控在他直系血亲的后代手中。公元 1398 年朱元璋死,因其长子已亡,由皇太孙朱允炆即位,年号"建文",他就是明惠帝。惠帝见北方诸王势力日益强大,这些叔父根本不把他这个做侄儿的皇帝放在眼里,于是跟大臣齐泰、黄子澄等人计议削藩的事。建文元年(1399),朱元璋的第四子、燕王朱棣起兵反抗。朱元璋晚年对开国的功臣武将很不信任,为防止权臣擅政,规定地方藩王有举兵清君侧的权力。朱棣就奉行这条"祖训"借口进京诛齐、黄"奸臣",号"靖难军",进攻南京。朱棣拥兵 10 万之众,训练精良;朝廷一方却优柔寡断,用人不当,指挥不力,经过 3 年多的战争,被朱棣夺得了皇位,改年号为"永乐";他就是明成祖。

朱棣称帝后,由他来继续进行削藩。在把原来分散于藩王手里的军政大权重新集中到皇帝一身之后,于永乐十九年(1421)迁都至他曾为燕王的发祥地北京。

二、郑和下西洋

张骞出使西域及以后的丝绸之路标志着中国的陆路对外交往,时代进入 15 世纪后,中国人起步较晚的海路开拓终于后来居上。

郑和(1375—1435),原姓马,小名"三保",回族,云南人。明太祖统一云南后,受阉入宫当太监。后因跟随朱棣起兵"靖难"有功,被赐以郑姓,提拔为内官监太监,世称"三保太监"。

为了发展海外贸易,明成祖特地派遣郑和远航亚非,所到的地区在今婆罗洲以西的所谓"西洋"。首航在永乐三年(1405),他从苏州刘家河(今江苏省太仓市浏河镇)出发,先后到达占城(今越南南部)、爪哇(今印度尼西亚)、暹罗(今泰国)、满剌加(今马来半岛南端马六甲)、苏门答腊(今印度尼西亚)、锡兰(今斯里兰卡)、忽鲁谟斯(波斯湾口一岛)等地,历时两年三个月,于永乐五年回到南京。

这次航行的船队由62艘组成,最大的船有四十四丈四尺长,十八丈宽,每船可容千余人,乘员中有船师、水手、工匠、卫兵、医生、翻译等,共27800多名。船上有航海图、罗盘针等当时世界上最先进的技术设备。从公元1408年到1430年郑和又6次率船队下西洋,连同第一次,共经历亚非30多个国家,最远到达红海岸的天方(今麦加)、阿丹(今译亚丁)和非洲东海岸;是世界航海史上空前的盛举。郑和船队每到一地,都用瓷器、茶叶、丝绸、铜铁器、金银等商品,换取当地的象牙、香料、宝石、胡椒等特产,因此被人们称作"宝船"。南洋各地至今还保存着纪念郑和航海的文物和古迹。

清代所建马来西亚马六甲郑和庙之碑

三、抗击倭寇和收复台湾

1. 戚继光抗击倭寇

倭寇是日本的一些破产封建主、没落武士、走私商人和浪人,他们从元末明初开始经常到中国沿海进行武装掠夺和骚扰。明世宗嘉靖时,倭寇的侵扰日益严重。他们跟中国大奸商内外勾结,侵犯江苏、上海、浙江、福建、台湾、广东,猖狂劫财杀人,激起沿海居民极大愤慨。各族人民,包括汉、畲、高山族等纷纷组织起来击败来犯之敌。

浙江参将戚继光招募义乌的农民和矿夫组成"戚家军",配备火器,训练有素,纪律严明,英勇善战,在广大人民的密切配合与支持下,与倭寇前后数十战,于嘉靖四十年(1561)平定浙江倭寇。随后又奉命转入福建,连战连捷。三年后,因倭寇再度大举劫掠福建沿海各县,戚家军再次由浙入闽,大败倭寇于同安与漳浦。曾在福建与戚继光并肩作战的另一抗倭名将俞大猷又领导军民在广东扫除了倭寇。沿海的倭患至此平定下去了。

2. 郑成功收复台湾

从16世纪起,欧洲殖民者开始了抢占东方殖民地的活动。在葡萄牙窃据澳门近70年以后,西班牙殖民者侵占了台湾的淡水和基隆。与此同时,荷兰势力兴起,15年后,荷兰和西班牙在台发生争夺战,结果荷兰取胜,独占了台湾。西方殖民者野蛮残暴的统治,从一开始就遭到台湾人民的反抗。

郑成功(1624—1662)是明臣郑芝龙的儿子,清军入关后,郑芝龙于公元1646年降清;郑成功发誓"杀父报国",以厦门和金门为根据地,坚持抗清斗争。

永历十五年（1661）率将士25000人,大小船只数百艘,向台湾进发。途经澎湖时,当地百姓自告奋勇筹粮支援。部队在禾寮港（在今台南）登陆后,围攻荷兰总督所在地的赤嵌城。高山族人民男女老少壶浆热烈欢迎郑成功。荷兰殖民者的坚船、利炮、堡垒,以及从巴达维亚（今印度尼西亚雅加达）增调来的援军,都未能改变它失败的结局。经过8个月的战斗,1662年的旧历二月荷兰总督揆一缴械投降。台湾重新回到祖国的怀抱。

四、朝廷政治争斗

1. 厂卫制度和宦官专权

明太祖洪武年间,设置"锦衣卫"官署,除护卫皇宫外,兼管刑狱、侦察、缉捕,实为特务机关。明成祖永乐年间在京城东安门北又设立东厂,监察人民和官员中的反对者,主要官职由锦衣卫头目充当,权力在锦衣卫之上,搜集到重要情报可直接报告皇帝。明中期时又设立西厂、内行厂,特务布满全国各地。他们陷害忠良,滥捕无辜,施用酷刑,实行恐怖统治。

早在明成祖即位后,为了收拾尾大不掉的藩王,开始重用朝中宦官。到明中期,皇帝昏聩无能,宦官乘机弄权,厂卫乃至国家的军政大权都逐渐落入宦官手中。宦官想扶植养子当皇帝的有之,搞武装叛乱的有之,收受巨额贿赂的有之,拉帮结派搞阴谋的有之。朝廷一片乌烟瘴气,百姓更是苦不堪言。

2. 内阁官僚相互倾轧

朱元璋废丞相制,明成祖选用大学士若干协助处理政事,因在大殿内阁办事,所以称为"内阁"。明世宗鉴于武宗时宦官专权,便提高内阁的地位。大学士中一人为首领,称"首辅",其职权相当于以前的宰相。

明世宗朱厚熜是武宗的堂弟,因武宗无子,故传位于他。在如何确定世宗之父兴献王与武宗之父孝宗的尊号问题上,内阁官僚争得不可开交,借故大打出手,呼朋引类,排斥异己。此后又发生严嵩和夏言的争斗。严嵩因是夏言的同乡而被其引进内阁,他忌恨夏言不重用自己。当时蒙古贵族俺答汗屡次从河套地区骚扰内地,夏言支持陕西总督曾铣出兵抵抗,严嵩攻击夏、曾首开战端,于嘉靖二十七年（1548）杀死夏、曾,自己取而代之,坐上首辅交椅。由夏言推举的大学士徐阶又暗里策划倒严,得到世宗信任后,取严嵩而代之。徐阶当权后引进东宫官僚高拱,高又跟徐争权,迫使徐阶让出职位。

3. 明末党派之争

万历年间,吏部郎中顾宪成被革职回乡,在无锡县同高攀龙等在东林书院讲学。他们讽议朝政,裁量人物,与一批落职的和在职官僚你呼我应,人们称他们

"东林党"。天启年间,东林党人杨涟上书弹劾阉党头目魏忠贤"二十四大奸恶",阉党迅速反应,罗织东林党人黑名单,大兴冤狱,按名杀戮、禁锢。崇祯时魏忠贤被诛,但此案的定案与翻案又成为东林党与阉党长期争斗的焦点。

五、明末农民起义

明朝后期社会矛盾激化,官吏行酷,暗害民生;藩王宗室,暴虐恣睢;勋戚贵族,肆行扰害,百姓无法安身,民变、兵变,接二连三。适逢陕西大旱,农民只能抢着吃树皮草根,树皮草根也吃完了,就只能吃山中石块,饱感一时即腹胀而死。尸体漫山遍野,不及掩埋。政府不顾人民死活,还强迫他们交租纳税。此前,已发生了陕西澄城县饥民冲进衙门杀县官的事件,崇祯元年(1628)陕西各地相继爆发起义,有安塞的高迎祥、延安的张献忠,等等。米脂县人李自成在高迎祥的部队中,因作战英勇,成为一名闯将。高迎祥在一次战斗中不幸被俘牺牲,李自成就接过了义军的帅旗。各路起义军粉碎明政府的剿抚围攻,革命形势迅速发展。崇祯十六年(1643)十一月,李自成攻下西安,决定建立"大顺"政权,于第二年正月启用"永昌"年号,定西安为西京;三月就攻占北京。崇祯皇帝于十九日凌晨逃到紫禁城后门的煤山(在今景山公园内)上上吊自杀,明朝亡。

第三节 最后一个王朝——清朝

一、清朝的建立

1. 满族的兴起

女真人分布在我国东北各地,其中居住在长白山北部、牡丹江和绥芬河等流域的女真人称为建州女真*。明朝建立后统一了东北地区,在建州女真部聚居地区设立了建州卫;后于永乐十年(1412)增设建州左卫,任命猛哥帖木儿为指挥使;30年后又分设建州右卫,统称建州三卫。

努尔哈赤(1559—1626)是猛哥帖木儿的后裔,姓爱新觉罗,意为女真金朝的遗族。从公元1584年开始,经过30多年的努力,努尔哈赤基本上统一了女真各部,建立了军政合一的社会组织形式——八旗制度;于是在公元1616年在赫图阿拉(今辽宁省新宾县)即位称汗,国号大金,历史上称为后金。9年后迁都沈

---

* 因属建州卫而得名。建州,古地名;故址一说在今绥芬河流域附近,一说在今吉林东部。

阳,名为盛京。后金建立政权后,不断在关外同明朝军队交战。公元1626年努尔哈赤在攻打宁远卫(今辽宁省兴城县)时负重伤而死,其子皇太极继位,他就是清太宗。公元1636年改后金为清,有意掩盖12世纪入侵宋朝在北方建立过的金朝,且根据五行相胜的说法,朱明象征火,火可克金,对其不吉;改为三点水"清",水反过来可克火,志在灭明。女真人也随之改口称满洲人了。

沈阳故宫大政殿

2. 清军入关

清太宗见关内农民战争风起云涌,明室摇摇欲坠,便趁机派军队多次深入关内进行骚扰,实为夺取明政权的预演。崇祯十五年(1642)镇压农民军的辽东督师洪承畴投降清军,清太宗等于得到一个指路的向导。第二年,清太宗皇太极死,幼子福临嗣位,年号顺治,睿亲王多尔衮辅政。此时正是李自成向北京进军的途中,崇祯帝两次飞檄征召镇守山海关的总兵吴三桂率兵救京。吴三桂奉招撤回关内,清军不费一兵一箭占领了宁远—锦州一线。吴三桂消极怠命,率军行至丰润,知李自成已进入北京,便退回山海关。李自成派明朝降将唐通带领1万人前去劝降,遭到拒绝;使者被杀害。吴三桂击败唐通军队,向清朝送降书并请求多尔衮派兵入关。李自成见吴三桂非但拒不投降,并已叛国投敌,就亲自率领6万大顺军东征讨伐。正当与吴军激战并取得小胜时,清军突然赶到参战,大顺军猝不及防,败退回京。北京政治气候十分不利于大顺政权,崇祯的家属、旧臣趁李自成东征之机在北京城里兴风作浪,吴三桂派系的分子也大肆散布谣言,进行颠覆活动;大商人罢市,城内缺粮,米价飞涨,军饷无法捐得。李自成眼看北京无法坚守,于公元1644年的旧历四月三十日撤出北京,向陕西转移。五月初一,清军由吴三桂引领进入北京。九月,清政府从沈阳迁都北京。

3. 各地抗清斗争

西线。李自成撤出北京后,途经山西退入陕西,在战略上陷入守势。清军攻陷太原后,分两路攻打陕西;李自成组织潼关保卫战,失利后退出陕西,转至湖北襄阳。公元1645年的旧历四月在湖北通山县九宫山察看地形时,遭到地主武装团练的突然袭击,壮烈牺牲,年仅39岁。

张献忠在四川建有大西政权,清军得手陕西、湖北,就紧逼四川。清廷下诏威胁利诱张献忠,遭到拒绝。1646年冬张献忠亲自率兵迎击清军于四川北部西充凤凰山,叛徒引清兵突然袭击,被俘遇害。

在甘肃,顺治五年(1648)爆发了回民起义,连续攻下了凉州、兰州等地,一年半后才被清军镇压下去。

北线。清军进入北京后,京畿一带人民出没丛山密林中,到处袭击敌人。天津、沧州爆发的起义,严重威胁到北京的最高统治者,两任天津巡抚因之被撤职。畿南一带的农民利用万山层叠的地形,神出鬼没打击清军,他们抗租抗税,官府奈何不得;遇有入乡进剿,农民盘踞险要,群起阻击。

在山东,公元1644年的旧历九月,李自成裨将赵应元领导起义军占领青州城,杀掉清山东巡抚王鳌永。两年后又爆发谢迁起义,从山东一直打到苏北,坚持战斗五年才被血腥镇压。鲁南义军活跃在运河两岸,袭击来往的官船,使顺治帝大为头痛。起事于明末的曹州榆园农民军于顺治五年在当地建立农民政权,坚持达7年之久。

河南的抗清斗争十分活跃,地主武装也一道来阻止清军南下。

南线。公元1644年崇祯皇帝的堂兄福王朱由崧在凤阳总督马士英等人的拥戴下,在南京建立弘光政权,史称南明。由东林党人、兵部尚书史可法督师扬州。顺治二年清朝豫王多铎等带兵南下,直取南京福王政权。在南京的门户扬州,史可法在清军包围中坚守孤城十余天,进行顽强抵抗,最后城破被俘。多铎佩服其气节,劝他降清,被严词拒绝,慷慨就义。其余部和扬州人民一起展开巷战,全部壮烈牺牲。扬州沦陷后遭七日屠城。

清军入关后,对内地人民实施民族高压政策,他们强迫汉人按照满族的风俗剃发:男子只在头顶留一部分长发,梳成辫子,其余都要剃掉。清廷派官员四处发布告示:留头不留发,留发不留头。江阴、嘉定等地人民由反剃发引发了暴动,杀死或赶走清朝的县官。

清军渡过长江后,一路都遭遇反抗。顺治二年,明唐王朱聿键在福州被拥为皇帝,建元隆武。无论浙闽还是湘赣,义军也都愿意拥明抗清。由于唐王政权掌权者郑芝龙无意抗战,致使福建失守,唐王被清军俘杀。顺治二年,湖广地区的几个总督、巡抚又在广东肇庆拥戴桂王朱由榔为永历帝。在湖广战场,岳州、全州两个战役在大顺军余部的参加下,打败清军;并于公元1648年收复赣、湖、广的大部分失地。后由于桂王政府内部分歧,大好形势又得而复失,节节败退至川贵。张献忠的大西军余部迎桂王居于贵州。顺治三年春,大西军发动大规模反攻,兵锋达于江西吉安,大破清军数十万。可惜发生内讧、主将投敌的事变,大西抗清力量喋血西南,壮烈牺牲。尽管如此,在云南—缅甸边境一带,各少数民族和义军团结奋战,延续20年之久。

二、康熙和乾隆

1. 清圣祖玄烨

康熙是清世祖福临(年号顺治)的第三子玄烨的年号。公元1661年继位,至1722年去世,即清圣祖,在位61年。玄烨8岁即位,由贵族鳌拜等人专擅朝政,吴三桂等藩王势力日益强大,逐渐形成割据局面。亲政后,于康熙八年将鳌拜革职拘禁,继而下令削藩。康熙十三年初,吴三桂派兵攻陷湖南长沙等重镇,广西、四川、福建、陕西、广东、江西、陕西、甘肃等军阀闻风相继叛乱,战祸蔓延至半个中国,形势一时相当紧张。年青的康熙积极部署,采取分化瓦解的策略,集中力量打击吴三桂。军事上由开始时的不利逐步打开局面。康熙十七年,吴三桂在绝望中暴死。三年后,吴三桂等"三藩"之乱被平定下去。

清初顺治二年,清廷颁布圈地令,将京畿地区8个府及长城附近的前明皇田和私田夺为八旗旗丁和满洲贵族所有。康熙认识到圈地致使农民衣食无所着落,流离困苦不堪,于是在康熙八年下令停止圈地。此外,还把一部分明代各地藩王所占田地还给原种之人。由于继续推行垦荒政策,康熙二十四年耕地比清初扩大近3倍,康熙六十年户籍人数是清初的约1.5倍。

康熙帝在他36岁后三次亲自领兵平定新疆准噶尔部上层分子的叛乱。顺治九年,清政府法定了西藏达赖喇嘛的封号;康熙五十二年,又为班禅确定了"班禅额尔德尼"的封号。康熙五十六年,西藏发生达赖继承人选的争斗,准噶尔部派兵进入拉萨,在西藏各地大肆骚扰。康熙五十七年至五十九年,平叛军分两路入藏,把准噶尔部势力驱逐出去,敕封达赖六世。事后清政府在西藏留兵驻守,任命藏人官员管理前后藏。

2. 清高宗弘历

乾隆是清圣祖玄烨(年号康熙)的孙子弘历的年号。公元1735年雍正去世,乾隆继位,至1796年禅位,即清高宗,在位61年。准噶尔部派兵入藏被击败后,始终不改对清朝的敌对立场,雍正七年(1729)清政府开始着手剿灭准噶尔部上层分子的叛乱。乾隆二十年(1755),清军攻克叛军老巢伊犁。三年后清政府设置伊犁将军,管理天山南北的军政事务。针对维吾尔宗教首领大和卓木与小和卓木兄弟在南疆发动叛乱,乾隆派兵前往平定。由于叛乱不得人心,清军得到各族人民的支持,粉碎了叛乱;并派驻官员和军队,加强对天山南路的统治。此后,天山南北路统称为新疆。

乾隆三十八年,清廷选派纪昀等160余人编辑《四库全书》。我国传统的书籍目录分类是经、史、子、集。经为儒家经书,史为史书,子为诸子之书,集为诗文合集。四类中又各分许多子目,检索比较方便。历时10年全套书完成,抄录七部,分藏于北京的文渊阁(皇宫)、文原阁(圆明园)、沈阳的文溯阁、热河的文津阁、扬州的文汇阁、镇江的文宗阁、杭州的文澜阁。编书过程中销毁或篡改对清政权不利的书籍,以加强思想统治,给祖国文化遗产造成大的破坏。

乾隆帝6次下江南,挥霍浪费无度。后期任用和珅,开贪污腐败之风。

康熙、乾隆二帝比起他们的后代来,算是有所作为的。然而阶级的历史的局限使他们固守闭关自守政策,落后于世界潮流。

三、清朝的衰落

西方资本主义的发展,要求拓展原料、劳动力、商品的新市场。然而中国还是自给自足的自然经济,占人口大多数的农民基本上不需要去市场购买商品。就中英贸易看,英国从中国购入的茶叶、生丝、药材等商品的价值总额,远远超过它出口到中国的棉毛制品、玻璃制品、香料等奢侈品的总值。为了改变对华贸易的这种不利地位,英国便向中国倾销鸦片,赚取中国的白银来弥补贸易逆差。对中国造成的严重后果是:白银外流,财政枯竭,物价上涨,国人体质崩垮。道光十八年年末,清政府在广州把一个鸦片走私犯处以绞刑,英美殖民主义者竟来劫法场。在禁烟形势严峻的情况下,清廷派钦差大臣林则徐前往广州。道光十九年(1839)六月,在虎门海滩烧毁缴来的2万多箱鸦片。英国殖民主义者不甘心失败,决定发动侵略战争。1840年的鸦片战争,暴露了清政府的软弱无能,从此清朝一步步走向割地赔款的衰落境地;而历史便翻开中国人民反帝反封建斗争的新一页。

OUTLINES OF CHINESE CULTURE
中国文化概要(第二版)

文学篇

- 第一讲 诗、词
- 第二讲 散文
- 第三讲 小说
- 第四讲 戏曲文学
- 第五讲 现代文学

第一讲 诗、词

第一节 《诗经》和楚辞

一、中国最早的诗歌总集《诗经》

1. 文学最早的体裁——诗

诗歌是人类最初的文学体裁。早在文字产生之前,诗歌作为口头创作的语言艺术,载着知识和情感,突破时空限制,流传于人群中间。文学选择诗歌作为其源头绝非偶然,这是因为人们对自己创造使用的语言的发音中某些美听成分引起关注和兴趣,进而利用和设法强化那些美听的语音,编织起富有音乐性的艺术语言——诗的语言。同时,在文字发明之前,知识和思想的传播基本上依靠口头语言作媒介,口诀式的或者便于传唱的体裁理所当然地被优先采用。

《尚书·尧典》说:"诗言志,歌永言,声依永,律和声。"《毛诗序》说:"诗者,志之所之也;在心为志,发言为诗。情动于中而形于言,言之不足故嗟叹之,嗟叹之不足故永歌之,永歌之不足,不知手之舞之足之蹈之也。"基本上说明了诗发生的情感缘由。情、诗、歌三者关系为:歌是语言声音的拉长,所唱的话就是诗,诗是心中感情的表达。再进一步,如果歌还不足以表达情感,那就不由自主地要跳舞了。《墨子·公孟》说:"诵《诗》三百,歌《诗》三百,弦《诗》三百,舞《诗》三百。"在《诗经》时代,诗、歌、乐、舞关系密切。

2.《诗》六义

《周礼·春官·大师》说:"大师教六诗:曰风,曰赋,曰比,曰兴,曰雅,曰颂。"到了《毛诗序》里这六个要点总称"六义"。六义之中,风、雅、颂是诗的类别,《诗经》一书就是按此排列编辑的;而赋、比、兴为表现手法。

《诗经》中诗的类别跟这些诗所配的音乐类别有关系。风是带有地方风味的音乐,十五"国风"就是 15 个地方的土风歌谣,共 160 篇,大多数是民歌。雅是西周王朝直接统治的京畿地区的音乐,雅的意思是正,京畿地区的音乐标榜为正声雅乐,共 105 篇;雅有大小之分:大雅 31 篇,用于诸侯朝会;小雅 74 篇,用于贵族宴享。颂是统治者举行宗庙祭祀的舞曲歌辞,共 40 篇;其中周颂 31 篇,鲁颂 4 篇,商颂 5 篇。全书总计收入诗歌 305 篇,故《诗经》又有"《诗》三百"之称。

《诗经》中所用表现手法,赋即铺陈,直言其事;比即比喻;兴似乎是《诗经》表现手法中一个特殊的概念。朱熹解释为"先言他物以引起所咏之词也",即借助其他事物作为诗歌的开头。比如《秦风·晨风》的开头:

鴥彼晨风,郁彼北林。未见君子,忧心钦钦;如何如何,忘我实多。

头两句是起兴,跟下文没有任何意义上的联系。它的作用只是为了引出下文,给不知从何写起的诗开一个头。一如现代童谣中的"你拍一,我拍一""一垄麦,二垄麦"之类,跟所唱内容没有关系,只是起引发的作用。不过,像这种纯粹的兴出现得很少,一般它在引发下文的同时,兼有某种比喻意义。比如《诗经》第一篇《关雎》,开头为:

关关雎鸠,在河之洲。窈窕淑女,君子好逑。

唱雎鸠既是为了引出君子淑女的内容,又是男女爱情的比喻;据说雎鸠雌雄相伴,相爱甚笃。所以兴通常兼有比而称为"比兴"。

3.《诗经》的成书

《诗经》所收集的诗篇是从西周初年(公元前 11 世纪)到春秋中叶(公元前 6 世纪)大约 500 年间的作品。当时还没有创作署名的意识,所以作者都不可确考。据说,周天子时有"采风"的制度。"风"就是民间的诗歌。专门负责采集民歌的官员称"行人",他们摇着大铃走乡过村征集歌谣。征得的歌谣从乡到邑,再到诸侯国,逐级上报到中央。朝廷的太师(乐师)给诗配上乐曲后,叫人唱给天子听。这是天子了解民风民情,考察政治得失的一种途径。同时,周朝还有献诗制度。公卿士大夫在某种场合要给天子献诗,《诗经》里雅、颂的大部分诗歌可能是公卿列士所献。

这些诗歌是由谁编辑成书的?《诗经》的编者也不可确考。司马迁有孔子删订《诗经》的说法,《史记·孔子世家》说:"古者诗三千余篇,及至孔子,去其重,取可施于礼义……三百五篇,孔子皆弦歌之。"孔子删诗一事基本上不可信。从诗篇内容看,产生年代最晚的当数《陈风·株林》,作品讽刺陈灵公,当作于公元前 599 年之前,没有迹象表明全书编成于孔子出生以后。再说,《论语》不止一次记载孔子说过"诗三百"的话,可见他所看到的《诗经》版本从来都是"三百篇版"而不曾有过一种"三千篇版"。《左传·襄公二十九年》记载,公元前 544 年吴公子季札在鲁国观乐,鲁国乐工为他所奏的各国风诗的次序也与今本《诗经》基本相同。那一年孔子才 8 岁,不可能已完成删诗之举。当时编书也没有署名意识,很有可能非出自一人之手。

4.《诗经》的语言特色

《诗经》隔句用韵,以四言诗句为主,节奏形式为"二二",如"关关丨雎鸠,在河丨之洲"。整齐但并不呆板,常也使用二言至八言的句式,间或也用一言、九言。长短诗句的夹杂非但不觉拗口,反而感到错落有致,节奏灵活自由。

诗篇中的小节称为"章",善于运用重章叠句的手法抒发感情,以收到回旋往复、一唱三叹的效果。这种情况在国风和小雅的部分诗篇中表现得尤为突出。有的通篇重叠,各章只换几个对应部位的字,如《周南·芣苢》,全诗三章十二句,中间只换了六个动词;有的只在章首或章尾重叠,如《周南·汉广》,每章的末四句重叠;有的隔章重叠,如《周南·关雎》,重首又重尾。

《诗经》民歌的语言生动、活泼,富于形象性。特别是根据汉语语音声韵相合的特点,创生许多有勃勃活力、新鲜好听的双声叠韵词;如"参差""踟蹰",由两个声母相同的字组成双声词;又如"窈窕""崔嵬",由两个韵母相同的字组成叠韵词。还有叠字词,如"夭夭""灼灼""依依""霏霏",状物摹声,描景言情,语言极具艺术表现力。

5.《诗经》的影响

《诗经》在当时政治、社会的生活中就发生过重大影响。孔子时代在外交场合,引用《诗经》语句可以提升辞令的高雅程度,所以他说"不学诗,无以言"(《论语·季氏》)。对于莘莘学子来说,"诗,可以兴,可以观,可以群,可以怨;迩之事父,远之事君,多识于鸟兽草木之名。"(《论语·阳货》)

《诗经》对后世的影响莫过于它的现实主义创作方法。国风、小雅中的不少作品相当真实地再现了当时的社会现实,包括周代的经济和生产发展、政治状况,某些重大历史事件,各种社会矛盾,以至思想观念、风俗习惯,等等。作品大多用生动朴实的画面,反映当时人民的生产、生活、斗争,表达出喜怒哀乐的真实情感,既有对剥削压迫者的血泪控诉,也有对美好爱情的欢乐歌唱。这种"饥者歌其食,劳者歌其事"的创作精神是我国现实主义文学传统的源头。

二、中国最早的文人诗作——楚辞

1. 屈原和《楚辞》

楚辞是战国时期以屈原为代表的楚国人创作的诗歌。它每篇署明作者,开了我国文人写诗的新纪元。

春秋以来,楚国在长期独立的发展过程中,形成了独特的楚国地方文化——巫觋文化。由于巫风盛行,民间祭祀之时,总要载歌载舞娱乐诸神。那种用楚地方言创作的、配合楚地音乐和舞蹈的唱词就是原始的楚歌。屈原就是在学习民歌的基础上,把原始楚歌创造性地发展成为一种新的诗歌样式——楚辞。

屈原(约公元前340—前278),名平,战国时楚国人。出身贵族,博闻强记,善于辞令,曾得楚怀王的信任,担任过三闾大夫、左徒等职。屈原主张对外联齐抗秦,对内举贤授能,改革政治,以图楚国富强。以怀王稚子子兰为代表的旧贵族对他加以谗害,佞臣对他恶意中伤,于是遭怀王疏远。顷襄王继位后,又把他放逐到沅、湘一带。屈原眼看楚国国势日衰,不断遭受暴秦欺凌,而自己的抱负无法施展,强国的理想无法实现,他满怀忧郁和悲愤,自投汨罗江而死。那一天是大约公元前278年的旧历五月初五日。

屈原故里(俞金发摄)

屈原的作品有《离骚》《九歌》11篇、《天问》《九章》九篇、《远游》《卜居》《渔父》,共25篇。

"楚辞"作为一种诗歌体裁,在西汉前期已经有这个概念了,《史记》和《汉书》都分别提及。《楚辞》一书是西汉末年由刘向编辑而成的,共16卷。该书亡佚已久;从相关书籍的记载得知,所收作品除了屈原的之外,还收入宋玉、景差等人的作品。

2. 楚辞的语言特色

楚辞创造性地利用汉语中的虚词丈量和裁截诗句,构建出一种比四言容量更大的文言节奏形式。语气词"兮"是楚辞的标志性符号,它将一个诗句分成前后两半,如:

> 帝子降兮北渚,目眇眇兮愁予。嫋嫋兮秋风,洞庭波兮木叶下。(屈原:《九歌·湘夫人》)

节奏为:三兮二,三兮二。二兮二,三兮三。

较长的诗句,在"兮"所分的前后两半内,还有第二个层次:又有一个虚词(根据造句需要可个个不同)将前后各一半或某一半再分别隔为前后两小半,如:

路漫漫其修远兮,吾将上下而求索。饮余马于咸池兮,总余辔乎扶桑;折若木以拂日兮,聊逍遥以相羊。(屈原:《离骚》。加着重号的字为虚词)

这种节奏一旦建立起来之后,偶有借实词来代虚词的情况,也是被允许的,如:

跪敷衽以陈辞兮,耿吾既得此中正;驷玉虬以乘鹥兮,溘埃风余上征。(屈原:《离骚》。加着重号的字为实词代虚词)

由于虚词对语流的调节作用,使得诗句在错落中有整齐,在整齐中又见变化。

楚辞的词藻华美瑰丽,鸟兽草木之名密集荟萃,比喻生动,夸张大胆,有些用词带楚地方言特色。

3. 楚辞的文学成就

以屈原作品为代表的楚辞,在思想内容上奠定了我国文学爱国主义的优秀传统,在表现手法上开创了我国文学浪漫主义流派的源头。

楚地的巫觋文化提供了大量的民间神话,楚辞作者发挥文人自己的幻想,把神话传说糅合入诗,诗情思路上天入地,想象奇特,境界宏远,景象绮丽,强化了所抒发的浓烈感情。

楚辞还发展了比兴的表现手法,使之不仅作为局部的修辞手段,而且升华为象征,成为心志与寄情事物的诗性融合,大大拓展了诗的触角。屈原笔下的香草、美人,是忠臣、贤君的象征,内含着深厚的意蕴。

楚辞无论叙事、状物都不惜笔墨,极尽铺张扬厉之能事。这种笔法后来直接孕育出另一种韵文化的散文——赋。

第二节 唐以前的乐府及五言诗

一、"乐府"的种种含义

1. 汉乐府

西汉设立官方音乐机构,称"乐府",意为掌管音乐的官府。其职能一方面是将文人制作的歌功颂德之诗谱曲配舞,进行演唱,另一方面也采集各地民间歌谣,以观民风。

2. 乐府诗

乐府机关编录和演唱的诗篇，汉代人称之为"歌诗"，而魏晋六朝时人则称之为"乐府诗"，或者省略"诗"字，径称"乐府"；乐府就转而变成诗歌品种的名称了。魏晋以后的文人把乐府诗看作是一种诗体，竞相仿作；为了区别新老乐府诗的作品，就把汉朝的乐府诗称为"汉乐府"。

3. 歌辞、曲辞

南宋郭茂倩编有《乐府诗集》一百卷，主要收集汉魏至隋唐的乐府诗，也有少量上古及五代的歌谣。该书按历代歌曲的曲调加以分类：(1)郊庙歌辞，(2)燕射歌辞，(3)鼓吹曲辞，(4)横吹曲辞，(5)相和歌辞，(6)清商曲辞，(7)舞曲歌辞，(8)琴曲歌辞，(9)杂曲歌辞，(10)近代曲辞，(11)杂歌谣辞，(12)新乐府辞；共12类。由上可以看到，所谓"乐府诗"大多保持着能入乐的本色，大多是歌辞和曲辞。

二、汉乐府的文学成就

1. 汉乐府民歌的现实主义精神

汉乐府民歌继承了《诗经》以来的现实主义传统，真实、广泛、深刻地反映了当时的社会现实。如《病妇行》写父亲在饥寒交迫中不得不违背病妇的临终嘱托，忍痛弃子，反映了阶级剥削重压下下层人民的悲惨生活。《陌上桑》揭露贵族官僚仗势调戏民女的丑恶行径，塑造了一位不慕权势，不畏强暴，聪明机智的农家姑娘。《战城南》《饮马长城窟行》等诗篇控诉战争和徭役给人民带来的苦难。《上山采蘼芜》《白头吟》等诗篇写封建礼教和封建婚姻桎梏中的弃妇怨女，而《有所思》《上邪》等诗篇中有女子对爱情的大胆追求和始终不渝的表白。

通过汉乐府的民歌，我们可以看到当时人民的生活状态。

2. 汉乐府民歌的艺术特色

汉乐府中，叙事诗得到长足的发展。以《孔雀东南飞》为代表的叙事长诗，成功塑造鲜明的人物形象，具有较为完整的故事情节，并利用环境或景物的描写作烘托渲染，富于戏剧性。不少作品在现实主义的基础上，还添加浪漫主义的色彩，如《孔雀东南飞》的末段用枝叶交接的松柏梧桐，日夕和鸣的恩爱鸳鸯，作为焦仲卿夫妻爱情永恒的象征。又如《上邪》中那些不可能出现的设想，以情造景，体现了民间创作的丰富想象力。

也由于那些歌谣采于民间，未经文人润色的缘故，在语言上生动质朴。用带感情的生活语言表现深远的旨意，不是一班文人墨客所能企及。在诗句形式方面,汉乐府民歌章法、句法自由多样;齐言、杂言长短不拘。特别需要指出的是,新形成的五言体,也是乐府民歌之首创。

三、文人五言诗

1.《古诗十九首》

东汉初年便有文人模仿乐府而创作五言诗。以前曾传说过的西汉文人所写的五言都是不可信的。

东汉的文人五言诗最有代表性的作品是无名氏的《古诗十九首》。因年代和作者都难以确定,过去曾有过种种猜测,说是西汉时的某名家所写或是三国时某人所写,都和诗的内容与形式所透露的信息有出入。经现代学者考辨,《古诗十九首》出于东汉末期非一人之手。

《古诗十九首》抒发一种岁月易逝、人生无常的伤感,宣扬及时行乐的思想,反映了失意的士大夫在社会大动乱到来之前的不安、苦闷的情绪。

《古诗十九首》是我国早期五言抒情诗的典范。作品善于截取生活情节的典型断面,挖掘内心深处的感受,结合情景进行抒发,情景交融得自然完美,产生出摄人心魄的感染力。作品吸取《诗经》《楚辞》的艺术营养,学习乐府民歌的创作手法,形成独具特色的表现风格。《古诗十九首》言浅旨远,不加雕琢,既凝练又自然,十分耐人寻味。

2. 诗人陶渊明

陶渊明(365—427),浔阳柴桑(今江西九江)人。曾担任过江州祭酒、彭泽县令等小官,后因不满政治黑暗和官场腐败,耻于周旋权贵,于是在40岁后弃官归田,直至晚年一直过着"躬耕自资"的隐居生活。

陶渊明的作品有诗、散文、辞赋及其他韵文,其中诗的成就和影响最大,诗体以五言为主。现存作品大多写于归隐之后。作者受老庄思想和玄学思潮的影响,崇尚大自然,钟情田园,乐于农耕,开创了文学史上"田园诗"的题材品种。陶渊明还有部分愤世嫉俗的诗文。他的组诗《归园田居》《饮酒》以及《归去来辞》都是历来为人们所称颂的名篇。

陶渊明塑像(俞金发摄)

第三节　唐诗和宋词

一、中国诗歌的辉煌：唐诗

1. 近体诗的成型

唐诗在我国诗歌发展史上形成一座高峰，当然有唐朝经济、政治方面的间接原因，也有思想和文学总体气氛活跃的背景原因；但是就诗歌本身发展的内在动因看，从《诗经》《楚辞》、汉乐府，到南北朝的民歌和文人诗，积累起了丰富的创作遗产，其中包括题材、思想、表现手法的不断丰富，还有体裁的演进。这些都为唐诗的空前繁荣做好了铺垫。

唐之前漫长的诗歌发展史上都不曾建立过格律。南朝齐梁间，沈约等人巧用汉语四声，写成的诗歌抑扬顿挫，备添美感。四声，指平、上、去、入，声律家把五声音阶的宫、商、角、徵、羽依次跟语音声调的阴平、阳平、上声、去声、入声一一对应，以比况诗句的音乐性。到了唐代，四声便明确分为平声与仄声（仄即不平）两类，仄声包括除平声之外的上、去、入声。七言句式有四：

(1) 仄仄平平平仄仄　　(2) 平平仄仄仄平平
(3) 平平仄仄平平仄　　(4) 仄仄平平仄仄平

根据每两句之间平仄相反，并且后一句平声煞尾的原则，以上四个句式可组合成两组联句。两组联句的重叠，就是一首绝句诗。如果把绝句诗的四句再重复一遍，就成为一首八句的律诗了。五言的绝句和律诗就是在七言的每个诗句前去掉两声"平平"或"仄仄"。

这样的诗在唐代称为"近体诗"或"今体诗"。以上只是近体诗最基本的格律原理，可允许的变化和具体的规则要远远复杂得多。律绝体的成熟，使得齐言诗在声律运用的精妙美满方面达到登峰造极的地步。诗人们以将自己的情感纳入如此美妙的吟唱中而感到满足，在限制中展现才能又可体现一种别样的美学价值。于是，学诗作诗之风日炽，上到宫廷皇上，下至草莽英雄，在唐朝，诗成了众人的所爱，甚至科举考试的命题也离不开作诗。

2. 百花齐放的唐朝诗坛

唐朝遗留下来的诗将近5万首，比《诗经》时代迄唐所遗诗歌的总数多出两三倍以上。著名诗人约有五六十位，风格流派异彩纷呈。

李白与杜甫。李白（701—762），是盛唐时期伟大的浪漫主义诗人。现存诗歌900多首，内容丰富多彩：有对当时社会腐朽势力的抨击，有对困难处境的抗争,有对理想自由的追求,有对祖国壮丽山河的讴歌。作品大多充满奔放的激情,洒脱的豪侠气概,以及积极用世的精神;部分作品也流露出纵酒行乐,求仙访道等消极情绪。他的诗歌,想象丰富,意境奇伟,飘逸夸张,真率自然,取得了继屈原之后浪漫主义诗歌的最大成就。《蜀道难》《梦游天姥吟留别》《行路难》《静夜思》《望庐山瀑布》《早发白帝城》《黄鹤楼送孟浩然之广陵》等诗都已家喻户晓。

杜甫(712—770),是我国古代文学史上最伟大的现实主义诗人。他亲历"开元之治"和"安史之乱",见证并用诗再现了唐王朝由盛转衰的这一段变故,所以他的诗自唐代起就被称为"诗史"。杜甫的诗颇为真实地反映了广阔的社会生活,挥发浓郁的时代气息,饱含忧国忧民的思想感情。杜甫兼长各种诗体,尤其对七言律诗的臻于完善贡献

李白行吟图
(南宋梁楷作)

杰出。"沉郁顿挫"为其基本风格,揭露当时社会贫富两极尖锐对立的诗句"朱门酒肉臭,路有冻死骨"已成为警句名言。"三吏""三别"、《北征》《春望》《兵车行》《丽人行》《茅屋为秋风所破歌》《闻官军收河南河北》《登高》《蜀相》等已成为不朽的名篇。

边塞诗。唐朝跟边远外族关系紧张,开拓疆域的战争频繁,建立边功被当作求取功名的出路。一些有边地从军经历的文人,以征戍生活、边疆风光为题材,或抒写投笔请缨的豪情壮志,或描绘壮阔苍凉的边塞风光,或表达对战争的褒贬态度,形成一批擅长写金戈铁马、大

成都杜甫草堂(高卫东摄)

漠瀚海的边塞诗人。高适、岑参、李颀、王昌龄、王之涣、崔颢是他们中间的主要代表。其中王昌龄有"七绝圣手"之称。

田园山水诗。田园诗作为题材的开发和确立,起始于晋宋间诗人陶渊明,山水诗作为诗的一个题材品种则为晋宋间诗人谢灵运所首创。这两类诗都以忘情山水,流连田园,远离尘世,闲适隐居为特点,粗略划分的话可归为一类。唐代贵族庄园经济繁荣,有闲阶级过着幽居舒适的生活,浅斟低吟品味优雅的情调。此外,假装隐居给人品格高洁的错觉,反而会得到朝廷重用从而踏上朝思暮想的仕途。自从唐人卢藏用运用此法奏效后,"终南捷径"的曲线求官风靡一时,也催生了田园山水诗的涌现。诗人群有王维、孟浩然、储光羲、常建等,其中王维兼善诗

画,他的画,画中有诗;他的诗,诗中有画;深得后世论家的好评。

白居易和新乐府。白居易(772—846),是中唐杰出的现实主义诗人。他提出"文章合为时而著,歌诗合为事而作"的著名主张,大胆揭露弊政,反映广大人民的苦难生活。他倡导新乐府运动,在思想内容上强调表现社会重大问题,在语言上力求通俗易懂。他的讽喻诗、闲适诗和感伤诗各有千秋。他称之为感伤诗的《长恨歌》《琵琶行》是我国古代长篇叙事诗的卓越之作。

诗人群星璀璨。全唐各期,名家名篇层出不穷:有"初唐四杰"王勃、杨炯、卢照邻、骆宾王,有其后的陈子昂,有与白居易齐名的元稹及新乐府运动同道者张籍、王建等。散文家韩愈、柳宗元也有诗的造诣,跟他们同时的还有贾岛、李贺、孟郊、刘禹锡等。晚唐的李商隐与杜牧有"小李杜"之称,还有温庭筠、聂夷中、皮日休、陆龟蒙、杜荀鹤、罗隐、韦庄,等等,不胜枚举。

二、格律化长短句的盛况:宋词

1. 一种有格律的杂言诗

词,在中唐以后就流行起来了。因为词延续了汉乐府以来合乐歌唱的传统,依曲而填,当时称为"曲子词"。各支曲子都有名称,各首词的句数、字数都因所依的曲子而不同,所以写词可以不注明标题,但一定要注明所依的曲名,叫作"词牌名",像"清平乐""菩萨蛮""满江红",等等。

词每篇有规定的句数及指定的押韵部位,每句有规定的字数、平仄和节奏结构。多数的词内部有两小节,前一小节叫作"上阕"或"上片",后一小节叫作"下阕"或"下片";一些短词一段到底,不分上下片,称为小令;也有少数词内部有三片、四片的,称为长调。

早期的词的作品有唐代民间创作的"敦煌曲子词",中唐前后,有张志和、韦应物、白居易、刘禹锡、温庭筠等文人开始染指词的写作。五代时期在南唐首都金陵出了几个君臣词人:中主李璟和后主李煜父子二人,中主的宰相冯延巳。唐五代词结集为《花间集》和《尊前集》。

2. 宋朝的代表诗体——词

唐人视今体和古体的诗歌是诗的正体,词则不登大雅之堂,被称作"诗余";宋朝写词的文人多了,并且开始有文人专职写词却不写诗而著名,词便成为与诗平起并坐的韵文体裁了。

柳永和北宋文人词。宋词最初延续了晚唐五代婉约绮丽的风格,大多写男女恋情,离情别意;这类词人有晏殊晏几道父子、张先等。而范仲淹、欧阳修作词的题材有所拓展,范仲淹笔下的边塞秋色,欧阳修吟咏的宦途滋味,给词坛送入几缕新风。但真正使词为之一变的,是专职词人柳永。

柳永(987?—1053?),是北宋第一位专力写词的作家,对词的发展有重大贡献。在题材方面,他善于表现都市生活,抒发下层市民、妓女、浪子的感受,真切动人。在体裁方面,他大量创作慢词,也就是篇幅较长,句子错综不齐,通常分上下片的词。在语言方面,他吸收当时的口语入词,一改文人词雕章琢句的习气;流利酣畅,雅俚兼备。所以柳永的作品闻名遐迩,风靡一时;从西夏来的使臣说,凡有井水饮处即能歌柳词。

北宋的词作者除了文学大家苏轼以外,还有秦观、贺铸、周邦彦等人。

苏辛豪放词。词自从被文人填写以来,不外乎囿于男女私情、个人哀怨的小圈子。真正能一扫词的脂粉气的,要数北宋的苏轼。苏轼(1037—1101),是我国文学史上杰出的作家,在散文、诗、词、文论等多方面表现出卓越的才能。他个人品格的浪漫主义气质,加上"以诗为词"的手法,使他成为后来豪放词派的开创者。相传苏轼任翰林学士时,曾问一位善歌的幕士:"我词何如柳七

苏轼塑像(高卫东摄)

(柳永)?"对方回答道:"柳郎中词,只合十七八女郎,执红牙板,歌'杨柳岸,晓风残月'。学士词,须关西大汉,铜琵琶、铁绰板,唱'大江东去'。"尽管如此,苏词属于婉约风格的还是占了他全部作品的多数。

彻底摆脱"词为艳科"传统樊篱的,是南宋的辛弃疾。辛弃疾(1140—1207),是南宋杰出的词人,曾为抗金义军将领。他继承苏轼词中的豪放风格,并发扬光大,所以在词坛与苏轼齐名。辛弃疾创作了大量爱国主义词篇,表达对朝廷苟且偷安的不满,抒写收复失地、统一祖国的豪情壮志,感叹报国无门、壮志难伸的忧愤。辛词意境雄奇阔大,善用典故,或议论风生,以文为词。他的一些描写农家风情的小词清新生动,朴实美好。

诗人陆游自号"放翁",也有豪放词的作品。至于陈亮、刘过,以及稍后的刘克庄,则与辛弃疾的词风同宗。

女词人李清照。在两宋词人璀璨的群星中,特别引人注目的有一位我国古代文学史上难得的女作家,她就是李清照。李清照(1084—1151?),是宋代著名学者李格非的女儿;她能文善诗,尤长于词。她的作品以南渡为界分为前后两期。前期的词主要反映她少女、少妇时期的闺情生活,因承"花间"而格调清丽;后期因丈夫病死,膝下无子女,凄苦辗转于江南,作品充满了离乡背井,孤苦伶仃的悲愁。李清照才华出众,比如她的《声声慢》一开始连用十四个叠字来形容孤

寂无依的处境,令论家叹服其为女中奇才。

  宋词的形式主义末流。南宋后期格律词流派兴起。他们继承和发展北宋末年周邦彦讲究音律,严守四声的作词态度,将音乐的声阶、曲调,作为选字填词的规范,不仅区分文字的平仄四声,而且要辨别清浊、虚实、重轻,等等,约束苛繁,但是与乐曲的协调甚是和谐;然而常有以字害义之病。这派词人以姜夔为代表,还有史达祖、吴文英及稍后的张炎、周密等。在内容上,咏物状景,穷形极相,追求高雅,无多社会意义。唯美主义论家对他们推崇备至,但注重文学社会作用的论家普遍认为这是词走入形式主义末流的表现。

第二讲 散文

第一节 周秦汉散文

一、散文的含义

这里说的"散文"不是近、现代所指的那种与小说、诗歌并列的文学体裁。广义的散文是相对于韵文而言的,这是其一;其二,魏晋南北朝时期骈文形成后,广义的散文还是相对于骈文而言的。所以《诗经》、楚辞时代,非诗辞类的,自然节奏的,不考虑押韵的一切文章都是散文。

从这个意义上说,迄今为止甲骨卜辞就可算作中国最早的散文了;《易经》里的卦辞爻辞,一部分呈短歌韵语的形式,此外的文句与卜辞同类,也是散文。

"文学"这一概念,古今内涵也有大的差异。近、现代专指语言的艺术,而古代则泛指一切写成品。西方的 literature,开始也是泛指文字的书面的东西。所以,考察古代的散文不局限于艺术性的、审美的文字,还应包括原出于实用目的而具一定机杼的篇章。

二、历史散文

1. 编年体

甲骨卜辞只是一种原始的记事文句。能将大事从大堆的事件里筛选出来,择要而录之,已可看作是历史意识的萌芽。肇始于纪事条文排列而成的编年史,是最早的历史散文。在中国,相传由孔子根据鲁国史官所拥有的史料整理修订而成的《春秋经》,就是一部编年史。《墨子·明鬼下》记载,稍后于孔子的墨子还看到过周、燕、宋、齐诸国的《春秋》。《孟子·离娄下》说:"晋之《乘》、楚之《梼杌》、鲁之《春秋》,一也。"此外,凡是"志""记",如《左传·隐公元年》提及的《郑志》,《史记·秦始皇本纪》提及的《秦记》,以及"汲冢书"中的《竹书纪年》,都属同一类的编年史。

编年史简要的风格与卜辞、卦爻辞相去不远,而且文句语气十分像删去了"吉""凶"等词语的卜辞和卦爻辞。《礼记·玉藻》说:"卜人定龟,史定墨。"史官的前身就是殷商的卜人,其职责兼有积存史料,和考验天人之际,以察知祸福成败存亡古今之道二事。作者身份的连贯性决定了编年史跟卜辞、卦爻辞笔法的一致性。

《左传》将鲁国的大事一一予以详述,汉儒把它说成是配合孔子的《春秋》而作,也有前人认为《左传》不传《春秋》。不管怎样,叙事的《左传》与纲要的《春秋》可相互发明。《左传》叙事富有情节性,主次条理清楚,人物形象鲜明,语言精练生动,援譬设喻恰当,对后来的历史著作和叙事散文都有较大的影响。至于作者是否真是春秋时的左丘明,历来看法不一致,一般认为是战国初人所作。

2. 国别体

春秋战国群雄分立,各诸侯国不满足于仅写编年史,留个大事记,于是它们的史官根据积累下来的档案资料,编纂包括政治、军事、外交等多方面活动的历史书。《国语》就是一部分别记载周王朝及各诸侯国大事,主要在于记言的国别史书。

《国语》由《周语》《鲁语》《齐语》《晋语》《郑语》《楚语》《吴语》《越语》共八个部分组成,其中《晋语》文章最多。全书所记史段上起周穆王,下迄鲁悼公,即公元前1000年到公元前440年。跟《春秋》持褒贬笔法不同,《国语》记事记言倾向于写实,表现的思想随所写之人、所记之言的不同而各异。篇末不像《左传》那样有发表作者见解的论赞之语。《国语》文采不及《左传》,但有的情节叙述、语言描写也有生动特别之处。

据司马迁说,《国语》的作者是写《左传》的左丘明,但二书高下差异明显,且内容复沓,应该是另一位处于战国初期的熟悉历史掌故的佚名之人。

《战国策》记载的是战国时期的各国史料,《史记》《汉书》都说为秦汉人蒯通所作;一般认为此书不是出于一人之手,大约是战国末至秦汉间人杂采各国及私人所藏史料编纂而成,内容庞杂零乱。西汉时,经刘向整理编订,按东周、西周、秦、齐、楚、赵、魏、韩、燕、宋、卫、中山12国次序成书,并取名《战国策》(此前有过

《国策》《短长》等种种名称)。

《战国策》所记史事上接春秋,下至秦并六国,相当于公元前460年至公元前220年的240年时间。基本内容为各国谋臣策士的游说活动,论辩交锋,以及所提出的政治主张和纵横谋略。《战国策》的散文技巧比《左传》有进一步的发展,首先表现在能完整地、生动形象地叙述富于戏剧性的故事,气氛渲染真切感人;其次是人物刻画性格鲜明,栩栩如生,言谈举止,声形毕肖;再次是再现说客们的论说言辞犀利精辟,严密雄辩,或一语中的;最后是善于运用比喻、夸张、寓言等多种修辞手段,增强散文的表达效果。

3. 纪传体

纪传体编史样式为西汉伟大的历史学家、文学家司马迁所首创。他的《史记》是我国第一部纪传体通史。全书共130篇,其中"本纪"12篇,"表"10篇,"书"8篇,"世家"30篇,"列传"70篇。本纪、世家和列传都属传记文学,只是被传人物身份的不同而分归三类,它们是《史记》的主体,所以这种样式称之为纪传体。它以一个历史人物为一文的主人公,绘声绘色地进行叙述。虽然《史记》的史学目的十分明确:"欲以究天人之际,通古今之变,成一家之言",但由于该书以人物为纲,以臧否人物为己任,而文学也正是人学,因此同一部书兼具亦史亦文二重价值,被鲁迅赞为"史家之绝唱,无韵之《离骚》"。

事因人生,人以事显;司马迁善于选择、剪裁历史素材,抓住主要事件,在矛盾冲突的斗争中塑造人物形象;同时懂得通过典型细节的描写,惟妙惟肖地表现人物的内心世界和性格特征。在情节的叙述上,掌握详略、收放、行止、跌宕,或感人胸怀,或扣人心弦,具有强烈的艺术感染力。《史记》的语言简洁精炼,流畅生动,对话描写符合此时此境此人此身份,如闻其声,如见其人,如睹其神态。

每篇传记在写人记事之后,都附有一段以"太史公曰"为标记的议论文字,饱含作者的爱憎情感,是升华主题的画龙点睛之笔。这一款写作套式前有《左传》开其先例,后为历代正史所继承,史学家称之为"论赞"。以记传为主体,辅之以表和书的体例最能总括社会历史的全貌。"自此例一定,历代史家遂不能出其范围,信史家之极则也。"(赵翼《廿二史札记》)"记传行三千有余年,学者相承,殆如夏葛冬裘,渴饮饥食,无更易也。"(章学诚《文史通义》)《史记》的体例定下了中国整个古代各王朝所修正史的规范,一本书有如此深远的影响,世上无与伦比。

三、诸子散文

关于先秦诸子,在思想篇中已有介绍;诸子的思想,是通过诸子思想家们的文章表达的。这里再从文学的角度考察诸子的散文的特色。

1. 语录体

先秦诸子语录体著作的代表是《论语》和《老子》。

《论语》记载孔子的言论,由他的弟子和再传弟子整理编纂而成。当时还没有在著作上署名的做法,也没有给篇章立标题的习惯;所以无法知道编写者的确切姓名,每篇文章也只是取本篇的头两三个字权当标题。著书立说还处于初创阶段。

然而,《论语》的语录行文风格颇具伸缩性,有的纯粹记录言谈问答,像标以"子曰"式的简录就占了全书的多数;也有的加一两笔谈话的场合、姿态、表情、动作,在录下言论的同时记下说话人当时的音容笑貌;而不同人物的语言显示他们不同的个性,在对话中塑造了人物形象。

《老子》一书虽编成于战国晚期,但语录的基本面貌尚在。全书分上、下篇,后人分别称为《道经》和《德经》,所以合称《道德经》。篇内各章篇幅不长,章目无标题,编序号排列,像小段小段的断想,而且不规则地用韵,在诸子散文中别具一格。《老子》不记事写人,全是吉光片羽的哲理之谈。

2. 对话体

先秦诸子对话体著作的代表是《孟子》。《墨子》《庄子》里也有一部分文章叙述的是对话的过程。

对话体是语录体的发展。语录短小精悍,言近旨远,是警句的荟萃,但缺乏证明其正确性的推理过程。对话体弥补了这一不足,将篇幅放长,把道理说透,特别适用于规劝诱导和论辩驳难。孟子的散文体现出他善于采用"欲擒故纵,引君入彀"的论辩手法,循循善诱,使对方心服口服。也由于对话的回合实际上划分了说理层次,使文章有条有理,行进有序。先秦散文都善用比喻,对话体文章也不例外;而且在长谈阔论中,给语言的设计和运用拓展了空间。

3. 专题议论

《庄子》的散文已显出由对话议论文向专题议论文过渡的迹象,而诸子散文发展的最高阶段要数《荀子》和《韩非子》。

《荀子》多长篇大论,畅所欲言,发挥尽致。文章论点明确,层次清楚,句法整练,词汇丰富;比喻和对偶的运用,使论述更生动透辟,铿锵有力,气势逼人。

《韩非子》散文的特点是锋芒犀利,议论透辟,推证事理,切中要害。《五蠹》近七千言,创诸子散文篇幅之纪录。韩非分析能力极强,议论某个问题必及其所有的方面,周密细致,无微不至。论据常用历史知识和寓言故事,内容丰富多彩。

四、政论散文

诸子的专题议论文开了后世政论散文的先河,汉代政治家贾谊和晁错用以论述其政治主张的文章一向在文坛上也享有盛誉。鲁迅《汉文学史纲要》称二人"为文皆疏直激切,尽所欲言";"惟谊尤有文采,而沉实则稍逊,如其《治安策》,《过秦论》,与晁错之《贤良对策》,《言兵事疏》,《守边劝农疏》,皆为西汉鸿文,沾溉后人,其泽甚远;然以二人之论匈奴者相较,则可见贾生之言,乃颇疏阔,不能与晁错之深识为伦比矣"。

政论散文的写作有两种情况:一种是针对所遇具体政事而发表意见的疏牍文章,这类文章上承秦代李斯《谏逐客书》的成文动机,但时过境迁仍然存在其永恒的论证技巧和美学价值。疏牍文章标题一般为"某某策"或"某某疏"。另一种是专题性政论文,如贾谊的《过秦论》、东汉王充《论衡》里的篇章。

第二节 唐宋古文运动

一、古文运动的文学背景

"古文"概念的对立面,是六朝以来流行的"骈文"。

骈文是一种通篇用对偶句写成的文章。跟这种形式对应的,是内容空虚,大多为写景状物,大肆夸饰,堆积词藻,玩弄文字。它由韵文化的散文——辞赋演化发展而来。六朝骈文的句式多以四、六字句为主,但常有杂言夹于其中;到了唐代,骈文的句式更加僵化,以通篇四、六字的句式为规范。文章再这样走下去就只有死胡同一条了。

骈文的形式主义偏颇引起评论家及文坛不满的声音。南朝齐梁时刘勰在他的《文心雕龙》中提出文学应该"明道";北齐颜之推在他的《颜氏家训·文章篇》中主张"复古",主张"以古之制裁为本,今之辞调为末"。但唐朝初期的文风还是沿袭骈文,连骆宾王起草声讨武则天的檄文也取骈偶形式。陈子昂、元结等一批人大张诗文复古的旗帜,并尝试在创作实践中贯彻自己的主张;虽然还未改变一代文风,但为韩愈、柳宗元倡导的古文运动做了思想准备。

二、韩愈、柳宗元的文学主张

1. 文以载道,文以明道。所谓道,就是孔孟儒家传统的仁和义以及切实可行、有补于事的道理。道应该成为文章的目的和内容,文辞只是手段和形式;文、道之间的关系应是二者合一,以道为主。文章必须有益于世,对现实起褒贬讽喻的作用。

2. 反对骈文,提倡古文。古文即先秦两汉的散体文章,语言长短不拘,节奏自然,便于表达现实生活内容;骈文却引导人们注重文辞的妆饰而内在空洞无物。古道载于古人之文,学习古文,在学得古人文辞的同时,也学得了古人之道。除了儒家经典之外,老庄、楚辞、《史记》、汉赋,都应含英咀华,博观约取。

3. 为文立言,重在修养。学文以立行为本;做一个仁义之人,他的言辞也就会如蔼蔼春风。作文之事,根子上是做人的问题,强调"文以行为本,在先诚其中"。再者,气盛言宜,只要内容好,句子的长短和字声的高低自然会跟上去的。

4. 崇尚创新,反对模拟。提倡"词必己出""唯陈言之务去";学古文不是学古人现成的言辞,而要学古人的思想创意。发出自己的声音,是"大凡物不得其平则鸣",作者有满腔激愤,想求得世人响应,或者志在用事而不得行其道,都是引发诗文创作的原动力。

三、古文运动的宋代后继

欧阳修画像(唐忠摄)

晚唐五代至北宋初,骈文的统治地位又有所抬头,古文蜕变为少数隐者之流书写生活情趣的工具,文风又趋浮靡。北宋初期,王禹偁等作家重新推崇韩柳古文;北宋中叶,以欧阳修为首,苏轼为巨擘,再次掀起了古文运动。欧阳修论述了文和道之间既关系密切、又分属二物的道理,主张文章要跟现实生活百事联系起来。苏轼也强调文学的社会功能,作者要有充实的生活感受,仔细观察所要表现的对象,待胸有成竹方能笔下生辉。他能书会画,将作文跟相邻的艺术门类融会贯通,对灵感及作品生成过程有着独到的见解。他反对文章"屈折拳曲,以合规绳",而应当"如行云流水,初无定质,但常行于所当行,常止于不可不止",打破种种形式主义的条条框框。

四、八大散文家

唐宋古文运动反对浮靡文风取得的胜利,主要不是靠倡导者的宣言,而是靠他们身体力行,用成功出色、实实在在的作品把骈文挤下文坛统治地位,涌现出的八位散文大家合称"唐宋八大家",他们是唐朝的韩愈、柳宗元,宋朝的欧阳修、苏洵、苏轼、苏辙、曾巩、王安石。八位作家不仅出文章,而且出传人;以他们的作品和影响开创新的文风,给散文开拓了新的园地。如韩愈《张中丞传后叙》,全文夹叙夹议,有张巡等三人死守睢阳的遗闻轶事,又有作者自己所记的传闻,叙事曲折,文笔自如。他的《毛颖传》构思出奇,为人格化的毛笔立传,其始而见用,"老而秃"后便"以老见疏",讽刺统治者对文人刻薄少恩。这些文章都是《史记》类文体的发展和突破。柳宗元的"永州八记"更接近现代散文中的游记。欧阳修的《醉翁亭记》、苏轼的《石钟山记》、苏辙的《黄州快哉亭记》、王安石的《游褒禅山记》等都是寄托寓意的游记文章。

散文适用广泛,从表达方式看,议论、叙事、写人、抒情、状景,不止一途;从应用方面看,疏奏、书信、序跋、哀祭、碑志、寓言、专论、小品等,不一而足。八大家的散文覆盖了以上所有的方面,留下了大量脍炙人口的名篇佳作。

第三节 明清散文

一、明朝前后七子

明朝弘治、正德年间,以李梦阳、何景明为首的作家群,连同徐祯卿、边贡、康海、王九思和王廷相,发起诗文复古运动。这七个人,合称前七子。

在文学上,他们"倡言文必秦汉,诗必盛唐",反对"台阁体"和八股文。"台阁体"是出现在明朝的粉饰太平、标榜典雅却平庸乏味的诗歌。八股文用于科举考试。前七子提倡读古书,增长知识学问,开阔心胸眼界,对打击千篇一律的文风,扫除八股文的恶劣影响,起了一定的积极作用。

嘉靖、隆庆年间,李攀龙、王世贞、谢榛、宗臣、梁有誉、吴国伦、徐中行等作家,延续前七子诗文复古的道路,再一次营造声势,强调文必秦汉,诗必盛唐;世称他们为后七子。

他们否定汉以后的全部文章。由于生吞活剥三代两汉,文章诘屈聱牙,不堪卒读。王世贞否定汉以后的全部文章,认为作文只要依照古文的成法,逐字逐词亦步亦趋，做得跟古代的作者相当就可以了。在创作上，后七子模拟仿古的程度有深有浅，大多生气不足，重复雷同。但宗臣的《报刘一丈书》通过描绘权要者和钻营者各人的丑态，从各个不同的角度反映了明代官场的污浊和官吏的腐败，成为传世之作。

二、唐宋派

明嘉靖年间，以王慎中、唐顺之、茅坤、归有光等作家为代表的文学流派力矫前后七子散文模拟古人的形式主义流弊，主张学习韩欧曾苏等唐宋八大家之文，因此被称为"唐宋派"。他们认识到高谈秦汉、鄙薄唐宋的偏颇，看到了唐宋文与秦汉文之间的继承发展关系。王慎中强调文章要表达作者内心的思想感情，掇摭割裂古人的只言片语并非作文的正道。唐顺之认为，如果学得作文的专门技能，掌握了所谓的"绳墨布置"，于是几句陈词滥调翻来覆去，找不到作者的真知灼见，那么这种文章即使写得十分工整，也未免落为下品。反之，如果别具慧眼，即使没有学过什么文章作法，只是像写家书一样将胸中的情怀信手写出，或许粗疏一些，但绝无酸溜溜的迂腐气，却是宇宙间最好的文章。茅坤编辑《唐宋八大家文钞》164卷，该书当时盛行海内，乡间小孩没有人不知其编者茅坤的。他用这本书及其所作的"总叙"，旗帜鲜明地反对李何等前七子的拟古主义。

归有光和茅坤是稍晚于王慎中、唐顺之时的人，他们正当后七子统治文坛的时期，不遗余力地对抗复古思潮。归有光批评颇有声势的王世贞否定宋元文章如蚍蜉撼树，讥讽他是"庸妄巨子"。唐宋派的散文成就数归有光最高，他长于记叙抒情，以简洁省净的语言写人记事，在不动声色的平易质朴之中寄托自己的感情；连王世贞晚年也叹服归文"不事雕饰而自有风味"。名作有《先妣事略》《寒花葬志》《项脊轩志》等篇。

三、李贽的论著

李贽(1527—1602)，字宏甫，号卓吾，福建泉州晋江人，明代思想家，文学评论家。他生性桀骜不驯，做官时屡屡顶撞上司，54岁辞官讲学，后又出家。因非议孔教，自命异端而屡遭迫害，最后被下狱治罪，自刎而死。

李贽的散文思想大胆，表现出强烈的战斗性。他写的许多论辩书札淋漓泼辣，摆脱传统古文的格局，猛烈抨击儒家经典和程朱理学，揭露官僚士大夫的伪善嘴脸。奋笔直书，独具一格。

李贽在文学上提出"童心说"，也就是要表达真实的思想感情，反对文章用以载儒教之道。他以张扬个性的《西厢》《拜月》为童心之作,把宣扬忠孝的《琵琶记》否定为"似真非真"。他提倡发现和使用"迩言",也就是下层人民日常生活浅近的活语言,反对言必出"六经"、孔孟;认为文章中的性情、语言、结构都以自然为高。李贽重视小说、戏曲等俗文学,经他点评的戏曲、小说有《西厢记》《拜月亭记》《红拂记》《三国志通俗演义》《水浒传》《西游记》等多种。

四、清朝桐城派

桐城派古文是清朝中叶著名的散文流派。由方苞创立基本理论,拥护、继承、发展者作家众多,但影响最大的主要是刘大櫆和姚鼐。他们三人都是安徽桐城籍人士,所以世称"桐城派"。

方苞继承归有光"唐宋派"的古文传统,提出"义法"二字的文章评判标准。义,指言之有物;法,指言之有序。以义为经,用法作为纬,把文章组织起来。物,即文章的内容;序,即文章的形式。义经法纬,即内容和形式的紧密结合,和谐统一。他认识到法的变化是应其义的变化而不得不变的,可见方苞在重内容的同时,对内容与形式之间的关系有着全面和辨证的认识。与此相应,他要求"所载之事不杂",反对从历代诗文里去引章摘句,把"雅洁"作为文章所应追求的目标。

刘大櫆补充发展方苞的理论,他说:"作文本以明义理,适世用。而明义理,适世用,必有待于文人之能事。""行文之道,神为主,气辅之。""神气者,文之最精处也;音节者,文之稍粗处也;字句者,文之最粗处也。""神气不可见,于音节见之;音节无可准,以字句准之。"

姚鼐是桐城派集大成的作家。他针对当时片面谈论义理而文辞芜杂俚近,或者过于讲究考证而语言繁碎硗聱,不可了当等弊病,提出义理、考证、文章三者合一的主张,"以能兼者为贵"。他发展刘大櫆的"神气、音节"说,认为"神、理、气、味者,文之精也;格、律、声、色者,文之粗也。然苟舍其粗,则精者亦胡以寓焉"。他把文章风格分为"阳刚"和"阴柔"两大类,前者为高:"文之雄伟而劲直者必贵于温深而徐婉。"

在写作实践上,桐城派文章选取素材和运用语言,只求简明达意,条理清晰,避免罗列材料,堆砌词藻,引用诗词,对偶骈俪,力求"清真雅正"。他们的文章一般简洁自然有余,鲜明生动不足。名篇有方苞的《狱中杂记》《左忠毅公逸事》,姚鼐的《登泰山记》,都以清顺通畅见长。

第三讲　小说

第一节　短篇小说

一、中国小说的雏形

《汉书·艺文志》记载先秦诸子中有小说家一派。"小说"只是指"街谈巷议，道听途说"，不是文学意义上的一个品种。大约战国时根据口头传说记录成文的《山海经》一书，在民间传说的地理知识中间，保存了许多远古的神话故事。晋代发掘于战国魏王墓的《穆天子传》，其中讲述了穆王与西王母宴会酬答以及盛姬之死的故事。古人把它们看作是史地类的书，其实是小说的萌芽。《四库全书》把它们列入小说家一类，不算严肃的史地之书。

据说汉代有几部借史传、方志来讲述神异故事的书，如东方朔的《神异经》，刘歆的《西京杂记》，班固的《汉武帝内传》等，经后世考证都是假托名家的作为。所以，以虚构情节为特征的小说，作为一种文学样式，其雏形存在于《山海经》《穆天子传》以及《汉书·艺文志》著录的小说家的篇目中。由于小说家的书都已亡佚，个别作品只剩下几条佚文，无法知其全貌；而《神异经》明显模仿《山海经》的体例，因此据现存文献而言，《山海经》和《穆天子传》两书是中国小说的滥觞。

二、汉魏六朝的小说

1. 志怪小说

两汉是佛教传入,从而刺激本土的宗教——道教建立的时期。中国原有的鬼神方术思想借宗教的传播而得到进一步的盛行。志怪小说就是在这样的文化背景下繁荣一时。影响较大的作品除了《神异经》《汉武帝内传》以外,还有托名东方朔的《十洲记》,托名郭宪的《汉武洞冥记》,托名班固的《汉武帝故事》,托名曹丕(一作张华)的《列异传》;还有西晋张华的《博物志》,东晋王嘉的《拾遗记》,荀氏的《灵鬼志》,干宝的《搜神记》,托名陶潜的《搜神后记》,南朝宋王琰的《冥祥记》,刘义庆的《幽明录》,南朝梁吴均的《续齐谐记》,北齐颜之推的《冤魂志》等。

《搜神记》是志怪小说的代表作。它汇集了晋代以前的奇闻轶事,干宝在《搜神记·序》里说他写这本书的目的是"明神道之不诬",但有一部分属于优美的神话传说,干宝也获得了"鬼之董狐"的诨名。(董狐为春秋晋国史官,直笔而书,为孔子称道)

志怪小说中不少故事成为后世一些文艺作品的母题。如《搜神记》里的《干将莫邪》被鲁迅改写为历史小说《铸剑》,《董永》被演绎为当代的黄梅戏《天仙配》;"胡母班给河伯传书"的故事是唐传奇《柳毅传》的蓝本,"卢汾梦入蚁穴"是《南柯太守传》的渊源,《幽明录》中的《刘晨阮肇共入天台山》启发了唐传奇《游仙窟》的构思;关汉卿的《窦娥冤》是《东海孝妇》进一步的发挥。还有

山东潍县木版年画《天仙配》(高卫东摄)

《搜神后记》中徐玄方女重生的故事是后世《杜丽娘记》和《牡丹亭》的素材,而汤显祖的《邯郸梦》则从《幽明录》中的《焦湖庙祝》发挥而来。

志怪小说中还有不少优美的故事流传至今,如《搜神记》里的《李寄斩蛇》,《列异传》里的《望夫石》,《搜神记》和《列异传》里都有的《宋定伯捉鬼》,等等。

2. 轶事小说

记述人物逸闻琐事的小说在魏晋南北朝也十分盛行,文学史上把这类小说称作轶事小说。因所记人物均为实有,所以鲁迅把它跟记神述异的志怪小说相对举,称之为"志人小说"。

魏晋选官采用"九品中正制",就是通过品评,把人分为上上、上中、上下、中

上、中中、中下、下上、下中、下下共九等,上等品行者被各级政府录用任职。这使社会上形成注重个人言行的风气。同时,文人士大夫崇尚玄学清谈,放浪形骸;风流名士,超然物外,增添出许多茶余饭后的谈资。记录逸闻琐事的小说就此应运而生。影响较大的作品除了托名刘歆,实为东晋葛洪所撰的《西京杂记》以外,还有裴启的《语林》,晋宋间人郭澄之的《郭子》,宋刘义庆的《世说新语》,梁沈约的《俗说》,殷芸的《小说》等。这些书大多都已散失,只在一些类书中留存一些遗文。

《世说新语》是轶事小说的代表作品。书中短篇汇集了汉末至东晋的士族人物的逸事,按内容分为德行、言语、政事、文学、方正、雅量、识鉴、赏誉、品藻、规箴、贤媛、任诞、简傲、汰侈、尤悔、惑溺等36门。从篇名可看出作者的道德评判和褒贬态度。对同一人物的言行,该褒处则褒,该贬处则贬,不因人而废立其言行。当然,作者对人物评判的依据是当时世族士大夫的道德标准。

《世说新语》呈众人言行录的形式,每一则故事零星散记,独立成文。鲁迅概括其艺术特色是"记言则玄远冷峻,记行则高简瑰奇",而且有些片段记言与记事交织融汇。它善于抓取有特征性的细节描写人物的个性和精神面貌,记言也能做到几句话就见个性,形象生动,跃然纸上。《世说新语》语言风格质朴,常常见有当时口语入文,特别是某些记言的文字,几乎实录。这虽然给后世造成一些阅读的困难,但另一方面也给词汇宝库增添了"阿堵""宁馨"等新鲜血液。

《世说新语》所记"管宁割席""谢女咏雪""子猷访戴"等故事成为后世文人习用的典故。

三、唐传奇小说

1. 唐人小说称为传奇

小说在魏晋南北朝时期陈述粗糙,情节简要,尚处于初始状态;到了唐代有了明显的演进,虽然题材还限于搜奇记逸,但故事曲折起伏,语言也讲究华美,作者们在有意识地从事小说创作了。鲁迅在《中国小说史略》中认为唐朝小说的这一进步可跟唐诗的成就相提并论。

小说在古代文坛上的地位一向不高,正统文人不屑为之。《汉书·艺文志》所列诸子十家,但小说家不入流。唐人对小说总的看法没有改变,但是客串小说创作的人却有不少是著名的历史学家、古文家或诗人。其中原因有社会生活的需要所致。唐代城市经济繁荣,市民阶层兴起,为适应广大市民和统治阶层娱乐生活的需要,一些大城市出现"说话"(讲故事)表演。这种新的文艺样式又正遇佛教用变文讲经布道的方式给它煽风添柴,一时蔚为风气,吸引了所谓的正统文人也加入小说创作的行列中来。鲁迅曾惊叹"自大历以至大中中,作者云蒸,郁术文苑"。

唐代小说作品数量不少,流传至今的不下几十篇。晚唐裴铏编撰传奇小说集《传奇》,书中多神怪故事,情节新奇非凡,故名。宋人把"用对话说时景"的文章称为"传奇体",从此,唐朝小说总称"传奇"。

2. 唐传奇的内容题材

神怪故事。这类题材沿袭六朝志怪小说的传统,但已不再是零篇散录,而是在结构上完整成章了。如初唐王度的《古镜记》,按时间顺序记述一面古镜有降妖、伏兽、显灵、治病、显阴阳等多种功能,把12个怪异故事联缀成一部长篇。无名氏的《补江总白猿传》写猿劫人妻生子的荒诞故事,张鹫的《游仙窟》自叙奉使河源,途中投宿一大宅,与仙女邂逅交欢的经过。唐前期也出现一些小说专集,如唐临的《冥报记》、张荐的《灵怪集》、戴孚的《广异记》等。晚唐无名氏的《应灵传》写龙女九娘子抗拒朝那小龙逼婚的故事。《东阳夜怪录》写秀才成自虚夜宿荒宅遇橐驼、驴、鸡、猫、刺猬诸怪的事。晚唐还多传奇集,有牛僧孺的《玄怪录》、李复言的《续玄怪录》、薛用弱的《集异记》、郑怀古(署名谷神子)的《博异志》、张读的《宣室志》、袁郊的《甘泽谣》、裴铏的《传奇》等,都有关涉神怪的题材。纵观全唐,成就最高者要数中唐时期沈既济的《枕中记》和李公佐的《南柯太守传》,分别是"黄粱美梦"和"南柯一梦"两个成语故事的来源。前者写卢生在邯郸旅店遇道士吕翁,自叹穷困,道士便借其青瓷枕头;卢生梦入枕中,如愿尽享出将入相、荣华富贵的生活;一觉醒来,还不到蒸熟一顿黄粱米饭的工夫。后者写淳于棼醉梦进入槐安国,娶公主,当太守,显赫一时;后与檀罗国交战失败,又遭公主去世,毁谤蜂起,终被国王驱逐出境;醒来发现所谓的槐安国、檀罗国原来都是蚂蚁洞;他家大槐树的最南一枝就是"太守"执掌过的南柯郡。两篇传奇都宣扬"人生如梦"的主题,采用寓言的表现手法,具有讽刺文学的某些特色。

爱情故事。一种爱情故事仍然带有神怪色彩,有沈既济的《任氏传》、陈玄祐的《离魂记》、李朝威的《柳毅传》、李景亮的《李章武传》、沈亚之的《湘中怨解》《异梦录》和《秦梦记》,等等。其中《任氏传》写狐狸精化为美女任氏和贫士郑生同居,狐女善良多情,勇敢聪慧,遇暴而不失节。《李章武传》写李章武和华州街坊妇女王氏相恋,王氏病故,鬼魂又重觅李章武的住宅追叙欢情。此两篇开后世《聊斋志异》之先声。《柳毅传》则是神怪爱情故事的代表作。故事讲落第书生柳毅遇洞庭龙女,龙女相告在泾河夫家备受虐待,请求柳毅传书至洞庭,柳毅慨然应允。龙女被救脱困境后,几经曲折,终和柳毅结为夫妇。人物性格鲜明,情节跌宕离奇,叙述细致动人,堪称唐传奇中的杰作。

另一种不带神怪色彩,专写人世间爱情的故事,突破了六朝志怪小说的传统格调,有许尧佐的《柳氏传》、白行简的《李娃传》、蒋防的《霍小玉传》、元稹的《莺莺传》、薛调的《无双传》,等等。

《李娃传》写荥阳公之子郑郎恋上长安妓女李娃,李娃受鸨母之意抛弃了他。郑郎被父亲鞭打几乎致死,流落街头;李娃见状,内心自责,挽救郑郎。后经千辛万苦,终成夫妇。

《霍小玉传》写书生李益与长安歌妓霍小玉相恋,同居两年多。后来李益因文书评判超出同类,官授郑县主簿,赴任途中回家报喜省亲,却背弃临行时对霍的誓言,另聘贵姓女卢氏为妻。小玉愤激而死,冤魂化作厉鬼,使李益终身屡娶屡不和。

《莺莺传》,又名《会真记》,写崔莺莺与张生相互爱慕,私自结合。但张生获取功名之后就负心背弃爱情。篇末作者为张生始乱终弃的卑鄙行径辩护,作品的思想性和艺术性都不及《李娃传》和《霍小玉传》。这三篇是此类传奇中最有影响的作品。

历史故事。这类题材沿袭六朝志人小说的传统,有郭湜的《高力士传》、姚汝能的《安禄山事迹》、无名氏的《李林甫外传》、吴兢的《开元升平源》、陈鸿的《长恨歌传》和《东城父老传》,等等,其中有代表性的作品是陈鸿二传。《长恨歌传》配合白居易长篇叙事诗《长恨歌》而作,故事情节大致相似:前半交代因唐玄宗宠幸杨贵妃,导致朝政腐败,发生安史之乱,在逃亡蜀地途中军队逼迫玄宗处死杨贵妃;后半写玄宗对失去贵妃的无比伤痛和无穷思念,于是方士为他去蓬壶仙山访得贵妃,通过这个使者二人重温旧情。《东城父老传》写贾昌少年时因善于斗鸡而赢得玄宗宠幸,安史之乱发生后,贾昌不复显赫,历经离乱,最终出家为僧,对开元盛世空抱向往之情。

义侠故事。初唐牛肃的小说集《纪闻》一书中《吴保安》一篇,写吴保安把同乡郭仲翔从蛮酋乱军中赎出,二人成为生死之交的故事。李公佐的《谢小娥传》写谢小娥的父亲和丈夫被盗贼申兰、申春杀害,小娥受伤却奇迹般地活了下来。她女扮男装,受雇申兰之宅,伺机杀死申兰,擒获申春,为死去的亲人报了仇。沈亚之的《冯燕传》写冯燕豪侠,与滑州将张婴之妻私通,张婴发觉后,屡殴其妻;于是婴妻拿出刀来叫冯燕杀了张婴。冯燕恨婴妻有弑夫的不义之念而杀了她,张婴被误判为凶手,行将就戮时,冯燕挺身自首,为张婴免除冤死。杜光庭的《虬髯客传》写隋末"风尘三侠"李靖、红拂、虬髯相识并辅佐李世民成就功业的故事,宣扬李世民为真命天子,旨在维护唐室政权。

四、明清短篇小说

1. 三言二拍

(1) 话本和拟话本

说话艺人演讲故事所用的底本称为话本。随着唐代说话表演的兴起,话本也就产生了;到了宋代更是逐渐盛行,开始有刻本流传。话本一般包括小说、讲史、说经。

由于是民间说话人的创作,话本小说既具有口头文学清新活泼的特色,又发扬了志怪传奇等古代小说的优良传统,在宋元时期取得突出的成就。跟讲史要带一点文绉绉的浅文言不同,小说话本的语言是接近口语的白话,一般有诗词穿插其中。

到了明代,应群众的爱好,书商大量刊行话本,逐渐引起文人的注意。他们对已有的话本进行编辑加工,进而模拟民间话本的样式,直接创作出那些非用于演讲,主要供案头阅读的话本,因此被称为拟话本。

(2) 冯梦龙与"三言"

冯梦龙(1574—1646),明代文学家。在中国文学史上,他在通俗文学的各方面都做出过重大贡献。天启年间(1621—1627),他在广泛收集宋元话本和明代拟话本的基础上,经过加工润色,可能还收入他自己的作品,编成了《喻世明言》《警世通言》《醒世恒言》三部短篇小说集,合称"三言"。每部书各有40个短篇,"三言"总共120篇中,明代拟话本约占三分之二。

"三言"留下许多流传至今的著名故事,如爱情题材的《杜十娘怒沉百宝箱》《卖油郎独占花魁》《玉堂春落难逢夫》《白娘子永镇雷峰塔》《乔太守乱点鸳鸯谱》等,从不同的角度反映了下层妇女追求幸福爱情生活的愿望,抨击了封建婚姻制度扼杀爱情的罪恶,有的荒唐闹剧也反映了当时市民阶层的性趣味。又如友谊题材的《吴保安弃家赎友》《俞伯牙摔琴哭知音》,前者演绎了唐传奇中的一个故事,后者发挥《列子·汤问》里"高山流水"的典故。还有,《十五贯戏言成巧祸》属于公案一类的题材。

"三言"不仅对话本小说的传播起到了促进作用,而且直接推动了拟话本的创作。

(3) 凌濛初与"二拍"

凌濛初(1580—1644),明末小说家。继冯梦龙的"三言"之后,凌濛初所著的拟话本小说集"二拍"在当时影响颇大。"二拍"是《初刻拍案惊奇》和《二刻拍案惊奇》两书的简称,刊于崇祯年间,各40卷,其中有一篇小说在两书中重复,另掺有一篇杂剧,因此实有小说38篇。凌濛初称得上是创作拟话本小说最多的一位作家。他在"初刻"的序言里讲了出书的缘由是看到冯梦龙的"三言"很行俏,"肆中人"怂恿他投入写作。因宋元旧本已被冯梦龙搜括殆尽,他只能"取古今来杂碎事,可新听睹、佐谈谐者,演而畅之"。凌濛初的故事新编,有他道德劝惩的含义在内,但由于作者世界观落后,曾参与镇压农民起义,满脑子因果报应等封建观念,因此"二拍"中的故事除了有的反映了当时的市民生活,对当时的社会民风有认识价值以外,其思想性远不及冯梦龙的"三言",艺术上也不能跟"三言"相比。

"三言""二拍"一度失传,因姑苏抱瓮老人辑有《今古奇观》,内收"三言"作品29篇,"二拍"作品11篇,拟话本小说曾靠它在广大群众中流传。

2. 蒲松龄和《聊斋志异》

蒲松龄(1640—1715),山东淄川(今山东淄博)人,清代文学家。创作涉及诗、赋、词、戏曲、俚曲及一些杂著,都不乏好作品;短篇文言小说集《聊斋志异》是其倾一生心血精心之作。置于卷首的《聊斋自志》作于康熙十八年(1679年),可见该书在作者40岁之前已初步成形,以后几经修改增补,到其暮年才正式成书。

《聊斋志异》以讲述鬼狐故事闻名,其实,作者在故事里寄托了他的"孤愤"之情。《续黄粱》《素秋》等作品猛烈抨击科举制度的弊端;《促织》《席方平》等篇揭露现实社会的腐败和黑暗,并对被压迫人民的反抗斗争寄予同情;还有一些作品鞭挞丑恶虚伪,歌颂美好真诚,或者富于寓言意味。而占书中数量最多,最精彩动人的故事,莫过于婚姻、爱情的题材;通过人与人,或人与狐精鬼魅之间的恋爱,反映恋爱自由跟封建礼教的冲突,歌颂青年男女对真正爱情的向往和憧憬。《婴宁》《香玉》《莲香》《小谢》《宦娘》等一大批作品是这方面的名篇。

蒲松龄创造性地采用唐传奇的手法写志怪小说,继承了《史记》以来传记文学的传统,塑造了一系列个性鲜明的人物形象;情节曲折离奇,引人入胜,并善于综合运用细节、景物、气氛的描写刻画人物的性格。作者把花妖狐魅人格化,借鬼蜮折射人世百态,大有现实主义和浪漫主义相

蒲松龄画像、山东淄博蒲松龄
故居内"聊斋"(高卫东摄)

结合的手笔。《聊斋志异》为古代文言短篇小说的顶峰。

第二节 长篇小说

一、章回小说的产生与发展

中国古典长篇小说的唯一形式是章回小说,其特点是分回标目,首尾完具,它是由话本中的讲史一类发展而来。讲一段历史时期的故事一次两次讲不完,但每讲一次都形成一个相对独立的情节段落,情节的一步步发展有赖于一次次地连续演讲,最后完成一个完整的系列。体现在话本上,一讲就是一回,每一讲的题目就是章回的回目,整个一段历史故事的连贯话本就成了一部长篇小说。文中常常夹有"话说""看官"一类插入语,正是话本艺术遗留的痕迹。

长篇章回小说这种形式从萌芽到成熟经历了较长的发展过程。宋元的长篇话本已具有章回小说的雏形。到了元末明初,一批文人作家根据民间长期流传的话本进行加工再创作,长篇章回小说开始出现,如《三国志演义》《残唐五代史演义》《平妖传》《水浒传》等。明中叶后,章回小说发展得更加成熟了:内容突破"讲史"的范围,如《西游记》,虽有玄奘出访印度的史实由头,但故事完全属于神话幻想。万历年间刊行的《金瓶梅》更是在内容上摆脱了历史或神话的窠臼(此传统即记叙神怪与逸事),以现实社会及家庭日常生活为题材,以市井间世俗情态为描写对象,这部"人情小说"在题材和细节等描写方面影响到清代曹雪芹《红楼梦》的写作。章回小说成熟的形式标志还在于回目由原来的单句修整为对仗的双句。

二、古代长篇小说的高峰——《红楼梦》

章回小说以所谓历史上的"四大奇书"为代表。它们是:罗贯中的《三国演义》,施耐庵、罗贯中的《水浒传》,吴承恩的《西游记》以及曹雪芹的《红楼梦》。

《红楼梦》是继《金瓶梅》后摆脱了志怪或轶事的原始题材,将长篇小说的触角伸向现实社会,并由文人单独完成的创作,已经十分接近现代长篇小说的写作宗旨和写作流程。

曹雪芹(约1715—约1764),祖籍辽阳,先世原本汉人,清入关前就成为满人的奴仆,被编入旗。从曾

曹雪芹画像(高卫东摄)

林黛玉（王叔晖作）

祖父起三代世袭江宁织造,地位显赫。但到了曹雪芹父亲身上,因事获罪,家道衰落,举家北返。曹雪芹经历了家族的盛衰变迁,深深感受到封建统治者内部倾轧残酷,也预感到整个王朝盛极而衰,大厦将倾的形势,于是用毕生的精力,创作了不朽的文学巨著《红楼梦》。

小说以贾宝玉、林黛玉的爱情悲剧为主要线索,勾画了贾、王、史、薛四大家族的社会网,着重叙述贾家荣国府和宁国府由盛转衰的过程,揭露和批判了封建社会及其礼教的黑暗和罪恶,歌颂贵族叛逆者及下层人物的反抗精神,表现出一种朦胧的新思想。小说以现实社会为广阔背景,规模宏大,人物众多,描写逼真,结构严谨,情节起伏,语言传神,塑造出一个个性格典型的艺术形象。无论从思想内容还是创作手法看,都达到了中国古典长篇小说的高峰。

三、讽刺小说《儒林外史》

几乎在曹雪芹写《红楼梦》的同时,吴敬梓的讽刺小说《儒林外史》奠定了我国小说史上批判现实主义的基础。

吴敬梓(1701—1754),安徽全椒县人,清代小说家。有诗、词、文、赋的多方面才能,晚年转而治经,著有《诗说》七卷(已佚);但一生留下的价值最高,影响最大的作品是长篇讽刺小说《儒林外史》。

这部小说揭露科举制度的腐朽,展现科举制奴役下士人被扭曲的丑恶灵魂,以及整个封建官场昏聩贪吝的众生相,讽刺风流名士们招摇撞骗、虚伪卑劣的行径,入木三分地描绘出一副儒林群丑图。为了反衬丑陋,作者也塑造了一些正直善良的人物,寄托了他力图挽回世道人心,爱慕真诚生活的理想。

小说正面控诉了封建制度和道学礼教的虚伪,刻画了城乡世风的颓败,具有丰富的社会内容。作者在平常见怪不怪的生活万象中概括出典型事件和人物,加以合理的夸张,揭示其中的矛盾和悖谬,形成辛辣的讽刺。小说语言生动洗练,着墨不多而形神毕具,取得高度的艺术成就,对晚清一批谴责小说影响颇大。

四、明清其他长篇小说

明清两代影响较大的作品还有明代兰陵笑笑生的《金瓶梅》,许仲琳的《封神演义》,清代钱彩、金丰的《说岳全传》,无名氏的《说唐演义全传》,西周生的《醒世姻缘传》,李汝珍的《镜花缘》,石玉昆的《三侠五义》(一名《七侠五义》),晚清李伯元的《官场现形记》,吴趼人的《二十年目睹之怪现状》,曾朴的《孽海花》,等等。

五、中国长篇小说的特点

小说可以说是结构的艺术。结构是人物、情节、场面诸要素的综合联结方式,有怎样的故事就有怎样的小说结构。小说的结构问题反映了作者观察社会、表现社会的思维模式。中国古典长篇章回小说所共同具有的一些结构特点折射出中国传统的小说思维的文化模式。

(一)显性结构

1. 串珠式

以一个或一群主人公的行程或经历为线索作纵向突进,将各个相对独立、相对完整的情节单元串联起来的结构方式。《西游记》就是"串珠式"结构的典型作品。该书前七回讲了孙悟空"大闹天宫"的故事,第八回至第十二回宕开一笔,交代唐僧取经的缘起,自第十三回到全书结束是整部小说的主体部分,讲孙悟空被迫皈依佛门,在猪八戒、沙和尚的协助下,保护唐僧去西天取经。其间历经九九八十一难,每一个斩妖降魔的小故事都写得有头有尾,犹如一颗颗有独立艺术价值的珠子,师徒四人的行踪就是串珠的彩线。把"大闹天宫"看作主人公孙悟空取经前的一个独立故事也未尝不可,它是整个珠串的一颗顶头珠。

串珠的线索有时不一定是几个固定的故事人物的经历,它也可以表现为人物群体,而这群体呈滚动式壮大的态势。成书比《西游记》早的《水浒传》就其情节来看没有某个贯穿始终的中心人物,宋江、晁盖、林冲、武松、李逵、鲁智深等人的经历、遭遇分散在各自的情节单元中,其情节单元的相对独立性和相对完整性不亚于《西游记》的每一次降妖斗魔;只由于九九归一,汇聚在梁山好汉这支队伍的大纛之下,方才造成串篇成书的动因;而每一个大的集体行动,如"智取生辰纲""三打祝家庄""夜打曾头市"等,跟一个个好汉的个人反抗相比,虽同属"珠子",却着上个体与群体的不同色调。《水浒传》的结构像一挂多色相配、协调悦目的珠串。

2. 网络式

以主要人物及其主要情节为主线，以众多次要人物及其次要情节为辅线，辅线围绕主线的轴心有机交织成错综复杂的矛盾关系网，藉此多层次、多侧面、全景式地展现社会生活。辅线不仅在主题表达方面起着丰富、补充主线的作用，而且在情节发展方面起着支撑、推动、诱发主线前行的作用。主、辅线互为因果，互相依存。《金瓶梅》《红楼梦》突破了以往章回小说的单线结构，用主、辅线网络式叙述出来的世界就像生活本身那样丰富、深厚，因而更加逼真。如《红楼梦》以宝黛钗的爱情婚姻悲剧为主线，穿插主奴纠葛、族内纷争、经济危机等众多故事，融合成一幅封建社会大厦将倾时的全景图。

3. 其他结构形式

《三国演义》为三线齐头并进式；时分时合，分则三国各自的历史事件和发展演进过程，合则三国之间的矛盾纠葛，又称"辫型结构""扇面形态"。

《儒林外史》则是另一种模式，它全书没有一个或几个贯穿始终的中心人物，也没有起讫完整的故事情节。"全书无主干，仅驱使各种人物行列而来，事与其来俱起，亦与其去俱讫"（鲁迅语）。一人的故事讲完，即转入下一人，如此蝉联而下。《官场现形记》模仿这种布局，人称"连环式"或"帖子式"。

（二）内隐结构

1. 以单体为基础的组群布局

中国早期长篇小说带有"说话"话本的胎记；各个人物的故事，情节的各个单元都完整自足，可以独立出来成为长篇说话系列中的某个"单篇"。如果将每一次分讲的独立单篇看作中国古典园林建筑的楼、台、亭、阁，那么连缀而成的长篇就如同被径、廊、溪、林围串一体的联合组群。这种疏密相间、跌宕有致的文章空间观念引进了视点流动和节奏美感的概念，赋予中国长篇小说以民族特有的文化底蕴。我国小说的民族结构形式是"可分可合，疏密相间，似断实联"，依靠这种结构方法达到"长到百万字却舒卷自如，大小故事纷纷杂综，然而安排得各得其所"（茅盾语）之目的。

表现为串珠式、连环式或辫型的三种外在结构的作品，其内在的节奏精神都基于单体—组群布局。

2. 说话艺术遗风犹存

外形线索呈现为网络式的长篇小说，有其内容需要作为所取结构的依据的。《金瓶梅》和《红楼梦》的题材脱离了历史的（如《三国演义》《水浒传》）或神怪的（如《西游记》）范围，而直接表现社会世态人情。历史和神怪允许被简化为一维的单线发展，因为理解寓言性的神话和理解历史都有图解的成分；而理解社会世态人情更需要生动、形象、真实的活本。中国网络式结构的长篇自世情小说《金瓶梅》始，绝非偶然。

网络式结构还是创作者和受众双方趋于案头的结果：职业作家独自发挥想象力进行书面创作，读者通过印刷品接受文字信息，这样，错综复杂的网络结构可以经读者反复翻阅而理出头绪，不会因"听故事"的一次性过耳而坠入错综复杂的五里雾中。这就为网络结构在形式上的合理性提供了可能。《金瓶梅》的问世正好合乎案头之作的条件。不过，跟西方小说的同类结构不同，《金瓶梅》《红楼梦》在追求故事的首尾完整方面，在心理、肖像、环境、动作等的描写方面，依然带着浓重的说话艺术遗风：比如，人物出场必先介绍其出身、籍贯、经历，甚至一并累及祖上；人物的肖像和心理仅几笔白描勾勒，而特别注重行为的动作性。《红楼梦》里的次要人物有可能抽出独立的故事来，如戏剧《尤二姐》，这正是说话艺术还遗留的特点。

3. 性格展示而非性格发展的线索

章回小说保留着"千百人总合一传，内却断断续续，各人自有一传"的结构特点，不少书名也叫"某某记""某某传"，可见受史传文章影响之深。史传为一人或数人立传，作者着眼于事而不着眼于人，因为一般是在某人物作古之后，才为之树碑立传，写作行状、墓铭、事略、本传之类。某人性格已经定型，仅需叙述生平事迹以显示他的品行与性格。所以，受史传影响颇深的早期长篇小说内，情节仅是展示性格的手段，不像后来西方人理解的那样是"性格成长的历史"。史传型小说从人物出场直至篇末，性格基本保持不变，情节的步步推进仅仅为了性格的层层显露，使读者对这些人物由生疏变为熟识而已。如《三国演义》中曹操的奸诈，刘备的长厚，诸葛的多智，均似生来如此，看不出性格的由来、形成和发展。正由于这个原因，《西游记》里师徒斗魔降妖的一个个故事若颠倒现有的次序也未尝不可。后来的《红楼梦》考虑到一种性格在主导方面的支配下会随环境的变化而发展，但总的看来，《红楼梦》所要表现的主要还是贾府的兴衰史，而不是某几个人物的性格史，书中没有那种前后成长痕迹出现较大落差的性格典型。

正由于性格的展示仰仗对于情节的叙述，因此章回小说注重故事的有头有尾，清晰完整，时间顺序就成为非抓住不可的纲绳；有时所谓的"花开两朵，各表一枝"，为着交代两个事件共时性之必要；而倒叙法、插叙法就用得较少。

第四讲 戏曲文学

第一节 戏曲的形成

一、戏曲艺术的孕育

戏曲是中国戏剧的传统形式,集歌、舞、念、白等表演艺术于一体。早在西周末年就出现了由贵族豢养的职业艺人,他们被称为"优"。战国时期,产生了一种舞蹈化的武术竞技表演,叫做"角抵",相传由上古的战争舞蹈演变而来。到汉代,民间的角抵用来表现一个简单的故事了;发展到隋末,还出现了有简单故事情节的歌舞戏。

唐代盛行一种由两人表演的"参军戏"。参军,原是一种官衔,因这种表演的角色一个叫参军,一个叫"苍鹘",故名。参军是丑角,被机智善辩的苍鹘驳倒而认输,这种戏总是以苍鹘要打参军来收场。到宋代,角色就由参军戏的两个发展为五个,成为"杂剧";为了跟后来元代的杂剧相区别,称之为"宋杂剧"。宋杂剧随王室南迁而带到江南,跟流行于浙江温州一带民间的"永嘉杂剧"融合发展,形成所谓的"南戏"。南戏的分场结构、角色体制和表演手段已臻完备,体现出中国戏剧的民族特色。

在金朝统治的北方,河北一带流行一种叫"院本"的戏曲。到了元代,它吸收了曲牌联套的"诸宫调"音乐结构,发展为我国成熟的戏曲剧种——元杂剧。

戏曲的成熟有叙事文学影响的因素,宋元话本的发达给故事情节的编织提供了经验;同时也有音乐和唱词影响的因素,散曲的套数形式为剧中的曲牌联套提供了可能。此外,在外部方面,城市的发展和市民阶层的壮大为戏曲的演出创造了市场,对戏曲的成熟也有促进作用。

二、元代戏剧的体制

1. 元杂剧

元杂剧的一个完整单位为"本",其结构通常为每本四折,个别情况也有一本五折、六折,或者多本连演,相当于后世的连台本戏。所谓"折",相当于话剧的幕或场,同时又是一个音乐组织单元,只限用一个宫调。第一折之前通常安排一个"楔子",起开场白的作用。如有需要,也可在后面的某处折与折之间插一个楔子,用来交代故事的发展关节。

每一折由一个角色主唱,其他角色只说不唱。元杂剧中男主角叫正末,女主角叫正旦,它们是主唱角色。不唱的正剧角色有副末、冲末、小末、外末、副旦、小旦、外旦等。还有一类不唱的喜剧角色,有净、丑、搽旦等。某一折如果由正末主唱,那么就一唱到底,正旦也只说不唱;如果由正旦主唱,反之亦然。一般上一折由正末主唱,下一折就由正旦主唱,交替进行。

2. 南戏

宋南戏进入元代以后逐步发展成熟,并在元末得以定型。南戏的折又叫"出",允许一出戏设置两套以上的曲子,不限于某个角色一唱到底。每个角色都可安排唱段,并且除独唱外,还可采取对唱、合唱等多种形式,丰富了演唱的表现手段。南戏主要使用以南方语音为标准的南曲,只用五声音阶,有不同于杂剧北曲的曲牌。元代南戏接纳七声音阶的北曲曲调,将南北曲加以合套,或者抽取各曲调中的片断组合成新曲牌,叫"集曲"。这样,丰富多彩的唱腔可满足表现各色人物的各种情感。

元南戏的角色行当有生、旦、净、末、丑、外、贴七种。一般先由副末上场介绍全剧剧情。重要人物上场要先唱引子,然后说一段较长的自报家门的"定场白"。每一出戏以下场诗结尾。曲词也有包括引子、过曲、尾声的一套程式。

三、明代传奇的体制

"传奇"之名在唐代指称文言小说,以后又曾指称金元诸宫调等说唱艺术以及南戏、杂剧;明代则专指以演唱南曲为主的长篇戏曲。

明嘉靖以前,南曲声腔竞相纷呈;主要有四个剧种:海盐腔、弋阳腔、余姚腔和昆山腔。嘉靖以后,昆山和弋阳两大声腔系统在原来的众多剧种中胜出,成为两大统治剧种。

明代传奇结构庞大,一般都是三五十出的长篇,没有规定的出数;每出都标出目。沿袭南戏的做法,剧本一般在开端的第一出由副末上场唱"家门",交代剧情大意和故事的主旨。在角色方面,分小生、老生、小旦、老旦、贴旦、小末、小外等,行当分工细化、专业化。

第二节　戏曲文学作家作品

一、关汉卿的杂剧

关汉卿,大都(今北京市)人。金末元初伟大的戏剧作家,生卒年不详。所著杂剧今知有60余种。现存剧目有《感天动地窦娥冤》《赵盼儿风月救风尘》《包待制三勘蝴蝶梦》《杜蕊娘智赏金线池》《望江亭中秋切鲙旦》《包待制智斩鲁斋郎》《关大王独赴单刀会》《闺怨佳人拜月亭》,等等。

关汉卿画像(李斛作)

关汉卿的相当部分剧作是反映下层人民所受的冤屈,歌颂他们的反抗斗争,如《窦娥冤》《蝴蝶梦》《鲁斋郎》等。其中《窦娥冤》是这类题材中的代表作。

《窦娥冤》的主角窦娥3岁丧母,7岁时其父因借蔡婆婆的高利贷无力偿还,为了再次筹款上京赶考,就将独生女窦娥抵给蔡婆婆当童养媳。婚后不久,蔡公子亡故,17岁的窦娥成了寡妇。蔡婆婆平素靠放债度日,赛卢医借了钱想赖账,把讨债的蔡婆婆骗到荒郊加以谋害,幸被路过的张驴儿救下。张驴儿提出由其父子俩分别娶蔡家婆媳为妻以作报答,窦娥死活不肯,蔡婆婆却收留张氏父子住在家里。过些日子蔡婆婆生病,张驴儿以告官赛卢医加害蔡婆婆为要挟,向赛卢医要来毒药,企图害死蔡婆婆,进而强占窦娥。张驴儿在汤里放了毒药叫张父端给蔡婆婆喝,不料蔡不想喝而却被张父喝了下去,中毒身亡。张驴儿恶人先告状,上贪官桃杌的衙门告窦娥毒死张父。桃杌对窦娥严刑拷打,并要对年迈的蔡婆婆动刑。窦娥为救婆婆性命,被迫屈招,被处死刑。临刑前喊冤道死后六月下雪,三年大旱。再说窦娥的父亲窦天章应试及第,出任朝廷廉使。在复审案卷时女儿冤魂托梦诉说,通过重新审讯,最后为女儿洗冤昭雪。

一曲《窦娥冤》也是关汉卿全部戏剧的代表作。

关汉卿还有一类作品塑造了一些聪明机智的下层妇女形象,如《救风尘》中妓女赵盼儿,《金线池》中妓女杜蕊娘。以《单刀会》为代表的历史剧则歌颂了关羽等人物的历史功绩和英雄形象。

关汉卿娴熟驾驭杂剧的艺术结构形式,故事情节的展开具有强烈的戏剧性、典型性,峰回路转,曲折腾挪,在矛盾冲突中集中展示人物的性格,真实可信,生动鲜明。角色的唱曲该豪壮处豪壮,该婉约处婉约,该悲怆处悲怆,几副笔墨俱精,所用恰到好处。念白的语言与人物的身份、处境十分贴切,生动自然。

二、王实甫与杂剧《西厢记》

王实甫,大都(今北京市)人。元代前期杰出的戏剧作家,生卒年不详。所作杂剧今知有 13 种。现存剧目有《崔莺莺待月西厢记》《吕蒙正风雪破窑记》(一说关汉卿所作)、《四大王歌舞丽春堂》3 种;《韩采云丝竹芙蓉亭》和《苏小卿月夜贩茶船》两剧各存一折佚曲。

王实甫的代表作《西厢记》5 本 21 折,是戏曲史上较早的多本连演的剧本,早在元明之际就为当时人所推崇,被誉为"杂剧之冠"。

《西厢记》故事是说,崔相国的遗孀郑氏携女儿莺莺扶灵还乡,路宿普济寺。书生张珙也在寺中暂住,邂逅莺莺,为她的美貌所倾倒,顿生爱慕之情。不久,有贼人孙飞虎,听说莺莺貌美,率兵包围普济寺,要抢莺莺为压寨夫人。情急之中,崔夫人当众许诺,如有人退得贼兵,就把女儿许配给他。张珙修书,设计送给好友白马将军,搬来救兵破贼解围。事后崔夫人却嫌张珙贫寒而食言赖婚,张珙相思成疾。莺莺在侍婢红娘的帮助下,夜奔西厢探慰张珙,私订终身。两人往来一段时间后,事情终被崔夫人发觉,不得不将莺莺许配给张珙,但又以不招白衣女婿为由,逼迫张上京赶考,莺莺与张珙满怀离愁,长亭分别。张生一举及第,回来与莺莺团圆,一对有情人终成眷属。

《西厢记》情节发展错综复杂,作者善于在波澜曲折的戏剧冲突中展现人物性格,塑造人物形象。剧中的唱词写得精妙绝伦,王实甫选择古典诗词里许多优美的佳句自然地融合在曲词中,描摹景物,渲染气氛,抒发情感,充分发挥了中国传统韵文讲究诗情画意、情景交融的特长。

三、高明与南戏《琵琶记》

高明(约1307—约1371),元末戏曲作家,浙江温州瑞安人。《琵琶记》故事说的是:孝子蔡伯喈与赵五娘结婚后本想安享家庭生活,而其父逼迫他赴京应考。中了状元后,牛丞相招他入赘。他辞婚、辞官均未获准,被迫当了牛相府的女婿。时值家乡遭遇严重灾荒,赵五娘独力维持一家生活,她求得赈米供养公婆,自己却偷偷以糠秕充饥。二老盼子不归,在饥饿中相继去世。五娘剪发买葬,料理完公婆的后事,便一路弹琵琶卖唱,到京城寻夫。由于第二妻牛氏贤惠,牛丞相也回心转意,蔡、赵一对夫妇终于得以团圆,并且得到朝廷的旌表。

《琵琶记》的思想内容比较复杂,蔡家妻离子散,家破人亡,事因出于其父逼子求取功名,在一定程度上批判了科举制度;牛丞相的专横和家乡荒年的悲惨生活,反映了当时社会的黑暗。但作者对封建朝廷维护孝道唱起赞歌,抱欣赏的态度。

《琵琶记》向来被推为"南戏之祖",取得较高的艺术成就。剧中蔡、赵两条线索交错发展,贫富悲喜形成鲜明对比,衬托赵五娘的艰辛和悲剧色彩。唱词体贴入情,委曲尽致,雕词琢句,分寸得体,雅俗共赏。

四、汤显祖与传奇《牡丹亭》

汤显祖(1550—1616),江西临川人,明代伟大的戏曲作家,以著有传奇"临川四梦"等作品闻名。所谓"临川四梦",指《牡丹亭》《紫钗记》《邯郸记》和《南柯记》四部作品,或许四剧情节都有梦境,才有此合称。作者以为"一生'四梦',得意处惟在《牡丹》",《牡丹亭》无疑是他的代表作。

汤显祖塑像(邓作新摄)

《牡丹亭》的主角杜丽娘是南安太守杜宝的独生女,住在官邸受父母的严格管制,跟请来的师父陈最良读圣贤之书,连后花园都不让去。然而,《诗经·关雎》的美妙篇章引发了她伤春寻春,在丫环春香的诱导下,偷偷地跑到后花园,春光撩眼,萌动了少女的心。回屋后昏昏入睡,梦中遇见一个书生手握柳枝前来求爱,两人在牡丹亭畔幽会。该书生名叫柳梦梅,家境贫寒。这一天梦见花园的梅树下立着一位才貌端妍的佳人,对方说俩人有缘分,向他表示爱慕之情。杜丽娘醒后终日寻梦不得,抑郁愁闷,一病不起。临终前要求母亲把她葬在花园的梅树下,嘱咐春香将其自画像封存并埋在湖山石下。其父杜宝升任淮阳安抚使,他委托陈最良安葬女儿并修建"梅花道观"。三年后,柳梦梅上京赶考,投宿梅花道观,拾得杜丽娘画像,发现此女子就是他梦中见到的佳人。杜丽娘魂游后园,再度和柳梦梅幽会,并指点柳梦梅掘墓开棺。杜丽娘得以起死回生,两人正式结为夫妻,一同前往临安。适逢金国在边境淮扬一带作乱,杜丽娘之父杜宝奉皇帝之命赴前线镇守。柳梦梅在临安应试后,受杜丽娘之托找到了丈人杜宝。杜宝认定女儿还魂的事只是柳梦梅的胡言乱语,于是把他囚禁起来。发榜后,杜宝才知道被囚的人正是新科状元;然而仍不同意他跟女儿的婚事。结果闹到皇上那里才得以圆满解决,杜丽娘和柳梦梅二人终成眷属。

《牡丹亭》是我国戏曲史上浪漫主义的杰作。杜丽娘梦而死,死又复生的幻想情节反映了受封建礼教束缚的大家女子难以在现实中寻到自己的爱情,只能在梦境里去实现自由幸福的理想,显示了追求个性解放的思想倾向。在人物刻画方面,杜丽娘的性格发展层次鲜明,心理活动描写得细致熨帖。剧作文词典丽,精妙婉转,以抒情见长;宾白语言,精炼机趣;文雅通俗,因人物而异。

五、李玉与传奇《清忠谱》

李玉(约1610—约1671),江苏吴县人,明末清初戏剧作家。相传编写过60多个剧本,现已发现的有四十多种,其中《一捧雪》《人兽关》《永团圆》《占花魁》(以上合称"一笠庵四种曲",明末所作)、《万里圆》《千锺禄》《牛头山》《麒麟阁》等18种今存有全本。《清忠谱》是其与同为苏州派作家的朱素臣、毕万后和叶雉斐的共同创作。

《清忠谱》写明末天启年间"阉党"魏忠贤派厂卫缇骑到苏州逮捕东林党人周顺昌,苏州市民万余人聚集起来支持东林党,冲击官衙,伸张正义,反抗暴政。

官府逮捕了群众首领颜佩韦等五人,加以杀害。周顺昌在狱中受严刑逼供,他痛骂权奸,宁死不屈,最后英勇就义。群众斗争的烈火越燃越烈,民众合力拉倒魏忠贤生祠的石牌坊,把魏的雕像头取下来祭周顺昌和颜佩韦等义士。崇祯即位后,废黜魏党,周顺昌等得以平反昭雪,苏州市民将遇害的五人合葬,建五人墓。

把市民的政治斗争搬上舞台,是戏曲题材的一次突破,为中国戏剧史上前所未有的创举。它成功塑造了城市人民群众的形象,比较真实地表现了一场声势浩大的群众斗争,并从不同的侧面展示不同阶级、不同阶层、各色人等的态度和面貌。作品主题突出,线索分明,把复杂的事件展现得头绪井然,给以后此类戏剧的创作积累了一定的经验。

六、洪昇与传奇《长生殿》

洪昇(1645—1704),清代戏曲作家、诗人。所著戏曲共10余种,保存至今的只有传奇《长生殿》和杂剧《四婵娟》,其他戏剧作品如《沉香亭》《舞霓裳》《天涯泪》《回文锦》等均已失传。另有诗集《稗畦集》《稗畦续集》《啸月楼集》三种以及《诗骚韵注》残篇传世。

《长生殿》是洪昇戏剧的代表作,母题取自白居易的长篇叙事诗《长恨歌》,诗中有"七月七日长生殿,夜半无人私语时"之句,写李、杨立下生死誓言;洪昇取"长生殿"三字作为剧目之名。作品前半写天宝年间贵妃杨玉环深得唐明皇的宠爱,二人终日游宴耽乐,皇上从此不理朝政,把大权交由杨贵妃的哥哥杨国忠把持。从赐浴华清池,贵妃初承恩泽,到七月七日,杨、李二人在长生殿里情意绵绵,盟誓世世代代结为夫妻。不久,安禄山因与杨国忠争权而发兵叛乱。唐明皇带着杨贵妃逃离长安,官军把杨国忠杀死,又逼唐明皇将杨贵妃缢死在马嵬坡。后半写安禄山叛乱平息之后,唐明皇日夜思念杨贵妃,但天上人间,茫茫不得相见。后来,道士杨通幽运用法术架起一座仙桥,让明皇飞升到月宫,与杨贵妃相会,实现了他们在长生殿上立下的"生生死死为夫妻"的盟誓。

《长生殿》的思想内容矛盾而复杂。一方面它揭露了封建统治者荒淫误国,警戒后世,小心乐极生悲;另一方面,又对李、杨的爱情悲剧寄予深切的同情,对二人坚贞不渝的爱情大唱赞美之歌。这种双重主题之嫌早在白居易的《长恨歌》里就存在着,在洪昇手里依然没能得到解决。此外,作品鞭挞了作为番将的叛军头目安禄山以及向叛贼摇尾乞怜的一班降臣,对于身处明末清初的洪昇来说,《长生殿》就此借题发挥,其中隐约可见作者的民族情结。

七、孔尚任与传奇《桃花扇》

孔尚任(1648—1718),孔子第64代孙,清初戏曲作家、诗人。戏曲作品有传奇《桃花扇》和《小忽雷》(与顾彩合作),诗文作品有《湖海集》《长留集》《石门山集》等存世,《岸堂诗集》部分存世,《律吕管见》《鳣堂集》《绰约词》等著作已佚。

《桃花扇》是孔尚任历经十年,三易其稿的苦心经营;是他长期酝酿,广搜素材,句斟字酌,精心结撰的产品。故事以明朝覆亡为时代背景,演绎侯方域与李香君二人的爱情命运,赋予男女离合的情事以时局的动荡变迁之感,交织着统治集团的内部矛盾和抗清斗争的民族矛盾,给后世昭示兴衰存亡的历史经验教训。剧情如下:

侯方域字朝宗，是一名抨击明末时弊的"复社"文人；为避战乱，侨寓南京，在朋友介绍下，认识了秦淮名妓李香君。二人情投意合，朝宗题诗扇上，赠与香君作定情之物。阉党余孽阮大铖得知侯朝宗手头拮据，暗中花钱送妆奁酒席，意在收买朝宗，结交复社，为其开脱恶名。定情次日，李香君得知这笔费用的来源，坚决下妆卸奁，如数退还。阮大铖怀恨在心。李自成攻入北京城时，崇祯皇帝煤山自缢；奸臣马士英、阮大铖在南京拥立福王，这帮人在南明王朝重新得势；昏王奸臣，荒淫苟安。侯朝宗受阮大铖报复，被诬告暗中勾结左良玉背叛朝廷，迫使他仓皇逃离南京，投奔淮南史可法。而这边，马士英、阮大铖又逼迫香君改嫁其党羽田仰，香君誓死不从，血溅定情诗扇，化成折枝桃花，被软禁宫中。清兵南下，任南明内阁兵部要职的马士英、阮大铖还在角逐派系私利，把河防前线的三镇兵马调去截防左良玉，史可法独木难支。清兵长驱直入，福王及马、阮出逃，南明灭亡。几经波折，侯、李重逢在栖霞山。经张道士指点，国已破，何以为家？桃花扇终于被撕破，二人双双入道。

《桃花扇》是艺术地总结明亡历史教训的第一剧，孔尚任是以戏剧形式展现明末社会矛盾和民族矛盾的第一人。在揭露、鞭挞权奸的同时，对史可法为代表的爱国将领寄予极大的同情，并歌颂了李香君、柳敬亭、苏昆生等下层人物的坚贞气节。跟《长生殿》相比，《长》剧的焦点是李、杨的爱情，国家兴亡只是突现二人感情的陪衬；而《桃》剧的焦点则是国家的兴亡，侯、李的爱情线索给近距离观察南明政治形势提供了一条合适的路径。艺术构思与重大主题密切契合。作者没有落入才子佳人终得团圆的传统俗套，而以破扇入道为悲剧性结局，给人留下国破家亡的长长思考。

在具体的结构方面，侯、李的被迫分离形成情节的两条线索：北线，从侯朝宗一头带出史可法抗清及四镇内讧等重大事件；南线，从李香君一头写出奸臣倒行逆施，南明小王朝的苟且腐败。这种安排有利于多角度、全方位地反映当时的政局。一把桃花扇是两条线索的出发点和归宿，上通剧名，下作为道具贯穿全剧；正如作者自己说的："剧名《桃花扇》，则'桃花扇'譬如珠也，作《桃花扇》之笔譬则龙也。穿云入雾，或正或侧，而龙睛龙爪，总不离乎珠。"可谓匠心独运，情节收放，紧凑而自如。

在语言的运用上，个性化的抒情性的宾白和曲词，给惟妙惟肖的人物描写起了独到的作用。

第五讲　现代文学

第一节　中国现代文学概说

一、现代文学和白话文运动

　　现代文学，是用现代的语言，接轨现代世界通行的文学体裁，或革新具有民族特色的文学样式，表现现代潮流、现代思想和情感的文学。

　　现代文学兴起的时代大背景是五四新文化运动。新文化高举科学和民主的旗帜，反对封建蒙昧主义、封建专制主义和封建道德体系。新思想的内容从概念到判断和推理的方式都超出旧文言以单音节词为基础的语言架构所能容纳的范畴，必然引起作为思维和表达材料的语言，特别是擅长记录、整理和传播功能的书面语言的革新。所以，伴随着新文化运动、新文学运动展开的，是白话文运动。后者超越文学创作的范围，涉及科学文体及一切应用文体。文学是语言的艺术，现代作家们的白话文运用实践，创作出一批典范的白话文著作，为现代汉语的词汇和语法的规范化做出了决定性的贡献。

二、现代各时期的文学

　　文学史通常把五四时期到中华人民共和国成立这三十余年的历史阶段称为现代。

为了在介绍现代重要的作家和作品的同时,能体现出"史"的概念,本章将这三十余年基本上按自然年代划分为五四时期、二三十年代、40年代这三个时期。其中二三十年代集中涌现了大批的作家,以致无法把所跨的两个十年加以分述。

第二节 各时期涌现的作家及其作品

一、五四时期涌现的作家及其作品

《新青年》是五四新文化运动的号角,其第一卷原名《青年杂志》,1915年9月在上海创刊。编辑部于1916年冬到1919年上半年一度迁往北京。1917年1月发表胡适的《文学改良刍议》,2月发表陈独秀的《文学革命论》。自1918年5月第四卷第五号起完全改用白话文,并发表白话诗、白话小说等新文学作品。该杂志主要刊登政论文章,白话文学作品一方面为唤醒民众而呐喊,另一方面向世人展示新文学的实绩。

这时期出现了现实主义大家鲁迅和浪漫主义大家郭沫若。冰心是最早以问题小说而产生影响的作家。除此之外,胡适的《尝试集》是最早出版的新诗集。

1. 鲁迅(1881—1936)

原名周樟寿,后改名周树人,字豫才,浙江绍兴人。出身破落的封建家庭。由于家道中衰,饱受人间冷眼,由于常到农村外祖母家居住,接触到农村社会。1898年考入南京江南水师学堂,次年改入江南陆师学堂附设的矿务铁路学堂,开始接触西方科学及人文译著。1902年赴日留学,先后入东京弘文学院和仙台医学专门学校;后认识到改造国民的精神重于强健国民的体格,于是弃医从文,积极参加民主革命运动。1909年回国,1918年5月,第一次用笔名"鲁迅"在《新青年》杂志上发表他的第一篇白话小说《狂人日记》。自此至1926年间,陆续创作出版了小说集《呐喊》《彷徨》,散文诗集《野草》,散文集《朝花夕拾》,杂文集《坟》《热风》《华盖集》《华盖续集》等。其中,1921年12月发表的中篇小说《阿Q正传》是中国现代文学史上最杰出的作品之一。这一时期,鲁迅开始接触马克思主义。1930年3月,中国共产党领导的革命文学界组织"中国左翼作家联盟"在上海成立,鲁迅参加并被选为常务委员,在成

1933年鲁迅全家合影

立会上做了《对于左翼作家联盟的意见》的演说。自1927年10月至去世,鲁迅定居上海,创作了《故事新编》中的大部分小说和大量的杂文,表现出韧性的战斗精神。这些杂文收辑在《而已集》《三闲集》《二心集》《南腔北调集》《伪自由书》《准风月谈》《花边文学》《且介亭杂文》等专集中。

鲁迅一生创作近400万字,翻译500多万字,整理古籍近60万字,对中国的文化事业做出了巨大贡献,是中国现代文学的奠基人;他不仅是伟大的文学家,而且是伟大的思想家和革命家。

2. 郭沫若(1892—1978)

原名郭开贞,曾用名郭鼎堂等,四川乐山人。中国现代杰出的诗人、剧作家、历史学家、考古学家、古文字学家、社会活动家。1914年赴日本留学,五四运动前后弃医从文,积极投身革命文化活动,1919年9月起开始发表新诗,在不到一年的时间里创作了《凤凰涅槃》《地球,我的母亲!》《天狗》《炉中煤》等名篇,这是他的新诗创作的爆发期。这些新诗的一部分后来收入他的第一本诗集《女神》内。跟胡适的白话诗相比,郭诗具有全新的内容,有新的情感,新的气概,而胡诗只是用新的白话吟咏旧的意境而已。

抗战时期的郭沫若

抗战时期,郭沫若致力于历史剧的创作。这是继《女神》之后在他的文学道路上出现的又一个高峰。剧本《棠棣之花》《屈原》《虎符》《高渐离》(一名《筑》)、《孔雀胆》和《南冠草》,歌颂爱国精神,鞭挞黑暗势力,呼唤光明未来,振奋民众斗志,是史学和文学的合璧,发挥了古为今用的战斗作用。郭剧跟他的诗歌一样洋溢着豪放、热烈而浓厚的浪漫主义精神。

郭沫若的传记文学也有广泛的社会影响。作者投身革命,又几渡东洋,生活经历十分丰富。他具体描述自己的文化学术活动和社会政治活动,真实地记录了动荡年代的斗争风云和作者成长求索的过程。作品有《我的童年》《反正前后》《黑猫》《创造十年》《北伐途次》《洪波曲》等。

新中国成立以后,郭沫若也写了一些诗歌和剧作。

3. 冰心(1900—1999)

原名谢婉莹,女,生于福建福州市。现代散文家、小说家、诗人,文学研究会的重要成员。1919年9月以"冰心"笔名发表第一篇小说《两个家庭》。此后又写出《斯人独憔悴》《去国》《庄鸿的姊姊》等问题小说,揭示社会、家庭、妇女等人生问题,影响很大。1919年冬开始,受泰戈尔《飞鸟集》的启发,把自己吉光片羽的感想写成无标题的格言式自由体小诗发表于北京《晨报》副刊,共300余首,结集为《繁星》和《春水》,于 1923 年先后出版。那些歌颂人类之爱,赞美大自然的清秀篇什,社会影响不亚于她的问题小说。而小说集《超人》则以小说的体裁表现"爱"的哲学所认识的生活。

冰心的作品成就最大的要数散文。从 1919 年夏发表第一篇散文后,一发而不可收。先后写作出版《往事(一)》《往事(二)》《冰心散文集》《寄小读者》《再寄小读者》《南归》等。新中国成立后,又著有《三寄小读者》《樱花赞》《小橘灯》等散文集。其中,《寄小读者》一书自 1926 年结集出版之后的 15 年里,共发行 36 版,影响之大,可想而知。

冰心在写作

二、二三十年代涌现的作家及其作品

这一时期表现为新文学运动的深化:如果说五四新文学运动是新文化运动的一部分,新文学作品还没有自己独立的发表阵地,《新青年》《新潮》等报刊都属综合性期刊而不是专门的文学刊物。1921 年始,新的文学社团和纯文艺性的刊物产生了;其中最有影响的文学社团要数文学研究会和创造社。文学研究会由郑振铎、沈雁冰、叶绍钧、许地山、王统照、郭绍虞、周作人等作家发起,正式成立于北京;后有冰心、朱自清等加入;文学研究会先后主办《小说月报》《文学旬刊》(上海)、《文学》《文学周报》《文学旬刊》(北京)、《诗》月刊等。创造社由留学在日本的郭沫若、郁达夫、田汉、成仿吾、郑伯奇、张资平等组成;先后创办《创造》季刊、《创造周报》《创造日》《洪水》《创造月刊》等。其他有影响的,还有杭州的冯雪峰、潘漠华、应修人、汪静之组织的湖畔诗社,出版刊物《支那二月》。在北京,鲁迅、孙伏园、钱玄同、周作人等组织语丝社,出版《语丝》周刊。杨晦、陈炜谟、陈翔鹤、冯至组织浅草—沉钟社,先后创办《浅草》季刊、《沉钟》周刊与半月刊,并发行丛书。韦素园、李霁野、台静农等在鲁迅主持下组织未名社,先是与原狂飙社成员合办《莽原》周刊和半月刊,后独编《未名》半月刊,并出版"未名丛刊""乌合丛书"和"未名新集"丛书三种。徐志摩、闻一多、梁实秋、胡适、陈源等组织新月社,先是借《晨报副刊》创办《诗刊》《剧刊》,后又出版《新月》月刊。当时文学社团及其文学刊物数目逾百。

左联时期,涌现出夏衍、丁玲、"左联五烈士"等一批作家。

"九一八"事变后,以萧军、萧红为代表的东北流亡文学形成一个作家群体及其创作倾向。

1. 茅盾(1896—1981)

原名沈德鸿,字雁冰,浙江桐乡人。茅盾是其发表中篇小说《幻灭》开始用的笔名。1921年1月参与发起成立文学研究会,任代用会刊《小说月报》主编。1927年8月至1928年4月,先后创作《幻灭》《动摇》《追求》,发表在时由叶圣陶编辑的《小说月报》上。1930年5月,合成一书,题名为《蚀》。内容是及时反映大革命风潮的某些复杂性,以及某些人(特别是小知识分子)的复杂心态。《蚀》三部曲和写于1929年的《虹》,展示了作者的时代敏感、人物性格刻画及驾驭长篇的多方面才能。左联成立后担任行政书记。他的《子夜》更是中国现代文学史上一部现实主义巨著,是茅盾小说创作道路的一座高峰。作品以宏大的结构和丰富的内容全景式地展示30年代大上海的都市社会生活,成功地用文学形式生动地表明了当时的社会性质。抗战时期写有日记体长篇小说《腐蚀》。茅盾的中篇小说以《林家铺子》最著名,短篇小说《春蚕》《秋收》《残冬》合称"农村三部曲",真实反映了中国社会的经济状况。散文集有《风景谈》《白杨礼赞》等。新中国成立后茅盾历任中国作家协会主席、中央文化部部长等职。

1947年茅盾在写作

茅盾与巴金

2. 叶绍钧(1894—1988)

字圣陶,江苏苏州人。现代作家,教育家。文学研究会发起人之一,提倡"为人生"的现实主义文学,致力于创作"人生派"小说。从1922年到1928年,先后出版短篇小说集《隔膜》《火灾》《线下》《城中》《未厌集》等。1929年出版的长篇小说《倪焕之》是一部反映大革命前后社会现实的重要作品。故事的主人公倪焕之是一名小学教师,起初抱着教育救国的理想,和校长一起在乡村试验教育改革,但遭到封建旧势力的阻挠及落后群众的反对。后来在革命思想的影响下,投身于社会革命运动。小说以一个小知识分子思想和社会活动的革命性变化为线索,描写了"五四"和"五卅"两大重要事件,为我国新文学早期的成功作品之一。

叶圣陶善于描写小市民知识分子的灰色人生,《潘先生在难中》是这类短篇的代表作。故事写的是军阀混战年代小学校长潘先生一家逃难的经过,以嘲讽的笔调刻画一个精于算计、自私委琐的灵魂。1933年的《多收了三五斗》则是反映农民"丰收成灾"题材的名篇。

1923年出版的童话集《稻草人》是中国现代童话的首创之作,在儿童文学领域具有拓荒的意义。

3. 徐志摩(1897—1931)

原名徐章垿,浙江海宁人,现代诗人、散文家。1921年在英国剑桥大学留学期间,在英国浪漫主义诗歌等西洋文学的影响下,开始新诗创作。翌年回国,于1923年发起组织新月社,1928年3月创办《新月》月刊。徐志摩的诗初期受闻一多的影响,大体遵循所谓的"新诗格律",但他的唯美主义不愿拘泥于形式上的整齐精致,而追求的是自由灵性的艺术美,因此他的诗歌灵感闪耀,充满浪漫洒脱的气息,是爱、自由、美的三位一体。1925年出版第一本诗集《志摩的诗》,1927年出版诗集《翡冷翠的一夜》,1931年出版诗集《猛虎集》。1931年11月19日因飞机失事遇难。他的第四本诗集《云游集》身后由新月社成员陈梦家编辑出版。徐志摩还著有散文集《落叶》《自剖》《巴黎的鳞爪》《秋》,另有小说、戏剧、译作等存世。

4. 巴金(1904—2005)

原名李尧棠,字芾甘,四川成都人,现代小说家、散文家。1929年发表第一部小说《灭亡》,引起社会强烈反响。两年后写出其姊妹篇《新生》(1933年发表)和另一部中篇《死去的太阳》。同时还创作《雾》,跟此后的《雨》《电》合称"爱情三部曲";他在1931年还创作了长篇小说《家》,跟此后的《春》(1938年)、《秋》(1940年)合称"激流三部曲"。其中《家》是巴金的代表作,小说写五四运动高潮至20年代初期内地一个四世同堂的封建大家庭由盛转衰的故事,反映在时代新潮的背景下,封建家长制已无法阻止觉醒的青年一代走向新生活的道路,更无法挽回大家庭衰落的颓势。抗战时期巴金创作了《火》三部曲(一名"抗战三部曲"),此后又写了《第四病室》《憩园》

巴金与曹禺

《寒夜》等中长篇。除小说外巴金还有《生之忏悔》《旅途随笔》《静夜的悲剧》等十多个散文集,多描写自然风光和人生世态。特别是80年代的《随想录》,通过自剖和反思,提倡说真话,为人所称道。

5. 老舍(1899—1966)

原名舒庆春,字舍予,满族,生于北京。1925年在英国伦敦大学东方学院任汉语讲师期间,创作他的第一部长篇小说《老张的哲学》,次年写成《赵子曰》,1928年动手创作批判国民劣根性的《二马》。三部长篇陆续在文学研究会的刊物《小说月报》上连载,立刻以富有北京地方色彩,善于刻画市民的生活和心理而引起读者的注意。1929年回国途经新加坡做短期停留时创作长篇童话小说《小坡的生日》。回国后在济南齐鲁大学任教期间写出长篇小说《大明湖》《猫城记》《离婚》《牛天赐传》,短篇小说《黑白李》等(结集为《赶集》)。此后在青岛当教授期间写出长篇小说《骆驼祥子》,中篇小说《月牙儿》,短篇小说集《樱海集》和《蛤藻集》。抗战时期在武汉任中华全国文艺界抗敌协会常务理事兼总务部主任,后去重庆,创作了长篇小说《四世同堂》

1951年老舍(右)与赵树理(左)

的头两部《惶惑》和《偷生》、长篇《火葬》、短篇集《火车集》和《贫血集》,并写了近10部话剧剧本。1946年应邀赴美国讲学期间完成《四世同堂》的第三部《饥荒》以及另一部长篇《鼓书艺人》。新中国成立后著有剧本《龙须沟》《茶馆》等,曾被北京市人民政府授予"人民艺术家"称号。文化大革命中受迫害致死。

6. 沈从文(1902—1988)

原名沈岳焕,湖南凤凰县人,苗族,现代小说家、散文家。1922年从家乡来到北京,求学未果而自学写作,用"休芸芸"等笔名陆续发表作品,成为现代文学史上最多产的作家之一。重要的短篇小说集有《龙朱》《旅店及其他》《虎雏》《阿黑小史》《月下小景》《八骏图》《从文小说习作》《新与旧》《主妇集》等。沈从文的小说以湘西民族区域人民的生活和命运为题材,开掘边地少数民族各色人等的形象,具有乡土文学的特色;其中不乏对淳厚民俗的歌颂,对被侮辱被损害的农民的同情,对大都市绅士的虚伪给予抨击。中篇小说《边城》是沈从文的代表作,故事说的是掌管码头的团总的两个儿子和渡船老人的孙女翠翠这二男一女之间的爱情悲剧。小说充满湘西边地的风土人情,原始古老风俗中的自然人性之美;无奈于封建买卖婚姻设置的障碍,也无法抵挡现代物质观念的渗透,结果翠翠深爱的人出走,爷爷在一个暴风雨之夜死了。他的另一部长篇小说《长河》作于1935年,可惜只写了第一部,但已被誉为"史诗性的乡土小说"。

沈从文散文有《湘西》《湘行散记》《烛虚》等。如把文论、自传、通信算在一起,共出版过70余种集子。

7. 曹禺(1910—1997)

原名万家宝,祖籍湖北潜江,生于天津,现代剧作家。幼时常随母亲去戏园看戏听曲,对戏剧艺术产生浓厚兴趣;中学时代参加学校业余剧团,参加演剧实践活动。大学时由于钟情戏剧,便从原来的政治专业转入清华大学西洋文学系,专攻戏剧。1933年,行将大学毕业的曹禺写出了处女作《雷雨》,翌年经巴金推荐在《文学季刊》上发表,一鸣惊人,立刻引起整个文学界和全社会的巨大反响。剧作演绎的故事是:一家之主周朴园对鲁侍萍始乱终弃,现妻繁漪不堪丈夫的家长管制,跟侍萍所生周家大儿子发生过乱伦关系,而周家大儿子对繁漪也始乱终弃,不明就里跟鲁侍萍与工人丈夫所生的女儿四凤偷情。鲁侍萍发觉后不得不道出实情,在得知四凤已有身孕后,五雷轰顶,精神崩溃。四凤受刺激狂奔时触电,暗恋着她的繁漪所生周家小儿子为救四凤亦触电身亡。侍萍与繁漪经受不起如此变故而双双发疯。作品把矛头指向封建专制制度,对在这个制度下苦苦挣扎又被命运捉弄的人物深表同情。此剧人物、时间、地点都高度集中,环环相扣,动人心弦,并吸取自古希腊神话以来的西方悲剧色彩,被视为中国现代话剧走向成熟的标志性作品。

曹禺的第二部剧作是发表于1936年的《日出》,其结构为人物展览式,把视野扩大至社会,意在揭示和认识当时的社会性质。曹禺的剧作还有《原野》(1937)、《蜕变》(1940)、《北京人》(1941)等。

8. 张恨水(1895—1967)

原名张心远,祖籍安徽潜山,生于江西,现代小说家。受清末谴责小说的影响,1924年创作百万字长篇小说《春明外史》,内容是揭露军阀显贵和封建遗老遗少私生活的糜烂。《春明外史》在《世界晚报》上连载57个月,尚未结束时,1927年2月又一部长篇《金粉世家》开始连载。故事说北伐前北京金姓内阁总理大家庭的兴衰。如果说《春明外史》是作者有意识地用做《红楼梦》的办法做《儒林外史》,那么《金粉世家》开了现代文学"封建大家庭批判"题材之先河,并对以后的通俗文学和社会小说产生很大的影响。这两部巨著在当时市民阶层中产生了轰动效应,从而也奠定了张恨水著名小说家的地位。1929年20多万字的小说《啼笑因缘》在上海《新闻报》上连载,即刻风靡全国,妇孺皆知,堪称通俗小说中的一流精品。作品被多次改编成电影、戏剧、曲艺等,广为流传。

"九一八"事变后,张恨水致力于"国难小说"的短篇创作,结集为《弯弓集》。1939年创作中篇小说《巷战之夜》,开始正面反映抗战斗争。另有揭露大后方贪官污吏的讽刺小说《八十一梦》《五子登科》等。

三、40年代涌现的作家及其作品

40年代的前半期,文学的主流是抗战题材。1942年毛泽东发表《在延安文艺座谈会上的讲话》，给根据地的作家指明了为工农兵服务的方向。可以说，整个40年代，因为政治的原因，解放区、国统区、前期还有沦陷区，各有自己的文学走向。在敌伪统治下的北平和上海，两位女性作家梅娘和张爱玲深受市民读者的注目，一时有"北梅南张"之称。钱锺书的散文和小说也独树一帜。在陕甘宁、晋冀鲁豫、晋察冀等边区，除小说家赵树理之外，还涌现了李季、周立波、贺敬之等作家、诗人。

1. 张爱玲（1921—1995）

原名张瑛，生于上海，现代作家。祖父系李鸿章的女婿，父亲为纨绔遗少，家道中落。在上海的教会学校度过中学时代，后入香港大学攻读文学。1943年在周瘦鹃主编的《紫罗兰》杂志上发表小说《沉香屑：第一炉香》，接着即有其姊妹篇《沉香屑：第二炉香》；此后在不到一年的时间内，陆续写出《金锁记》《倾城之恋》《心经》《茉莉香片》《封锁》《琉璃瓦》《花凋》《红玫瑰与白玫瑰》等中短篇；其中《金锁记》和《倾城之恋》成就最高。1944年出版小说集《传奇》及散文集《流言》。张爱玲的作品多为适合市民口味的悲欢离合的曲折故事，呈现普通人人性的缺陷和人生的苍凉无奈。新中国成立前后写了长篇小说《十八春》（再版时改名《半生缘》）。

张爱玲于1952年离开上海去香港，1955年移居美国。后又创作长篇小说《怨女》《秧歌》，短篇小说《色·戒》等，以及一些剧本。

2. 钱锺书（1910—1998）

字默存，笔名中书君，江苏无锡人，现代学者，作家。自幼受传统经史国学的教育，后考入清华大学外国语文系，毕业后留学英法，使其学贯中西，融会古今；回国后任大学教授，主要从事学术研究，文学创作的数量不算多；但他的博学给他的创作赋予了独特的风格。1941年出版散文集《写在人生边上》，1946年出版短篇小说集《人·兽·鬼》，1947年出版长篇小说《围城》。

《围城》写于1944年至1946年，是作者唯一的一部长篇，原在郑振铎主编的《文艺复兴》杂志上连载。作品用讽刺的笔调讲述故事主人公方鸿渐在恋爱婚姻和事业谋生两个方面都历尽沧桑，由于生性软弱，总被命运捉弄，一次次地陷入困境，窘态百出；反映了近代以来中西文化的交汇碰撞，抗战时期国难家愁的艰难处境，描绘出现代知识精英的众生相，犀利的笔锋直逼人性的弱点。作品睿智地提出一个富于哲理的命题：婚姻就像"被围困的城堡，城外的人想冲进去，城里的人想逃出来"；人生路上又何止婚姻？

钱锺书对于中西文史典籍的比较研究颇有造诣，重要的学术著作有《谈艺录》（1948）、《管锥编》（1979）等。

3. 赵树理（1906—1970）

原名赵树礼，山西沁水县人，现代小说家、戏曲作家。青年时代在北平《晨报副刊》等处发表过诗歌、小说、曲艺、小品、评论等作品,大多亡佚。1943 年发表短篇《小二黑结婚》、中篇《李有才板话》、长篇《李家庄的变迁》等小说。作者以土生土长的农村生活为题材,把根据地的社会关系和矛盾斗争巧妙地编织在通俗的故事里,用传统的结构形式、生动明快的朴素语言,表现鲜明的时代内容。作品独具泥土气息的"评书体"民族风格,为中国占大多数的农民群众及普通老百姓所喜闻乐见,赵树理因此被解放区乃至全国文坛公认为是 40 年代解放区最有成就的作家。其他作品还有《邪不压正》《福贵》《小经理》《催粮差》《田寡妇看瓜》等中短篇。

新中国成立后写有长篇小说《三里湾》,短篇小说《登记》《"锻炼锻炼"》《套不住的手》《张来兴》等。赵树理的小说风格在 50 年代有很大影响,并由此形成一个山西作家群,人称"山药蛋派"。

附录 名词解释

语言篇

起承转合(第20页)：中国传统写诗作文的四个基本步骤，亦即文章章法的四个组成部分。"起"指开端，"承"是展开，"转"为转化，"合"即结束。

李约瑟难题(第22页)：剑桥的著名学者李约瑟博士研究发现，中国古代的科学技术在相当漫长的一段历史中，遥遥领先于西方世界，然而现代科学和工业革命为什么没发生在中国？这个问题困扰着李约瑟，被称为"李约瑟难题"。

反切法(第25页)：古代汉字读音拼法。取二字，用前一字的声与后一字的韵及声调相拼，以给某个生字注音。格式为"熟字1、熟字2，切"或"熟字1、熟字2，反"。所以称"反切法"。

六书(第26页)：传统认为汉字的六种形体构造。它们是：象形、指事、会意、形声、转注、假借。然而，转注和假借不涉及字的构形，只关系某些字的整体解释。

文字学(第32页)：研究文字的学问，中国传统上狭义地把汉字形态构造研究称为"文字学"，其实除此之外，还包括训诂学和音韵学在内。

双声叠韵(第34页)：双声联绵词和叠韵联绵词。前者由两个声母相同的字组成，如"参差"；后者由两个韵母相同的字组成，如"窈窕"。

关联词组(第42页)：指由前后两个相呼应的词共同组成的框式结构。它可根据意思把有关的词、词组或分句嵌入其中，构成一个复合词组或复合句。充当关联词组的一对或其中的一个词可以是连接词，也可以是其他词性的词。

汉语语法手段(第45页)：汉语的句法全然没有提示成分的任何标记，它只靠词序和虚词作为语法手段。被称为虚词的介词和连词并非汉语独有，助词就成为汉语具有特色的语法手段之一。

流水句(第54页)：汉语特有的一种句式，表达主语施行一连串动作，按时间顺序把一系列动词(含动词词组)串联起一个超长的句子;这种句子像一股流水,根据需要可以一直延伸下去,所以称之为流水句。流水句从古代到现代的汉语里都时有出现,不仅书面语里有,口语里更是特别多。

音组(第57页):汉语格律诗的基本节奏单位。西洋诗的基本节奏单位"音步"由两三个带对立特点的音节(如长短音节,轻重音节)所组成,汉诗"音步"内的音节间没有相对立的特点,一般称音组。

思 想 篇

易一名三义(第67页):经学家郑玄指出,"易"有三重含义:一是简易,二是变易,三是不变。简易指认识世界可化繁为简,变易指自然人事在不断变化,不变指这种变化遵循着恒常的规律。

《周易》的经和传(第70页):《周易》原书包括64个卦象、卦名和卦辞,以及384条爻辞,这些组成该书"经"的部分,用于筮占活动。后人写出十篇"传",提出并阐发阴阳观念,致使《易》提升为一部哲学著作。

五行生克说(第74页):中国传统哲学认为,金、木、水、火、土这五行之间存在着相生相胜(亦称"相克")的关系。金生水,水生木,木生火,火生土,土生金,循环往复;金克木,木克土,土克水,水克火,火克金,无限轮回。

性善论(第78页):孟子关于人的本性的观点,认为人与生俱来有四种善心:恻隐之心、羞恶之心、辞让之心、是非之心。

老庄哲学(第79页):春秋战国时期以老子和庄子为代表的道家学说。老子的道先于物质世界而存在,认为天下万物生于有,有生于无;主张"无为"。庄子同样主张听其自然,否定人的一切作为,还提出万物划一的"齐物论"。老庄哲学在阴阳二元间扬阴贬阳。

后期墨家(第84页):以墨翟为代表的墨家学派直接从事手工业生产。墨子的继承者对自然现象和逻辑知识进行探讨,写成的文章编成《墨经》,也叫《墨辩》,为整部《墨子》的一部分。

名家(第85页):先秦学术流派之一,代表人物有惠施和公孙龙。他们以论证某一命题的成立作为自己的成就。虽然也夹杂着使用诡辩去论证某个假命题,但创立了中国古代的逻辑学——名学。

今古文经学(第88页):儒家经书的治学流派在汉武帝后分为今文经学和古文经学。前者认隶书版本为经书正宗,而该版本是汉儒据秦火残书和遗民口耳相传重新抄录而成;后者认大篆和籀文版本为经书正宗,此版本据说主要出自孔宅夹壁。两版本间文句篇目均有出入。两个学派形成两种不同的治学观点和方法。

棒喝（第104页）：佛教禅宗施行所谓"顿悟"的具体做法。禅宗标榜"以心传心，不立文字"，于语言之外悟出道理。于是法师们创造出用棒打或吆喝用来教习佛法的极端形式，以启发弟子"觉悟"。

宋明理学（第114页）：宋明两代由程颢、程颐兄弟和朱熹创立的程朱"理学"和陆九渊、王守仁创立的陆王"心学"统称宋明理学。程朱理学探讨的"理"亦即"道"，合天人为一理。陆王心学将理归之于心。前者属客观唯心主义，后者属主观唯心主义。

历 史 篇

殷墟（第125页）：在今河南省安阳市小屯村，是自盘庚至纣灭亡那段时期商王朝的都城遗址。出土的大量甲骨文为迄今所知最早的汉字，并为那段历史提供了文字实证。

周原（第127页）：周王朝先祖的发祥地，在今陕西省岐山、扶风两县北部的一大块肥沃的土地。在商代，周人在此建立侯国，成为后来"翦商"，夺取天下的根据地。

郡县制（第130页）：秦朝行政制度。秦始皇把全国划分为三十几个郡，郡内划分为若干个县。郡的最高行政长官是郡守，受中央政府直接管辖，同时设郡尉和监御史，分别负责军事和监察。各县设县令或县长，同时设县尉和县丞。县下面的行政区划依次为乡、亭、里。

文景之治（第134页）：西汉刘邦的后继惠帝、文帝、景帝时期在黄老"无为"思想的指导下，减免租税，节制徭役；农民负担有大幅度的减轻，社会秩序较为稳定，史称"文景之治"。

科举制（第140页）：起于隋。唐朝沿用并发展了通过考试录用官员的制度，设立明经、进士等多种科目。武则天当朝时还一度设"武举"一科，以选拔军事人才。科举取士尽管各朝代的考试科目和及第者的冠名互有不同，但贯穿唐以后历代王朝逾千百年，直至清末被废除。

王安石变法（第145页）：北宋中期王安石针对社会政治和经济的危机，主张变法，并一度被皇上采纳实行。新法涵盖财政、军政、科举等各方面，旨在发展生产，富国强兵，扭转积弱积贫的局面。但遭保守派司马光及一批皇亲国戚的反对,终告失败。

大都(第150页):元朝建都燕京,又在旧城东北修筑新城,建设宫殿衙署,改称大都。大都就是今北京的前身;元朝人进行大规模的城市工程建设,成为全国的行政中心和繁荣的文化中心;从而为明、清两代的京城奠定了基础。

郑和下西洋(第153页):明朝永乐年间,"三保太监"郑和共七次率船队下西洋,经历亚非30多个国家,最远到达红海岸的今麦加、亚丁及非洲东海岸,是世界航海史上的盛举。郑和船队带去中国的瓷器、茶叶、丝绸等特产,换取异域的象牙、宝石、胡椒等,被人们称为"宝船"。

郑成功收复台湾(第154页):17世纪,西班牙、荷兰殖民者分别入侵台湾。明末清初,郑成功把东南沿海一带作为抗清的根据地,并组船队,率将士向当时被荷兰人独占的台湾进发。经过八个月的战斗,荷兰总督投降,台湾光复。

四库全书(第159页):清乾隆年间朝廷选派纪昀等160余人历时10年编辑而成。"全书"沿用传统书目分类,为经、史、子、集等四部,分部库藏,故名"四库"。四库全书为整理历代著作做出一定的贡献,但同时也销毁或篡改了对清政权不利的书籍。

文学篇

《诗》六义(第163页):《诗经》有六个要点:风、雅、颂和赋、比、兴。前三者是诗的类别,《诗经》一书就是按此排列编辑的;后三者为表现手法。

乐府(第167页):西汉官方掌管音乐的机构,称该机构编录和演唱的诗篇为"乐府诗",后径称"乐府"。后来各朝各代把能入乐的诗歌都可称作"乐府"或"乐府诗",如南宋郭茂倩编的《乐府诗集》,收入的作品主要是汉魏至隋唐的歌辞和曲辞。

近体诗(第170页):又名今体诗,形成于唐朝的一种运用平仄声律的格律诗体。其主体类别为八句的律诗和四句的绝句,所以又称"律绝体"。

曲子词(第172页):鼎盛于两宋的诗体——词,其实在中唐就已流行。词依曲而填,一度被称为曲子词。那些曲名后来成为词牌名,如"清平乐""菩萨蛮""满江红",等等。

散文(第175页):古代所称的散文不是指那种与诗歌、小说并列的文学体裁,而是相对于韵文而言的文章。自骈文形成后,又指不追求通篇对仗的,节奏自然的文章。

纪传体史书（第177页）：西汉司马迁的《史记》所首创的史书体裁。书中"本纪""世家""列传"三大部分都属传记的性质，组成全书的主体，所以称这种编史的样式为纪传体。

唐宋八大家（第181页）：指唐宋八大散文家。他们是：唐代反对骈文，提倡古文的文章运动的领袖韩愈和柳宗元；宋代的后继者欧阳修、苏洵、苏轼、苏辙、曾巩、王安石，共八人。

章回小说（第191页）：中国古典长篇小说唯一的形式。整部小说由百十个章回组成。每个章回都有小标题，称"回目"。初期，回目是单句；发展成熟后用对仗的双句作回目。

杂剧（第196页）：有"宋杂剧"和"元杂剧"之分。前者是宋代有五个角色参演的一种戏剧；后者是形成于元代的一种戏曲，一个完整的"本"有四个或更多的"折"，角色分工有旦、末、净、丑。

传奇（第197页）："传奇"之名因时代不同而所指类别不一。在唐代指文言小说，以后又指金元诸宫调等说唱艺术以及南戏、杂剧；明代则专指以演唱南曲为主的长篇戏曲。